FISCHER

ARNO STROBEL

MÖRDER FINDER

DIE SPUR DER MÄDCHEN

Thriller

FISCHER

2. Auflage: April 2021

Originalausgabe
Erschienen bei FISCHER Taschenbuch
Frankfurt am Main, April 2021

Dieses Werk wurde vermittelt durch die
Literarische Agentur Thomas Schlück GmbH, 30161 Hannover.

Redaktion: Ilse Wagner

Satz: Dörlemann Satz, Lemförde
Druck und Bindung: CPI books GmbH, Leck
Printed in Germany
ISBN 978-3-596-70051-6

Für alle, die Max vermisst haben

1

Er hat die Haustür hinter sich geschlossen und will gerade den Schlüssel in den Schlüsselkasten hängen, als er ihn entdeckt.

Der Rucksack steht auf dem Boden vor der Garderobe, als wäre es die selbstverständlichste Sache der Welt. Das war es auch einmal. Vor vielen Jahren. Jetzt aber erstarrt er bei dem Anblick mitten in der Bewegung und hat das Gefühl, sein Herz müsse stehen bleiben.

Eine Weile verharrt er so, den Schlüssel noch in der ausgestreckten Hand, den Blick unverwandt auf den bunten Schulrucksack gerichtet, zu keiner Bewegung fähig. Nicht einmal zu einem Gedanken.

Irgendwann – er weiß nicht, wie viel Zeit vergangen ist – setzen sein Denken und seine Bewegungsfähigkeit wieder ein. Er öffnet die Hand, und der Schlüssel fällt klirrend zu Boden. Es ist ihm egal. »Leni«, flüstert er.

Er macht vorsichtig einen Schritt auf den Rucksack zu, noch einen, als könnte eine zu schnelle Bewegung dazu führen, dass er plötzlich wieder verschwindet.

Er braucht sich nicht zu bücken, um ihn sich näher anzusehen. Es ist nicht nötig, ihn hochzuheben, er weiß, *wem dieser Schulrucksack gehört. Dennoch streckt er zögernd die Hand aus, um sich davon zu überzeugen, dass es keine Halluzination ist. Diesmal nicht.*

Es ist schon eine ganze Weile her, seit er zum letzten Mal geglaubt hat, seine Tochter vor sich zu sehen.

Und jetzt steht da ihr Rucksack in der Diele, auf demselben Platz, auf dem er immer gestanden hat, wenn sie aus der Schule gekommen ist.

Seine Hand berührt das feste Material. Er streicht darüber, spürt die glatte Oberfläche unter seinen Fingerspitzen. Nein, das ist keine Halluzination. Vorsichtig, als könnte er unter seinen Händen zu Staub zerfallen, dreht er den Rucksack ein wenig, so dass er die Rückseite sehen kann, und starrt auf den unregelmäßigen Fleck, der sich fast über die gesamte Fläche des Rückenteils zieht. Der Abdruck eines Autoreifens. Seines Autoreifens. Er hatte nicht gesehen, dass Leni den Rucksack hinter dem Auto abgestellt hatte, und war darübergefahren. Keine Zweifel mehr.

Mit einem Ruck richtet er sich auf und wirbelt herum. »Leni!«, ruft er, und noch einmal, lauter: »Leni?«

Das ist unmöglich, *mahnt eine Stimme in ihm, doch er ignoriert sie.*

»Leni!« Er stößt die Tür zur Küche auf, sein Blick fällt auf die Eckbank gegenüber, wo sie immer gesessen hat, wenn sie Stephanie beim Kochen zugesehen hat. Er stöhnt auf, muss sich am Türrahmen abstützen.

Der Tisch ist gedeckt. Für drei Personen.

An Lenis Platz, neben ihrem Teller, liegt die kleine, gehäkelte Puppe, die seine Mutter für ihre Enkeltochter gemacht und sie ihr am Nikolaustag geschenkt hat. Sie hat sie dabeigehabt, als sie vor sechs Jahren …

»O mein Gott«, hört er sich sagen, während ihm die Tränen über die Wangen rinnen. Er wischt sie weg, presst sich die Hand

auf den Mund, schüttelt fassungslos den Kopf. Dann reißt er seinen Blick von der Puppe los, wendet sich um und hat mit ein paar schnellen Schritten den Eingang zum Wohnzimmer erreicht. »Leni!« Der große Raum ist leer, und es gibt auch nichts, was auf ihre Anwesenheit hindeuten würde. Er wendet sich ab, durchquert die Diele und starrt den Schulrucksack an, bis er die Holztreppe nach oben erreicht hat. Entweder spielen ihm gerade seine Sinne und sein Verstand einen üblen Streich, oder … Er wagt es nicht, weiterzudenken.

Sein Herz wummert gegen die Rippen, das Blut rauscht durch seinen Körper, während er Stufe um Stufe nimmt. Dann ist er oben, richtet den Blick auf die geschlossene Tür am Ende des kleinen Flurs, auf das Blatt Papier, das in Brusthöhe schief mit Klebestreifen auf das weiße Holzfurnier geklebt ist, während er darauf zugeht.

EINHORNLAND

Er hat alles genauso gelassen, wie es an dem letzten Tag gewesen ist … Die ersten Wochen danach hat er fast ausschließlich in Lenis Zimmer verbracht, hat auf ihrem Bett gesessen, auf ihrem Schreibtischstuhl, auf dem Boden, und stundenlang auf die Dinge gestarrt, die dort herumlagen, während er darauf wartete, dass ein Wunder geschehen würde und alles wieder wie früher wäre. Immer wieder hatte er die Dinge berührt, die sie in den Händen gehalten, die sie gebastelt oder geschrieben hat …

Er erreicht die Tür und schüttelt diese Gedanken von sich ab, streckt die Hand aus, legt sie auf die Klinke. Vielleicht …

Er öffnet die Tür, macht einen Schritt in Lenis Zimmer und erfasst mit einem Blick, dass sie nicht da ist. Aber er sieht auch die türkisfarbene Strickjacke, die sie so geliebt und an jenem Tag ge-

tragen hat. Sie liegt auf dem Bett, hingeworfen, wie zehnjährige Mädchen das so tun.

Sie ist nicht mehr zehn, *souffliert ihm eine innere Stimme.* Das war sie, als du sie zuletzt gesehen hast. Das ist sechs Jahre her. Leni ist jetzt sechzehn.

Sechzehn ... Sein Verstand weigert sich, diese Tatsache zu akzeptieren. Ein Kind ist so alt, wie es war, als man es zuletzt gesehen hat. Das ist ein Naturgesetz, denn man sieht seine Kinder – jedenfalls solange sie klein sind – täglich. Oder zumindest so häufig, dass sie nicht von einem zum anderen Mal plötzlich um sechs Jahre älter sind.

Er schüttelt den Kopf. Was denkt er in dieser Situation über solch unsinnige Dinge nach? Alles deutet darauf hin, dass Leni wieder da ist, wie auch immer das möglich ist. Er muss sie nur finden. Wahrscheinlich ist sie vollkommen verstört und hat sich irgendwo versteckt. Wer kann schon ahnen, was ihr in den vergangenen sechs Jahren widerfahren ist? Vielleicht hat sie sogar Angst vor ihm, ihrem Vater?

»Leni?« Er wendet sich ab, wirft einen Blick in den Raum neben Lenis Zimmer. Es war das Gästezimmer gewesen. Früher, als noch Gäste kamen. Heute ist das kleine Zimmer vollgestellt mit Kisten und Kartons.

Er geht weiter, öffnet jede Tür, blickt in jedes Zimmer und ruft immer wieder ihren Namen. Dann läuft er erneut nach unten, danach in den Keller.

Der große Raum mit der Tischtennisplatte ... Die Deckenlampe flammt auf, wirft ihr kaltes Licht auf die grüne Platte inmitten des kahlen Raums. Auf einer Seite liegt schräg auf einem kleinen weißen Ball ein Tischtennisschläger, als hätte gerade noch jemand damit gespielt. Ein billiges Teil aus Sperrholz, an dem sich die Gummierung teilweise gelöst hat. Er dürfte nicht da liegen. Er selbst hat ihn damals in die Kiste unter der Platte gesteckt.

Es ist ihr Schläger.

Er sinkt gegen die kalte Wand, starrt auf den Schläger. Sein Mund öffnet sich, und er flüstert: »Leni.«

2

»In Deutschland gibt es lediglich rund einhundert offizielle Fallanalytikerinnen und -analytiker, die vor allem in den Medien gern als *Profiler* bezeichnet werden. Sie werden aber feststellen, dass der Begriff *Fallanalytiker* zutreffender ist, denn eine Profilerstellung erfolgt immer auf der Grundlage einer Fallanalyse. Ein verschwindend geringer Teil dieser einhundert Spezialisten sind Psychologen, der Rest sind Polizistinnen und Polizisten mit einer entsprechenden Zusatzausbildung.«

Max Bischoff machte eine rhetorische Pause, um seinen Worten Nachdruck zu verleihen, und ließ dabei seinen Blick durch den Hörsaal schweifen, bevor er ihn wieder auf die Polizeischülerin richtete, die die Frage gestellt hatte.

»Wenn Sie Fallanalytikerin werden möchten, sind Sie als Polizistin also schon mal auf dem richtigen Weg, müssen sich aber klarmachen, dass es sehr lange dauert und schwierig werden wird, an eine offizielle Planstelle zu kommen.«

Erneut ließ er einige Sekunden verstreichen, bevor er grinsend hinzufügte: »Aber wer sagt, dass Sie sich nicht auch als *normale* Ermittlerin mit der Fallanalyse beschäftigen können?

Ich wünsche Ihnen allen einen schönen Nachmittag und hoffe, wir sehen uns am kommenden Montag wieder.«

Sofort brandete Gemurmel auf, und die meisten der rund vierzig angehenden Polizistinnen und Polizisten erhoben sich und verließen den Hörsaal.

Max war damit beschäftigt, seine Unterlagen in der Ledertasche zu verstauen, als die junge Frau, deren Frage er gerade beantwortet hatte, vor ihm stehen blieb und ihn anlächelte, während sie sich eine Strähne ihrer schulterlangen blonden Haare zurückstrich. Max schätzte sie auf Anfang zwanzig. »Sie haben das selbst genau so gemacht, wie Sie es gerade gesagt haben, nicht wahr? Sie waren als Ermittler bei der Kripo Düsseldorf und haben mit den Techniken der Fallanalyse gearbeitet.«

Ein roter Schimmer überzog ihre Wangen, als sie hinzufügte: »Sie wundern sich vielleicht, dass ich das weiß … Ich bin ein großer Fan von Ihnen. Ich habe alles über Sie gelesen, Herr Bischoff.«

Max erwiderte ihr Lächeln, während er seine Tasche zuklappte. »Na ja, viel wurde ja Gott sei Dank bisher nicht über mich geschrieben, aber trotzdem – danke schön. Wie ich eben schon sagte, spricht nichts dagegen, wenn Sie das genauso angehen, Frau … Entschuldigen Sie bitte, ich brauche immer zwei, drei Vorlesungen, bis ich mir die Namen meiner Studentinnen und Studenten gemerkt habe.«

»Brosius. Jana Brosius.«

Max legte sich den Trageriemen der Tasche über die Schulter. »Der Besuch meiner Vorlesungen ist freiwillig, Jana, und die Tatsache, dass Sie hier sind, ist doch schon mal ein guter Anfang.«

»Ja, das finde ich auch.« Sie streckte Max die Hand entgegen und strahlte ihn dabei an. »Danke.«

Er ergriff die Hand. »Danke wofür?«

»Dass wir von Ihrer Erfahrung lernen dürfen.« Damit wandte sie sich ab und verließ den Raum.

Max blickte noch eine Weile auf die geöffnete Tür und wünschte Jana Brosius, nicht alle Erfahrungen machen zu müssen, die er hinter sich hatte.

Als er kurz darauf ebenfalls den Hörsaal verlassen wollte, stieß er an der Tür fast mit einem Mann zusammen, der gerade im Begriff war, den Raum zu betreten.

Er mochte Mitte vierzig sein, war schlank und hatte kurze rotblonde Haare. Unter seinen Augen zeichneten sich dunkle Schatten ab, als hätte er längere Zeit nicht geschlafen.

»Tut mir leid«, stieß der Mann aus und hob entschuldigend eine Hand. »Ich habe nicht gesehen, dass Sie … Ich wollte …« Er atmete tief durch und schloss dabei für einen Moment die Augen. »Sind Sie Max Bischoff?«

»Ja, der bin ich. Und wer sind Sie?«

»Mein Name ist Benz. Robert Benz.« Er reichte Max eine Visitenkarte, die er schon in der Hand gehalten haben musste.

Max nahm sie und steckte sie nach einem kurzen Blick darauf in die Gesäßtasche seiner Jeans. »Und wo wollten Sie hin, Herr Benz?«

»Zu Ihnen.« Robert Benz blickte sich um, und es war ihm deutlich anzusehen, dass er sich unwohl fühlte. »Ich habe hier vor der Tür gewartet, bis Ihre Vorlesung vorbei war und die Studenten den Raum verlassen haben, damit ich mit Ihnen reden kann.«

Max zuckte mit den Schultern. »Hier bin ich. Was kann ich für Sie tun?«

»Ich … ich brauche Ihre Hilfe.«

»Wobei?«

Erneut blickte Robert Benz sich um, bevor er antwortete. Mittlerweile war der Flur fast menschenleer. Nur noch einige wenige Studierende verließen ihre Hörsäle und machten sich auf den Weg nach draußen. »Sie waren doch Polizist, und wenn es stimmt, was ich gehört habe, waren Sie ein sehr guter Ermittler. So was wie ein Profiler, der die Fälle …«

»Ich war Kriminalbeamter, ja, aber das ist vorbei, jetzt bin ich Privatdozent hier an der Uni«, fiel Max dem Mann ins Wort. Das Gespräch entwickelte sich in eine Richtung, die ihm nicht gefiel.

»Ja, das weiß ich. Und Sie wissen sicher, dass im Raum Köln in den letzten zwei Wochen zwei Mädchen verschwunden sind.«

»Ich habe davon gehört. Aber noch einmal, ich …«

»Genauso wie vor sechs Jahren. Damals waren es drei Kinder, die nie wieder aufgetaucht sind. Der Täter ist nicht gefasst worden.« Benz sprach nun sehr schnell, als befürchtete er, Max würde das Gespräch beenden, bevor er alles gehört hatte, was er ihm sagen wollte.

»Ich erinnere mich«, sagte Max und dachte tatsächlich daran, das Gespräch zu beenden. »Und ich bin ganz sicher, die Polizei wird alles tun, um den Täter zu fassen. Allerdings verstehe ich nicht, was Sie von mir wollen.«

»Ich … würde Sie gern engagieren.«

»Mich engagieren?« Max schüttelte humorlos lächelnd den Kopf. »Wozu? Und wie kommen Sie überhaupt auf diese Idee? Ich bin doch kein Privatdetektiv.«

Benz ließ den Kopf sinken, seine Augen füllten sich mit Tränen. »Es … geht um meine Tochter. Leni. Sie gehörte zu den drei Mädchen, die damals verschwunden sind. Da war sie zehn Jahre alt.«

Max hatte das Gefühl, sein Magen würde von zwei Fäusten zusammengequetscht, so wie er es in den letzten neun Monaten, seit er den Polizeidienst quittiert hatte, immer wieder spürte, wenn er irgendwo über die Schicksale von Verbrechensopfern und ihren Angehörigen las. Oder wenn er daran dachte, wie er alles darangesetzt hatte, Ermittler zu werden und diejenigen dingfest zu machen, die anderen grausame Dinge antaten, aus Profitgier oder um ihre niedersten Instinkte zu befriedigen. Und er dachte auch daran, was dieser Beruf mit ihm gemacht hatte. All die Schmerzen. Die Albträume. Der Verlust …

»Das tut mir sehr leid, Herr Benz. Aber noch einmal: Die Polizei wird mit Sicherheit alles in ihrer Macht Stehende tun, um diese Taten aufzuklären.«

»Aber das ist zu wenig. Meine Tochter ist vor sechs Jahren verschwunden, und die Polizei hat bis heute noch keine Spur von ihr gefunden. Können Sie nicht verstehen, dass ich verzweifelt bin?«

»Doch, das kann ich, sehr gut sogar, aber ich bin trotzdem der falsche Ansprechpartner.«

»Wovor haben Sie nur solche Angst?«

»Was soll das?«, entgegnete Max gereizt. »Wie kommen Sie auf die Idee, ich hätte Angst?«

»Warum sonst quittiert ein überaus erfolgreicher und scharfsinniger Ermittler den Dienst, bevor seine Karriere richtig begonnen hat?«

»Das …« *Das geht Sie nichts an*, wollte er dem Mann entgegenschleudern, verkniff es sich aber angesichts des furchtbaren Verlustes, den dieser erlitten hatte.

»Ich kann Ihnen nicht helfen, tut mir leid.«

Max wandte sich ab und wollte gerade an Robert Benz vorbeigehen, als der sagte: »Es sieht so aus, als wäre sie wieder da.«

Max blieb stehen und wandte sich Benz erneut zu. »Was? Wie soll ich das verstehen?«

Benz wartete, bis eine Studentin an ihnen vorbeigegangen und außer Hörweite war. »Als ich vor vier Tagen nach Hause kam, stand ihr Schulrucksack im Flur. Genau an der Stelle, an der sie ihn immer abgestellt hatte, wenn sie von der Schule nach Hause kam. In der Küche war der Tisch für drei Personen gedeckt, auf ihrem Platz lag eine Puppe, die meine Mutter für sie gehäkelt hat. Im Keller lag ihr Schläger auf der Tischtennisplatte, als hätte sie gerade gespielt. Alles war so wie zu der Zeit, bevor sie verschwunden ist. Nur Leni selbst konnte ich nicht finden.«

»Das ist ja wirklich seltsam«, murmelte Max nachdenklich. »Das dritte Gedeck war für Ihre Frau?«

»Ja, allerdings sind wir mittlerweile geschieden. Unsere Ehe hat den Verlust unseres Kindes nicht verkraftet. Ich lebe allein. Aber das kann Leni ja nicht wissen.«

Max nickte. »Verstehe. Und Sie sind sicher, dass es der Rucksack und die Puppe Ihrer Tochter waren, die da lagen? Könnte es nicht sein, dass jemand …«

Benz schüttelte energisch den Kopf. »Nein, das kann nicht sein. Ich bin damals aus Versehen mit dem Auto über den Rucksack gefahren. Die Spuren davon sind immer noch sichtbar. Und die Puppe hat meine Mutter gehäkelt. Ich habe sie sofort wiedererkannt, sie ist ein Unikat.«

»Haben Sie der Polizei davon erzählt? Und Ihrer Frau?«

»Nein.«

»Nein? Aber warum nicht?«

Die Mundwinkel des Mannes zuckten, und Max sah ihm an, dass er um Beherrschung rang.

»Was meine Frau betrifft – davon abgesehen, dass die Trennung unschön war und wir beide nicht den Wunsch haben, jemals wieder voneinander zu hören, wüsste ich nicht einmal, wo ich sie erreichen könnte. Sie ist irgendwann mit ihrem neuen Freund nach Andalusien gezogen. Um Abstand zu all dem zu bekommen, wie sie in unserem letzten Telefonat sagte.

Und die Polizei ... Es gibt aus meiner Sicht nur zwei Erklärungen für das alles: Entweder ist Leni wirklich zurück – was ich mir mehr wünsche als alles andere –, oder der Täter spielt ein abartiges Spiel mit mir, das an Grausamkeit kaum noch zu überbieten ist. So oder so *muss* ich wissen, was dahintersteckt, glaube aber nicht, dass die Polizei, die in sechs Jahren nicht die kleinste Spur gefunden hat, mir jetzt weiterhelfen wird. Aber Sie können das.« Robert Benz atmete tief durch. »Bitte helfen Sie mir herauszufinden, was mit meinem Kind passiert ist. Und ob es noch lebt. Ich habe etwas Geld gespart und bin bereit, Sie gut dafür zu bezahlen.«

Max richtete den Blick an Benz vorbei, während Bilder aus der Vergangenheit in seinem Kopf aufblitzten und Wunden, die gerade erst mit dem zarten Schorf der Zeit zu verheilen begonnen hatten, erneut aufbrachen. Alles in ihm bäumte sich auf und stemmte sich gegen dieses Gefühl, das er seit einem Dreivierteljahr erfolgreich unterdrückt hatte und das sich plötzlich wieder in ihm regte.

Dieser Wunsch … dieser *Drang*, die Mistkerle aus dem Verkehr zu ziehen, die solche Dinge taten.

Nach einer Weile, in der sich Gedanken und Erinnerungen in Max' Kopf überschlugen, machte Benz einen kleinen Schritt auf ihn zu, so dass nun nur noch wenige Zentimeter zwischen ihnen lagen. Max sah überdeutlich die Träne, die sich aus seinem Augenwinkel löste. »Überlegen Sie es sich noch einmal. Bitte.«

3

Sie kauert sich hinter dem Busch zusammen, als er das Universitätsgelände verlässt. Er darf sie auf keinen Fall sehen. Während er auf den Parkplatz zugeht, verfolgt ihr Blick ihn durch eine Lücke zwischen den Zweigen, als wäre er an seinem Hinterkopf festgeheftet. Sie horcht dabei in sich hinein und sucht nach aufbrandenden Gefühlen, doch sie findet nur die gewohnte, kalte Leere.

Sie verlässt ihr Versteck, setzt den Helm mit dem dunkel getönten Visier auf und schwingt sich auf die 125er, die sie direkt vor dem Busch abgestellt hat.

Sie beobachtet, wie er die Autotür öffnet und einsteigt. Sekunden später wird der Motor gestartet. Als der Wagen den Parkplatz verlässt, folgt sie ihm.

Während sie darauf achtet, dass sich im dichten Verkehr der Kölner Innenstadt immer zwei, drei Autos zwischen ihnen befinden, kreisen ihre Gedanken wieder um die vergangenen Jahre. Sie hat es schon lange aufgegeben, sich dagegen zu wehren oder sich den Kopf darüber zu zermartern, wie ihr Leben hätte verlaufen können, wenn nicht geschehen wäre, was geschehen ist. Diese Gedanken hat sie ausgetauscht gegen die wohltuende Kälte, die alle Gefühle in ihr erstarren ließ. Und diese Kälte hat noch etwas anderes mitgebracht: Ihren glasklaren Verstand, der nicht getrübt ist von Emotionen.

Seitdem kann sie über das Geschehene nachdenken wie über einen Film, den sie vor langer Zeit gesehen hat. Und das tut sie. Jeden Tag.

Sie fahren auf eine der unzähligen Ampeln zu. Sie springt auf Gelb, als er gerade daran vorbeifährt.

Das Auto vor ihr bremst und zwingt sie, ebenfalls anzuhalten. Sie sieht noch für ein paar Sekunden das Heck seines Wagens, dann verschwindet er hinter einer Biegung.

Sie hat ihn verloren. Erneut horcht sie in sich hinein.

Es lässt sie kalt.

4

In seiner Wohnung in Düsseldorf-Unterbilk warf Max den Schlüssel in die Holzschale, die auf der kleinen Kommode im Flur stand, stellte seine Tasche auf dem Boden ab und ging in die Küche. Dort nahm er sich ein Glas aus dem Schrank und griff nach der Weinflasche, die auf der Arbeitsplatte neben dem Herd stand. *Marchesi di Barolo*, Jahrgang 2015. Er hatte sie am Vorabend geöffnet und erst ein Glas davon getrunken.

Der frühe Nachmittag war definitiv nicht die Zeit, zu der er normalerweise Wein trank, aber Max hatte das Gefühl, dass ihm ein Schluck jetzt guttun würde.

Er füllte das Glas zu einem Viertel, ging damit ins Wohnzimmer und stellte es auf dem niedrigen Tisch ab, bevor er sich auf die Couch fallen ließ.

Auch wenn er sich nicht von ihm hatte engagieren lassen, ging ihm dieser Robert Benz mit seiner Geschichte nicht mehr aus dem Kopf. Max konnte sich nicht vorstellen, dass ein Täter, der ein kleines Mädchen entführt und vielleicht getötet hatte, sechs Jahre danach damit begann, ein grausames Spiel mit dem Vater des Kindes zu treiben. Das wäre gegen jedes Verhaltensmuster von Triebtätern und Pädophilen. Deren Aufmerksamkeit richtete sich ausschließlich auf ihre Opfer und nicht gegen Familienangehörige.

Dass das Mädchen nach so langer Zeit allerdings zurückkehrte und so deutliche Hinweise im Haus hinterließ, dann aber wieder verschwand, war mindestens ebenso unwahrscheinlich.

Mit einer fast mechanischen Bewegung zog er sein Smartphone aus der Tasche, tippte im Adressbuch auf die Favoriten und dort auf einen Namen und hielt sich das Gerät dann ans Ohr.

»Böhmer, was gibt's?«, ertönte nach zweimaligem Läuten die schlechtgelaunt klingende Stimme seines ehemaligen Partners, was Max sehr wunderte. Böhmer war nicht gerade für seine höfliche und freundliche Art bekannt, aber seit Max nicht mehr bei der Polizei war und sie sich nur noch selten sahen, hatte er sich noch immer über einen Anruf gefreut.

»Oha! Welche Laus ist dir denn über die Leber gelaufen? Bereust du es gerade mal wieder, doch nicht in den vorzeitigen Ruhestand gegangen zu sein?«

»Max?« Das klang schon ganz anders. »Entschuldige, dein Name wird nicht angezeigt. Dieses blödsinnige Scheißhandy …«

Max lachte kurz auf. »Was ist denn damit?«

»Es ist neu. Das ist damit. Irgendjemand im Präsidium hat beschlossen, dass wir neue Telefone bekommen sollen. Unsere Dienstwaffen sind so veraltet, dass wir besser damit nach Tätern werfen, als auf sie zu schießen, aber Hauptsache, wir bekommen neue Handys. Dieses moderne Mistding wehrt sich mit allen Mitteln dagegen, mein Adressbuch zu übernehmen. Wenn das so weitergeht, fliegt es irgendwann gegen die Wand. Aber schön, dass du anrufst. Wie geht es dir?«

»Ganz gut so weit.«

»Das freut mich zu hören. Und Kirsten?«

»Die Therapie hilft ihr sehr, sie hat die Sache schon erstaunlich gut überwunden. Zumindest nach außen hin. Wie es tief in ihrem Inneren aussieht, kann ich nicht sagen. Ich habe das Gefühl, da gibt es eine Mauer, die ich nicht durchdringen kann. Aber ich kann mich auch irren.«

»Kein Wunder. Bei dem, was der Kerl ihr angetan hat …«

»Sag mal«, wechselte Max das Thema. »Kannst du mir etwas zu den vermissten Kindern im Raum Köln sagen?«

Böhmer stieß einen Zischlaut aus. »Außer, dass ich diesem Dreckschwein, das dafür verantwortlich ist, die Pest an den Hals wünsche, meinst du? Nicht viel. Da müsstest du dich schon an eine Kollegin oder einen Kollegen aus Köln wenden. Aber warum fragst du? Ich dachte, du hast mit der Polizeiarbeit abgeschlossen?«

»Das habe ich auch. Grundsätzlich. Aber in der Uni hat mich heute ein Mann angesprochen, dessen Tochter vor sechs Jahren entführt worden ist.«

»Das ist ja seltsam. Es deutet vieles darauf hin, dass der Täter derselbe Mistkerl ist wie damals. Aber das hast du ja sicher auch schon in den Zeitungen gelesen.«

»Ja.«

»Und? Was wollte er von dir?«

»Er wollte mich engagieren.«

»Was?« Böhmer stieß ein bellendes Lachen aus. »Und was genau erwartet er von dir? Sollst du nach sechs Jahren nach seiner Tochter suchen? Glaubt der wirklich, dass sie noch lebt?«

»Ja, das hält er für möglich. Eine ziemlich verrückte Geschichte. Er sagt, in seiner Wohnung stand plötzlich ihre Schultasche, als er nach Hause kam. Der Tisch in der Küche war für sie mitgedeckt, außerdem lag darauf eine Puppe, die sie dabeihatte, als sie damals verschwand.«

»Vielleicht erlaubt sich jemand einen ganz üblen Scherz mit ihm?«

»Aber wie sollte derjenige an ihre Sachen kommen? Er sagt, auf dem Schulrucksack sind ganz bestimmte Flecken. Er hat ihn sofort wiedererkannt.«

»Und warum kommt er damit zu dir und geht nicht zur Polizei?«

»Vielleicht, weil er befürchtet, dass die Kollegen genauso lachen wie du gerade?« Verblüfft stellte Max fest, dass er Robert Benz' Entschluss, ihn zu engagieren, verteidigte.

»Lachen wird sicher niemand von den Kollegen, wenn er die Geschichte hört«, erklärte Böhmer nachdenklich, »aber ich denke, ich verstehe trotzdem, warum er zu dir gekommen ist.«

»Ach ja? Und? Erzählst du es mir?«

»Keines der damals entführten Kinder ist wieder aufgetaucht. Weder lebend noch als Leiche. Dieser Mann möchte nach sechs Jahren endlich wissen, was mit seinem Kind passiert ist und ob es vielleicht tatsächlich noch lebt, und um das herauszufinden, geht er zu dem Besten, den er finden kann.«

»Es gibt andere gute Ermittler, die noch im Dienst sind.«

»Ja, aber keiner von ihnen hat dein Gespür, und …«

»Und was?«, hakte Max nach, als Böhmer nicht weitersprach.

»Und ich kenne niemanden, der so verbissen an einem Fall dranbleibt wie du.«

»Ach, komm, ich ...«

»Wirst du der Sache nachgehen?«

»Nein«, antwortete Max, allerdings erst nach einer kurzen Pause.

»Das klingt nicht sehr überzeugt.« Damit hatte Böhmer wohl recht, wie Max sich eingestehen musste. »Ich denke, dein Jagdinstinkt ist bei dieser Geschichte wieder erwacht.«

»Jagdinstinkt ... wie das klingt.«

Böhmer schnaufte. »Vielleicht solltest du annehmen.«

»Danke für deine Meinung, aber das werde ich nicht tun. Genau deswegen habe ich doch aufgehört! Um eben nichts mehr mit solchen Irren zu tun zu haben, die sich sogar an meiner Familie vergreifen, weil sie sich an mir rächen wollen. Und da werde ich jetzt ganz sicher nicht privat wieder damit anfangen.«

»Manchmal wünschte ich, ich würde privat ermitteln. Wenn so ein Dreckskerl mir ins Gesicht lacht, zum Beispiel, weil ich mich an die scheiß Dienstvorschriften halten muss und ihm deswegen nichts nachweisen kann.«

»Ich muss jetzt auflegen«, sagte Max, und es fühlte sich für ihn selbst an wie eine Flucht vor dem, was sein Expartner vielleicht noch sagen könnte.

»Max?«

»Ja?«

»Du weißt, dass er – unabhängig davon, ob du ihm hilfst oder nicht – den Vorfall mit den wiederaufgetauchten Sachen des Kindes trotzdem den Kölner Kollegen melden muss.«

»Ja. Du hörst von mir.«

Ohne eine Entgegnung abzuwarten, beendete Max das Gespräch.

Er legte das Smartphone auf dem Tisch ab, trank einen Schluck Wein und ließ sich dann gegen das Rückenpolster der Couch fallen. Er lehnte den Kopf zurück und schloss die Augen.

Es dauerte nicht lange, bis ein Gesicht vor seinem inneren Auge auftauchte. Ein bösartiger Geist, den er eine ganze Weile nicht mehr gesehen hatte und von dem er geglaubt hatte, ihn endgültig losgeworden zu sein. Das Gesicht gehörte der Person, die seine Schwester Kirsten entführt und gequält hatte, und es war zu einem teuflischen Grinsen verzerrt, das ihn verhöhnte. Nach einer Weile verblasste es, stattdessen sah er eine dunkle Silhouette vor sich, nur die Konturen waren deutlich erkennbar wie bei einem Scherenschnitt, und doch wusste er, dass es das Abbild eines Kindes war. Ein Mädchen mit einem Zopf. Die schwarzen, zweidimensional wirkenden Arme hoben sich und reckten sich ihm entgegen. Hilfesuchend. Verzweifelt.

Max riss die Augen auf und schüttelte den Kopf, um sich von den Bildern zu befreien. Er beugte sich nach vorn, griff nach dem Weinglas, stellte es aber wieder ab und nahm stattdessen sein Smartphone in die Hand. Sekunden später hörte er die vertraute Stimme seiner Schwester.

»Max? Schön, dass du anrufst. Ich bin gerade beim Einkaufen. Können wir später telefonieren? Du weißt ja, einkaufen und telefonieren gleichzeitig ist im Rollstuhl schwierig.«

»Ja, sicher, kein Problem. Ich wollte nur mal hören, ob es dir gut geht.«

»Das ist lieb von dir. Ja, es geht mir gut. Und dir? Du klingst irgendwie … bedrückt?«

»Nein, es ist nichts«, log er. »Nun bring du mal deinen Einkauf hinter dich. Ich melde mich dann später noch mal.«

Nachdem er aufgelegt hatte, rieb er sich mit beiden Händen über das Gesicht, als könnte er damit die Beklemmung wegwischen, die mehr und mehr von ihm Besitz ergriff. Und die aufkeimende Wut darüber, dass es wieder ein Täter geschafft hatte, dass er sich gedanklich mit ihm beschäftigte. Beschäftigen *musste*, ob er wollte oder nicht.

Einer dieser Irren, die anderen Menschen unendliches Leid zufügten und allzu oft nicht gefasst wurden. Und selbst wenn man einen von ihnen hinter Gitter bringen konnte, kamen wie bei den Köpfen der Hydra dafür zwei neue nach. Böhmers Worte hallten in ihm wider. *Manchmal wünschte ich, ich würde privat ermitteln. Wenn so ein Dreckskerl mir ins Gesicht lacht, zum Beispiel, weil ich mich an die Dienstvorschriften halten muss und ihm deswegen nichts nachweisen kann.*

Natürlich hatte er schon vor Robert Benz' Besuch in der Uni mitbekommen, dass wieder zwei kleine Mädchen in Köln verschwunden waren, aber er hatte es geschafft, das nicht an sich heranzulassen, nicht darüber nachzudenken.

Nun aber gab es einen Vater und einen Namen. Leni, die Tochter von Robert Benz, die seit sechs Jahren verschwunden war. Und damit rückte auch der Fall der beiden seit kurzem vermissten Mädchen näher an ihn heran. Wie die Kinder damals waren sie nach der Schule nicht nach Hause gekommen.

Max beugte sich zur Seite, zog die Visitenkarte aus der Hosentasche und starrte eine Weile darauf. Dann legte er sie auf dem Tisch ab und vergrub das Gesicht in den Händen.

5

Das Läuten seines Telefons riss Max aus dem Schlaf.

Er hatte sich auf die Couch gelegt, um für ein paar Minuten entspannt die Augen zu schließen, und musste eingeschlafen sein. Noch halb benommen registrierte er, dass es im Wohnzimmer fast dunkel war. Er tastete nach dem Telefon und warf einen Blick auf das Display, bevor er das Gespräch annahm. Es war Kirsten.

»Hallo, Schwesterherz«, sagte er mit krächzender Stimme und räusperte sich.

»Hast du geschlafen? Das tut mir leid.«

»Nein, kein Problem. Ich hatte mich nur ein wenig hingelegt und wollte gar nicht schlafen. Wie spät ist es?«

»Es ist zwanzig vor acht. Schläfst du nachts immer noch so schlecht?« Ihre Stimme hatte mit einem Mal die weiche Klangfarbe einer Mutter, die sich Sorgen um ihr Kind machte. Obwohl *sie* ja diejenige war, die dieses furchtbare Erlebnis gehabt hatte.

»Es geht. Ich werde öfter wach, und dann fällt es mir schwer, wieder einzuschlafen.«

»Du denkst noch oft an deinen Job bei der Polizei, nicht wahr?«

»Wie kommst du jetzt darauf? Nein, normalerweise so gut wie gar nicht.«

»Normalerweise? Max? Ich höre doch an deiner Stimme, dass irgendetwas nicht stimmt.«

Er stieß ein kurzes, angedeutetes Lachen aus. »Wie gut du mich doch kennst.«

»Du bist mein Bruder.«

»Ich hatte heute eine eigenartige Begegnung, die mir nicht mehr aus dem Kopf geht.«

Er erzählte ihr von seinem Gespräch mit Robert Benz und davon, wie sehr es ihn aufwühlte.

»Bereust du gerade, den Polizeidienst quittiert zu haben?«

»Nein. Ich würde auf keinen Fall wieder als Polizist arbeiten wollen. Die Erfahrungen, die ich gemacht habe … die auch *du* machen musstest, reichen mir völlig. Es gibt zu viele Irre da draußen.«

»Aber wenn niemand mehr den Job machen möchte, werden es noch mehr. Was da passiert ist, war schrecklich, und ich möchte so etwas nie wieder erleben, aber du hast während deiner kurzen Zeit als Ermittler einige dieser Verbrecher aus dem Verkehr gezogen und damit wahrscheinlich viele Menschen gerettet. Und jetzt läuft da so ein Kerl herum und entführt kleine Mädchen. Ich möchte gar nicht daran denken, was er ihnen alles antut.

Versteh mich nicht falsch, ich will dich nicht dazu drängen, zur Polizei zurückzugehen, aber ich kenne dich und bin mir sicher, dass dir genau diese Dinge durch den Kopf gehen. Und der Gedanke, dass du aus Angst um mich den Job aufgegeben hast, von dem du schon als Junge geträumt hast, ist für mich nur schwer zu ertragen.«

»Wir hatten diese Diskussion doch schon ein paarmal,

Kirsten. Und du weißt, dass es nicht nur darum geht. In der Summe ist man als Polizist chancenlos, weil die Bedingungen nicht vergleichbar sind. Während die, hinter denen man her ist, tun und lassen, was sie wollen, und sich einen Dreck um Gesetze scheren, ist man als Polizist an die Dienstvorschriften gebunden und muss bei jedem Schritt, den man tut, damit rechnen, dass irgendjemand eine Dienstaufsichtsbeschwerde einreicht oder – noch schlimmer – dass einem intern vom eigenen Vorgesetzten auf die Füße getreten wird, weil der Angst vor einem Shitstorm im Internet oder um seine Karriere hat.

So ein Schwein steht da und spuckt einem lächelnd ins Gesicht, und man kann so gut wie nichts dagegen tun, ohne ein Disziplinarverfahren befürchten zu müssen. Die zielen auf einen, Kirsten, und bis man darüber nachgegrübelt hat, ob und wie man darauf *nach Dienstvorschrift angemessen* reagieren darf, haben sie schon jemanden erschossen.

Und selbst wenn man es schafft, ein paar dieser Typen zu fassen, lässt irgendein übersozial eingestellter Richter sie entweder mit einer lächerlichen Strafe davonkommen, oder er spricht sie gleich wieder frei. Weil sie eine schwere Kindheit hatten. Oder bei der Tat sturzbesoffen waren.

Die Sorge um die Täter lässt bei manchen dieser fürsorglichen Juristen die Schicksale der Opfer vollkommen in Vergessenheit geraten. Dieser Kampf ist einfach nicht fair, und als Polizist kann man ihn letztendlich nur verlieren.«

Es entstand eine Pause, in der Max seinem eigenen schnellen Atem zuhörte.

»Ach Max.« Kirsten seufzte. »Du hast recht, wir hatten die Diskussion schon einige Male, und jedes Mal stelle ich fest, mit wie viel Herzblut du noch immer an diesem Beruf hängst, in den du aber auf keinen Fall zurück möchtest. Wäre da das Angebot von diesem Mann nicht etwas, über das du zumindest nachdenken solltest? Du könntest dabei helfen, diesen Kerl zu schnappen, ohne dich mit den Dienstvorschriften herumärgern zu müssen.«

»Schlägst du mir gerade vor, ich soll als Privatdetektiv arbeiten?«

»Ich schlage dir vor, dass du deinem Herzen folgen sollst, Max.«

Als er darauf nicht antwortete, weil er nicht wusste, was er dazu sagen und wie er die Gedanken ordnen sollte, die wie ein Bienenschwarm durch seinen Kopf surrten, fügte Kirsten mit fester Stimme hinzu: »Du solltest es tun.«

»Ich … ich weiß nicht, was ich tun soll. Ich muss nachdenken. Morgen Vormittag habe ich noch in der Uni zu tun. Danach komme ich zu dir, und wir kochen was Leckeres zusammen, was hältst du davon?«

»Das ist eine tolle Idee. Ich freue mich. Also bis morgen.«

»Bis dann.«

Max legte das Telefon zur Seite und stand auf. Die Hände in den Taschen seiner Jeans vergraben, begann er, im Wohnzimmer auf und ab zu gehen. Er fühlte sich so aufgewühlt wie schon lange nicht mehr. Robert Benz hatte ihn mit seiner Geschichte und seinem Angebot in eine Zwickmühle zwischen zwei extremen Gefühlswelten gebracht.

Da war einerseits die Wut darüber, dass er wieder über Dinge nachdenken musste, die er gerade im Begriff gewesen war, erfolgreich zu verdrängen.

Andererseits fühlte es sich mit einem Mal an, als würde

frische Energie durch seinen Körper fließen, als wäre eine Trägheit von ihm abgefallen, die in den letzten Monaten wie eine nasse Decke auf seinen Schultern gelegen hatte. Auch das war ein Resultat seiner Begegnung mit Benz.

Sein Blick fiel auf das Notebook, das zugeklappt auf dem Esstisch lag. Mit zwei entschlossenen Schritten hatte er den Tisch erreicht, setzte sich und klappte den Monitor hoch.

Als das Gerät bereit war, öffnete er Google und tippte ein:

vermisste mädchen in köln

Die Ergebnisliste war lang und beinhaltete überwiegend Links zu Online-Zeitungsberichten, die – mal reißerisch und mal sachlich – über die verschwundenen Mädchen berichteten.

Nach wenigen Minuten stand Max auf, nahm sich einen Notizblock und einen Stift aus der obersten Schublade der Kommode und setzte sich wieder. Dann begann er mit seiner Recherche.

Artikel nach Artikel las er durch, erfuhr meist die immer gleichen Dinge und machte sich Notizen, wenn er irgendwo Informationen fand, die er noch nicht kannte.

Die beiden Mädchen waren sieben und neun Jahre alt und im Abstand von zehn Tagen nach der Schule verschwunden. Beide gingen in unterschiedliche Grundschulen. Da das Verschwinden der Kinder an die Fälle sechs Jahre zuvor erinnerte, hatte die Staatsanwaltschaft entschieden, für die Suche die Fotos im Internet zu veröffentlichen. Die Jüngere der beiden, Lea, hatte schulterlange blonde Haare und eine Stupsnase, die ebenso wie die Haut unter den grünen Augen mit Sommersprossen übersät war.

Die neunjährige Sofia war ein eher dunkler Typ mit langen schwarzen Haaren und fast schwarzen Augen. Max überlegte, dass ihre Familie vielleicht aus einem südlichen Land wie Italien oder Spanien stammen konnte. Weder Freundinnen noch Lehrer konnten hilfreiche Angaben machen. Es gab keine Zeugen und niemanden, der in der Nähe der Schulwege etwas Ungewöhnliches beobachtet hatte. Weder im familiären Umfeld noch in der Nachbarschaft der Mädchen gab es Anhaltspunkte oder auffällige Personen. Lea und Sofia waren einfach spurlos verschwunden.

Max ließ den Stift fallen, lehnte sich im Stuhl zurück und schloss die Augen.

Du möchtest ein Kind entführen. Ein Mädchen. Du tust das nicht zum ersten Mal, du verlässt dich nicht auf den Zufall. Tagelang hast du um die Mittagszeit, wenn die Schule für die meisten Kinder zu Ende ist, die Gegend beobachtet. Du hast dich nicht an eine Stelle gestellt, das könnte jemand sehen und sich anschließend an dich erinnern. Nein, du spazierst einfach herum. Vielleicht in einer Nebenstraße oder einer schmalen Gasse in der Nähe der Schule. Dort kommen zwar nicht so viele Kinder vorbei, aber dort wird auch niemand bemerken, wenn du … Nein, stopp, keine schmale Gasse. Es muss eine Straße sein, wo du dein Auto parken kannst. Kinder in dem Alter kann man heute nicht mehr einfach mit Schokolade oder einem Lolli dazu bringen mitzugehen. Schon gar nicht, nachdem du nach sechs Jahren entschieden hast, wieder in deinem alten Revier zu jagen. Es muss schnell gehen. Du musst sie mit einer Frage an dein Auto locken, dann muss alles innerhalb weniger Sekunden geschehen. Also eine Nebenstraße.

Warum entscheidest du dich für Lea? Hat sie bestimmte Merk-

male, die sie für dich interessant macht? Hast du sie schon vorher beobachtet und ausgesucht, oder trifft es sie, weil sie in einem für dich günstigen Moment vorbeikommt?

Max beugte sich nach vorn und betrachtete erneut eingehend die Fotos der beiden Kinder, nachdem er sie in zwei Fenstern nebeneinander auf dem Monitor platziert hatte. Die Mädchen waren vollkommen unterschiedlich.

Max sah am Monitor vorbei in die Ferne.

Du hast Lea in deinem Auto. Wahrscheinlich hast du sie betäubt, damit sie dir während der Fahrt keine Schwierigkeiten macht. Wo fährst du mit ihr hin? Zu dir nach Hause? In den Wald? In ein Versteck? Und dann die Frage aller Fragen: Was machst du mit ihr? Und was tust du danach?

Max' Blick richtete sich wieder auf den Monitor, auf die Gesichter der beiden kleinen Mädchen, und erneut formulierte er die Worte in seinem Kopf: *Was machst du mit ihr?*

Max stand auf, ging zum Couchtisch und griff nach seinem Handy und der Visitenkarte von Robert Benz.

6

Er sitzt auf dem Küchenstuhl und starrt die Puppe an, die noch immer auf dem Tisch liegt. Einzelheiten kann er mittlerweile nicht mehr erkennen, denn die Dämmerung ist schon weit fortgeschritten. Es kommt ihm nicht in den Sinn aufzustehen, um das Licht anzuschalten.

Das Geschirr hat er abgeräumt, aber die Puppe hat er nicht angefasst. Alles in ihm hat sich dagegen gesträubt. Zum wiederholten Mal löst sich sein Blick von der kleinen, gehäkelten Figur mit den blonden Wollhaaren, um sich auf den Rucksack zu heften, den er auf die Bank neben sich gestellt hat. Auf Lenis Platz. Daneben liegt ihre Strickjacke. Und wie schon hundertmal in der letzten Stunde fragt er sich, wie es möglich sein kann, dass die Gegenstände in seinem Haus aufgetaucht sind. Nach so langer Zeit. Diese persönlichen Dinge, die Leni dabeihatte, damals.

Kann es wirklich sein, dass sie wieder da ist? Aber falls das tatsächlich wahr sein sollte – wo ist sie? Und warum stellt sie ihren Rucksack im Flur ab, legt die Puppe auf den Tisch und verschwindet dann wieder?

Beim Läuten des Telefons schreckt er auf. Warum erscheinen Töne in der Dunkelheit lauter und greller?

Das Gerät liegt mit dem Display nach unten auf der Arbeitsplatte neben dem Herd, zeichnet sich als schwarzer Fleck im schummrigen Restlicht ab. Er steht auf und greift danach, nimmt das Gespräch an und sagt: »Benz?«

Er bekommt keine Antwort, hört nur kurze, schnelle Atemgeräusche. »Hallo? Wer ist da?« Erneut wartet er auf eine Reaktion. Sie kommt, als er gerade auflegen möchte. Die hohe Stimme klingt wie die eines kleinen Mädchens. Nein, korrigiert er sich selbst, sie klingt wie jemand, der ein kleines Mädchen imitiert. Schaurig, fast irre. Und sie singt.

»Finster, finster, finster, finster,
nur der Glühwurm glüht im Ginster
und der Uhu ruft im Grunde,
Geisterstunde.
Schwarze Raben krächzen
und Gespenster ächzen:
ui, ui, uii.«

Die Haare auf seinem Unterarm richten sich auf, während gleichzeitig ein eiskalter Schauer über seine Wirbelsäule kriecht.

»Leni?« Seine Stimme klingt dünn. Statt einer Antwort hört er wieder das stakkatoartige Atmen.

»Leni, wenn du das bist, dann sag doch bitte etwas.«

»Finster, finster, finster, finster«, *wiederholt die simulierte Kleinmädchenstimme schrill, dann wird aufgelegt.*

Langsam lässt er seine Hand mit dem Hörer sinken und lehnt sich gegen die Arbeitsplatte.

Finster, finster, finster … *Ein Kinderlied, das seine Mutter immer mit Leni gesungen hat. Vor langer Zeit. Er hat es nie gemocht. Wie in Trance geht er zum Stuhl zurück, lässt sich auf die Sitzfläche sinken und starrt auf die Puppe.*

7

Max hätte nicht sagen können, wie lange er dagesessen hatte, die Augen auf die Visitenkarte, den Blick jedoch in die Ferne gerichtet. Er machte sich selbst vor, einen inneren Kampf auszutragen, der aber – und das wusste er eigentlich bereits – schon entschieden war.

Mit einer mechanisch anmutenden Bewegung griff Max nach dem Smartphone, entsperrte das Display und tippte die Zahlen ein, die er von der Visitenkarte ablas. Dann hielt er sich das Telefon ans Ohr.

»Benz«, hörte er nach viermaligem Klingeln eine Stimme, die ihn nur entfernt an die des Mannes erinnerte, der ihn Stunden zuvor engagieren wollte. Sie klang müde und dünn.

»Max Bischoff hier. Ist alles in Ordnung bei Ihnen?«

Es entstand eine kurze Pause, bevor der Mann antwortete.

»Ich verstehe Ihre Frage nicht, Herr Bischoff. Ich habe Ihnen doch erzählt, warum ich Sie engagieren möchte. Wie kann da alles in Ordnung scin?«

»Sie klingen sehr müde, deshalb die Frage«, entgegnete Max, der keine Lust auf solche Spitzfindigkeiten hatte.

»Tut mir leid. Ich bin ziemlich durch den Wind. Gut, dass Sie anrufen. Werden Sie mir helfen?«

»Ich weiß es noch nicht.«

»Das ist schon mal besser als das kategorische *Nein* in der Universität.«

»Ich würde gern mehr über die Umstände erfahren, unter denen Ihre Tochter vor sechs Jahren verschwunden ist.«

»Gut. Was wollen Sie wissen?«

»Nicht am Telefon. Ich möchte auch Lenis Sachen sehen, die wieder bei Ihnen aufgetaucht sind.« Das stimmte, war aber nur die halbe Wahrheit. Max interessierte auch, wo und wie Robert Benz lebte. »Am besten wird es sein, wenn ich zu Ihnen komme.«

»Ähm, ja, sicher …«, antwortete Benz, offenbar von Max' Vorschlag überrascht. »Wann?«

Max dachte daran, dass er am nächsten Tag nach der Uni mit Kirsten verabredet war.

»Ich hätte jetzt Zeit.«

»Jetzt? Es ist doch sicher schon nach acht …«

»Herr Benz, soll ich mir Ihre Geschichte anhören oder nicht?«

»Ja, natürlich, also … gut. Dann jetzt gleich.«

»Wie lautet die Adresse?«

Benz nannte ihm eine Adresse in Köln-Brück, einem rechtsrheinischen Stadtteil im Bezirk Kalk. Max zog den Notizblock und den Stift zu sich, die immer am Rand des Tisches lagen, und notierte Straße und Hausnummer. »Ich bin in etwa einer Dreiviertelstunde bei Ihnen. Bis dann.«

Nachdem er das Telefon zur Seite gelegt hatte, blieb er noch einen Moment sitzen und dachte darüber nach, ob er womöglich im Begriff war, einen Fehler zu begehen. Dann sah er wieder die Fotos von Lea und Sofia vor sich. Kleine

Mädchen, deren Leben noch aus Spielen und unbekümmertem Lachen bestehen sollte und die nun entweder vollkommen verängstigt, verletzt oder vielleicht sogar schon tot waren. So oder so hatte ihr Leben sich auf brutale Weise verändert, war ihre unbeschwerte Kindheit erbarmungslos beendet worden. Weil irgendein Dreckskerl das so beschlossen hatte.

Mit einem Ruck stand Max auf. Er konnte nicht länger so tun, als ginge ihn das, was um ihn herum geschah, seit der Rückgabe seines Dienstausweises nichts mehr an.

Für die Strecke von seiner Wohnung in Unterbilk bis zu der Adresse in Brück brauchte Max knappe vierzig Minuten, in denen er die letzten Zweifel an dem, was er gerade im Begriff war zu tun, beiseitewischte und sich auf das bevorstehende Gespräch mit dem Mann konzentrierte, der glaubte, seine sechs Jahre zuvor verschwundene Tochter sei plötzlich wieder aufgetaucht. Für Max ein mehr als unwahrscheinliches Szenario, falls Leni damals Opfer desselben Täters geworden war, der auch die anderen Mädchen entführt hatte. Nach allem, was er zum Thema Täterprofile und Fallanalyse wusste, sprach die Tatsache, dass in all den Jahren von keinem der verschwundenen Kinder eine Leiche gefunden worden war, kaum bis gar nicht dafür, dass sie noch lebten, sondern eher für die Wahrscheinlichkeit, dass der Täter die toten Körper besonders gewissenhaft *entsorgt* hatte, weil er wusste, dass ansonsten die Chance bestand, an einem Opfer Spuren von ihm zu finden.

Nachdem Max den Wagen am Straßenrand der angegebenen Adresse abgestellt hatte, stieg er aus und betrachtete das anderthalbgeschossige Einfamilienhaus. Es wirkte gepflegt, auch wenn der schmutzig gelben Fassade ein frischer Anstrich gutgetan hätte. Der kleine, mit Büschen bewachsene Vorgarten wurde durch einen Weg aus Steinplatten geteilt und endete vor zwei Treppenstufen, die zur dunklen Holzhaustür führten.

Hatte das alles schon so ausgesehen, als die kleine Leni zum letzten Mal das Haus verlassen hatte? War ihr Entführer ihr zuvor schon einmal hierher gefolgt?

Manchen Tätern gab es einen zusätzlichen Kick, wenn sie ihr künftiges Opfer vor der Tat in seiner normalen Umgebung beobachteten, mit eigenen Augen die Menschen sahen, denen sie bald das Kind entreißen und über die sie unendliches Leid bringen würden. Das verstärkte das Gefühl der Macht, die sie über andere Menschen hatten.

Max setzte sich in Bewegung, ging durch das offenstehende, hüfthohe Gartentor und stand kurz darauf vor der Haustür. *Familie Benz* war auf dem schon recht verblassten Klingelschild zu lesen.

Nur Sekunden, nachdem Max den Knopf gedrückt hatte, wurde die Tür geöffnet, und Robert Benz stand ihm mit einem unsicheren Lächeln gegenüber.

»Das ging ja wirklich schnell«, sagte er, beugte sich ein Stück nach vorn und warf einen Blick nach rechts und links, bevor er zur Seite trat. »Bitte, kommen Sie doch herein.«

Der Flur war hell erleuchtet, das frische Weiß der Raufasertapete ließ darauf schließen, dass sie – anders als die Fassade – vor kurzem gestrichen worden war. Max' Blick wanderte durch den Flur, wobei er sich in Gedanken vorsagte, was er sah, eine Gewohnheit aus seiner aktiven Zeit. So konnte er sich Einzelheiten besser merken.

Rechts der Treppenaufgang zur oberen Etage, daneben ein Schlüsselkasten, auf der anderen Seite eine Garderobe, bestehend aus vier dunklen Holzbrettern mit schmiedeeisernen Haken, direkt daneben ein kleines Tischchen mit einer Schale darauf, in der sich allerlei Kleinkram befand. Standardausstattung eines gutbürgerlichen Eingangsbereiches.

»Bitte, hier.« Benz deutete zu einer halb geöffneten Tür auf der linken Seite. Das Wohn- und Esszimmer dahinter war überraschend geräumig und spartanisch, aber freundlich eingerichtet. Auch hier schien vor nicht allzu langer Zeit renoviert worden zu sein.

»Es wirkt vielleicht noch ein bisschen leer hier drin«, sagte Benz und deutete auf die moderne cognacfarbene Couch auf der rechten Seite. »Ich habe erst vor einiger Zeit damit begonnen, alles umzugestalten. Die alten Möbel, die Bilder und Accessoires … sie haben mich täglich erinnert.«

»Das verstehe ich gut«, sagte Max und setzte sich. »Sie leben allein hier?«

»Ja. Ich habe es noch nicht geschafft, eine neue Bindung einzugehen. Nicht wegen meiner Exfrau, sondern wegen Leni. Ich kann nicht erklären, warum, aber es käme mir wie ein Verrat an ihr vor. Möchten Sie etwas trinken?«

»Nein, danke. Lassen Sie uns reden.«

Auch Benz setzte sich und zeigte wieder das unsichere Lächeln. »Ja, gut. Dafür sind Sie ja auch den ganzen Weg hierhergekommen. Also – was möchten Sie wissen?«

»Als Erstes: Gab es außer diesen Sachen, die plötzlich aufgetaucht sind, sonst noch irgendetwas Merkwürdiges?«

Max hatte das unbestimmte Gefühl, dass Benz bei der Frage zusammengezuckt war, doch dann schüttelte der Mann den Kopf. »Nein.«

»Also keine weiteren Gegenstände, die plötzlich aufgetaucht sind und ihr gehört haben, keine Nachricht auf irgendeine Art, nichts.«

»Genau.«

»Gut. Ist Leni eigentlich eine Abkürzung?«

»Abkürzung ist vielleicht das falsche Wort. Eigentlich heißt sie Lena, aber aus irgendwelchen Gründen haben alle sie von Anfang an Leni genannt.«

»Okay. Dann erzählen Sie mir jetzt bitte von dem Tag, als Leni verschwand.«

Benz senkte den Blick und starrte einen Moment vor sich hin, bevor er nickte. »Ja, also ... Leni hat an dem Morgen wie immer das Haus verlassen, das war so gegen sieben Uhr dreißig.« Nun hob er wieder den Kopf und sah Max an. »Zur Schule ist es nicht weit, und normalerweise wäre noch ausreichend Zeit gewesen, wenn sie zehn Minuten später losgegangen wäre, aber sie trödelte gern herum und ist deswegen anfangs ein paarmal zu spät gekommen. Deshalb haben wir sie immer schon etwas früher losgeschickt.«

Er machte eine Pause. »Das war das letzte Mal, dass ich sie gesehen habe.«

»Sie waren also zu Hause. Ich habe auf Ihrer Visitenkarte gesehen, dass Sie Versicherungsmakler sind, ist das richtig?«

»Ja, ich habe gemeinsam mit einem Partner in der Innenstadt ein Maklerbüro. Deswegen war es kein Problem, wenn ich immer erst losgefahren bin, nachdem Leni das Haus verlassen hat.«

»Und Ihre Frau?«

»Meine Exfrau. Sie blieb nach Lenis Geburt zu Hause. Wir waren uns einig, dass wir unser Kind nicht von einer fremden Person erziehen lassen wollten.«

Max griff in die Innentasche seines Freizeitsakkos und zog einen Notizblock mit einem daran festgeklemmten Kugelschreiber heraus. Noch so eine Angewohnheit, die er sich von seiner Dienstzeit bewahrt hatte.

»Und obwohl Ihre Frau zu Hause war, haben Sie Ihre Tochter jeden Morgen selbst verabschiedet?«

»Ja.« Benz machte eine kurze Pause, bevor er hinzufügte: »Haben Sie Kinder, Herr Bischoff?«

Max sah von dem Notizblock auf. »Nein.«

Benz nickte. »Das erklärt Ihre Frage. Diese wenigen Jahre der Kindheit, in denen Sie als Elternteil mit Liebe und Aufmerksamkeit dafür sorgen können, dass Ihr Kind sich geborgen fühlt, in denen Sie sein weiteres Leben prägen können, sind so unglaublich schnell vorbei. Ich wollte keine Minute davon verpassen. Das Schicksal hat gezeigt, dass das die richtige Entscheidung gewesen ist.«

Max sah, dass die Augen des Mannes glasig wurden. »Wann und wie haben Sie bemerkt, dass etwas nicht stimmt?«

»Stephanie, meine Exfrau, rief mich an, als ich gerade zu einem Kunden unterwegs war. Das war eine halbe Stunde nach der Zeit, zu der Leni eigentlich hätte zu Hause sein sollen. Ich habe sie zuerst beruhigt und ihr gesagt, dass sie doch weiß, dass unsere Tochter manchmal beim Herumtrödeln alles um sich herum vergisst. Sie hat die Mutter von Lenis bester Freundin angerufen, von der sie dann erfahren hat, dass Leni an dem Tag gar nicht in der Schule gewesen war.«

»Ach, sie war gar nicht … Ich dachte, sie ist erst auf dem Nachhauseweg verschwunden. Wenn ich richtig informiert bin, war es bei allen anderen Kindern so. Und auch jetzt bei den beiden … Das ist ja seltsam.«

Benz zuckte mit den Schultern. »Ja, das hat der leitende Ermittler damals auch gemeint. Vielleicht ist das ja ein Zeichen, dass der Täter Leni nicht … Ich meine, wenn die Entführung anders gelaufen ist als bei allen anderen, dann war es vielleicht auch ein anderer Täter, und vielleicht lebt sie wirklich noch und ist nun wieder zurückgekommen.«

»Wissen Sie noch, wie dieser leitende Ermittler hieß?«, fragte Max, um ihn von diesem Gedanken abzulenken.

»Den vergesse ich sicher nicht. Er ist ein Grund dafür, dass ich mich jetzt nicht an die Polizei gewandt habe, sondern an Sie. Er war mir gegenüber teilweise recht … ruppig.«

»Und? Wie ist sein Name?«, hakte Max nach und hatte dabei schon eine gewisse Ahnung.

»Menkhoff hieß er. Hauptkommissar Bernd Menkhoff von der Kripo Köln.«

8

Max versuchte, sich nicht anmerken zu lassen, dass der Name ihm bekannt war und was er in ihm auslöste. Bernd Menkhoff ... Er war in Köln der Vorgesetzte von Max' ehemaliger Kollegin Verena Hilger gewesen und auch der Grund, warum die attraktive Oberkommissarin sich – sehr zur Freude von Horst Böhmer – nach Düsseldorf hatte versetzen lassen. Nach allem, was Max gehört und bei einem Seminar auch selbst erlebt hatte, war Menkhoff ein brillanter Ermittler, aber ein knallharter Faktenmensch und auf zwischenmenschlicher Ebene geradezu eine Katastrophe.

Max' Gedanken wollten zu Verena abwandern, doch er wehrte sich mit aller Kraft dagegen und schaffte es schließlich, sich wieder auf seinen Gesprächspartner zu konzentrieren.

»Kennen Sie Hauptkommissar Menkhoff?« Offenbar war es Benz nicht verborgen geblieben, dass der Name etwas in Max ausgelöst hatte.

»Ja, flüchtig. Genug, um zu wissen, was Sie meinen. Kann ich jetzt bitte die Sachen Ihrer Tochter sehen, von denen Sie gesprochen haben? Die, die plötzlich wieder aufgetaucht sind?«

»Ja, sicher.«

»Ach, und ein Foto Ihrer Tochter wäre auch hilfreich.«

»Aber auf den Fotos, die ich habe, ist sie doch erst zehn. Mittlerweile sieht sie bestimmt ganz anders aus.«

»Ja, aber mit entsprechender Software kann man zumindest ungefähr ihr heutiges Aussehen darstellen.«

»Ja, dann … gut.«

Benz erhob sich und verließ den Raum, um kurz darauf mit einem bunt gemusterten Rucksack in der einen und einer türkisfarbenen Strickjacke sowie einer Puppe mit voluminösen gelben Wollhaaren in der anderen Hand zurückzukommen. Max sparte sich den Hinweis darauf, dass Benz eventuell auf den Gegenständen vorhandene Spuren zerstörte. Das war gegebenenfalls längst geschehen.

Benz arrangierte die Sachen vor Max auf den Tisch, legte eine Fotografie daneben, die er aus der Gesäßtasche gezogen hatte, und setzte sich wieder, wobei sein Blick auf die Puppe gerichtet blieb.

Max griff als Erstes nach dem Foto. Das Mädchen darauf hatte schulterlange blonde Haare. Es stand vor einem weißen Gebäude und blickte direkt in die Kamera. Leni war hübsch, doch in ihren Augen glaubte Max trotz ihres kindlichen Alters schon einen Ausdruck von Melancholie erkennen zu können.

Er steckte das Foto ein und widmete sich dem Rucksack. An einem der Trageriemen zog er ihn zu sich heran und betrachtete ihn von allen Seiten. Bis auf einige typische Verschleißerscheinungen an der Unterseite und den Trageriemen war er noch recht gut erhalten. Quer über die Rückseite, die anders als der Rest des Rucksacks unifarben in Türkis gehalten war, zog sich ein verblasstes dunkles Muster, das deutlich als Reifenprofil erkennbar war. Max deutete darauf. »Das sind also die Flecken, von denen Sie gesprochen haben?«

Benz nickte geistesabwesend. »Ja. Das sind die Reifenspuren von meinem Auto.«

»Wie lange vor Lenis Verschwinden ist das passiert?«

»Etwa ein Jahr. Erst habe ich versucht, die Flecken zu entfernen. Als das nicht funktionierte, wollte ich ihr einen neuen Rucksack kaufen, aber Leni hat darauf bestanden, diesen zu behalten.«

»Und Sie sind sicher, dass das genau dieselben Flecken sind?«

Benz betrachtete den Rucksack mit gerunzelter Stirn. »Ja, ich bin absolut sicher. Das ist Lenis Rucksack. Es sind auch ihre Sachen drin.«

Max öffnete vorsichtig die beiden Schnappschlösser, fasste das Oberteil des Rucksacks mit zwei Fingern am Rand an und klappte es auf. Der Inhalt bestand aus zwei Büchern, ein paar Heften, auf denen »Lena Benz, 4b« stand, einem Mäppchen und einer leeren Brotdose aus türkisfarbenem Kunststoff. Offenbar war das die Lieblingsfarbe des Mädchens.

Max schloss den Rucksack wieder und richtete seine Aufmerksamkeit nun auf die Puppe. Arme, Beine und Gesicht waren aus beigefarbener Wolle gehäkelt. Die aufgeklebten runden Augen waren überproportional groß und erinnerten an moderne Mangas.

Sie trug ein hellblaues Kleid, das am Bauch, dort, wo eine kleine Kinderhand die Puppe wohl meistens festgehalten hatte, etwas dunkler war. Die Haare aus gelben Wollfäden waren zu dicken Zöpfen geflochten, die an den

Enden von hellblauen Seidenschleifen zusammengehalten wurden.

»Meine Mutter hat sie für Leni zu ihrem vierten Geburtstag gehäkelt. Leni hat keinen Schritt ohne diese Puppe gemacht. Selbst wenn sie zur Schule ging, steckte sie immer in ihrem Rucksack.«

Ein verklärter Ausdruck legte sich über Benz' Gesicht. »Damals waren wir noch eine intakte, glückliche Familie.«

»Ihre Mutter … lebt sie noch?«

Benz schüttelte den Kopf. »Sie ist kurz vor Lenis Verschwinden gestorben. Krebs. Vielleicht war es gut so, dass sie nicht mehr miterleben musste, wie ihre einzige Enkeltochter …«

»Und Ihr Vater?«

»Herzinfarkt. Zwei Jahre zuvor. Als meine Mutter morgens aufwachte, lag er tot neben ihr.«

Max dachte daran, was dieser Mann in kürzester Zeit mitgemacht hatte. Erst starb der Vater, dann die Mutter, kurz darauf verschwand sein Kind, woraufhin auch seine Frau ihn verließ. Als hätte er Max' Gedanken gelesen, sagte Benz: »Jetzt bin ich allein. Verstehen Sie, warum ich mich an Sie gewandt habe? Wenn meine Leni tatsächlich noch leben sollte …«

»Ja, ich verstehe Sie. Aber unabhängig von allem anderen werden Sie das Auftauchen dieser Gegenstände der Polizei mitteilen müssen.«

»Warum? Die haben doch vor sechs Jahren schon nichts erreicht. Denken Sie, das sieht jetzt anders aus?«

Max schüttelte den Kopf. »Das spielt keine Rolle. Es geht

hier um Beweisstücke in einem ungeklärten Vermisstenfall. Die dürfen Sie nicht einfach zurückhalten. Damit würden Sie sich strafbar machen. Vielleicht befinden sich ja Spuren vom Täter darauf.«

Benz stieß ein kurzes, humorloses Lachen aus. »Das also versteht man unter Gerechtigkeit. Mein Kind verschwindet spurlos, und die Polizei ist nicht in der Lage, auch nur die geringste Spur von ihr zu finden. Wenn ich mich dann nach sechs Jahren selbst darum kümmere, dass etwas geschieht, mache ich mich strafbar.« Mit einer ruckartigen Bewegung stand er auf, ging zu der breiten Terrassentür, blieb dort stehen und blickte nach draußen. »*Ich* bin nicht der Verbrecher«, sagte er so leise gegen die Scheibe, dass Max ihn gerade noch verstehen konnte.

»Können Sie mir genau zeigen, wo die Sachen gelegen haben, als Sie an dem besagten Abend nach Hause gekommen sind?« Auch Max erhob sich, machte zwei Schritte von der Couch weg und wartete, bis Benz sich zu ihm umwandte.

»Ja, kommen Sie.«

Sie gingen in den Flur und von dort in die Küche. »Hier«, sagte Benz und zeigte auf den Tisch. »Sie hat den Tisch gedeckt für drei Personen.« Er stockte, sah über Max hinweg zur Decke und schien nach Worten zu ringen. »Das hat sie sonntags morgens immer für uns gemacht.« Ein Lächeln umspielte seinen Mund. »Meist hat sie irgendwelche Dinge auf den Tisch gestellt, die wir niemals zum Frühstück essen würden, aber trotzdem …« Erneut richtete sein Blick sich gegen die Decke, woraufhin Max sich verwundert umwandte und nach oben blickte.

»Ist da etwas?«

»Nein, es ist nur … Gleich über der Küche ist Lenis Zimmer.«

»Ah, verstehe, dann lassen Sie uns doch mal nach oben gehen.«

Max fand es nicht verwunderlich, dass es in dem Kinderzimmer aussah, als ob jeden Moment ein kleines Mädchen zur Tür hereinkommen und sie fragen würde, was sie in ihrem Zimmer zu suchen hatten.

Er ließ seinen Blick über das Bett, den weißen Kleiderschrank mit aufgeklebten Bildern von Einhörnern und den Schreibtisch wandern, der noch ebenso unaufgeräumt war wie vermutlich zum Zeitpunkt von Lenis Verschwinden.

»Ist hier alles noch so wie vor dem Auftauchen der Gegenstände?«

»Ja.«

»Es fehlt nichts? Sind Sie sicher?«

Auch Benz blickte zum Schreibtisch hinüber. »Ganz sicher. Das war auch mein erster Gedanke, nachdem ich mich von dem Schreck erholt hatte. Vielleicht hat sie etwas mitgenommen. Aber ich bin all ihre Sachen durchgegangen, so wie ich es schon tausendmal zuvor gemacht habe. Ich kenne jeden kleinsten Gegenstand in diesem Zimmer. Es fehlt nichts.«

»Hatte Leni eigentlich ein Tagebuch?«

»Meines Wissens nicht. Falls doch, hat sie es sehr gut versteckt.«

»Okay.« Max wandte sich ab und verließ das Zimmer. Wieder unten angekommen, blieb er kurz vor der Haustür stehen, wandte sich zu Benz um und deutete in Richtung der Wohnzimmertür. »Ist es okay, wenn ich die Sachen mitnehme? Den Rucksack, die Puppe und die Jacke?«

Benz runzelte die Stirn. »Mitnehmen? Lenis Sachen?«

»Ja, sie müssen auf Spuren untersucht werden. Vielleicht hat der Täter irgendwo etwas von sich hinterlassen.«

»Und wer macht das?«

»Die Kolleg … die *Beamten* von der KTU.«

Für einen kurzen Moment schien es, als wollte Benz die Sachen nicht herausgeben, doch dann ließ er die Schultern hängen und nickte. »Also gut.«

Er ging ins Wohnzimmer und kam kurz darauf mit dem Rucksack, der Puppe und der Jacke seiner Tochter zurück. Bevor er Max die Gegenstände aushändigte, sah er ihm eindringlich in die Augen und sagte: »Werden Sie mir helfen?«

»Ich werde es zumindest versuchen.«

Max glaubte, traurige Dankbarkeit in den Augen des Mannes zu erkennen, als er nickte und ihm wortlos Lenis Sachen reichte.

Ehe Max sie an sich nahm, gab er Benz eine Visitenkarte. »Für alle Fälle. Ich melde mich bei Ihnen.«

Dann verließ er das Haus.

Im Auto angekommen, rief er Horst Böhmer an.

»Max hier«, meldete er sich, als der Hauptkommissar das Gespräch annahm. »Sorry, dass ich dich so spät noch störe …«

»Das fühlt sich ja fast an wie früher, wenn du mir mitten in der Nacht auf die Nerven gegangen bist, weil dir irgendein Gedanke zu einem Fall gekommen war. Lass mich raten. Es geht um das Mädchen, das vor sechs Jahren verschwunden ist.«

»Ja. Ich habe von ihrem Vater die Sachen bekommen, die plötzlich bei ihm im Haus aufgetaucht sind.«

»Und die du selbstverständlich an die Kollegen in Köln weitergeben wirst.«

»Genau das habe ich vor. Allerdings …«

»Allerdings was?«

»Ich wüsste vorher gern, ob es irgendwelche verwertbaren Spuren gibt. Wenn die Sachen erst mal bei den Kölner Kollegen sind, habe ich keine Chance mehr.«

»Und?«

»Ich dachte, du könntest vielleicht …«

»Moment. Du möchtest, dass ich das Zeug zu unserer Kriminaltechnik ins Labor gebe?«

»Das wäre super.«

»Vergiss es. Du weißt, dass die nur auf einen schriftlichen Antrag hin arbeiten. Wenn ich von denen einen Gefallen haben möchte, werde ich ihnen für den Rest meiner Zeit als Sklave dienen müssen und …«

»Weißt du, wer damals der leitende Ermittler war?«

»Nein. Was spielt das denn für eine Rolle?«

»Er wird die Sachen des Mädchens bekommen.«

»Ja, und?«

»Du kennst ihn. Das war Hauptkommissar Bernd Menkhoff.«

Eine Weile hörte Max nur Böhmers Atem, dann sagte sein ehemaliger Partner und klang dabei plötzlich ganz heiser: »Bring mir den Kram vorbei.«

9

Er ist wieder zurück in die Küche gegangen und hat sich eine Flasche Bier aus dem Kühlschrank geholt. Nun sitzt er wie vor Bischoffs Besuch am Küchentisch und starrt vor sich hin. Nur, dass jetzt Lenis Sachen fehlen. Und dennoch … seit ihr Rucksack, die Puppe und die Jacke aufgetaucht sind, fühlt es sich an, als hätte ihre kurze Anwesenheit im Haus noch andere Spuren hinterlassen als diese Gegenstände. Es ist, als könnte er ihre Aura spüren.

Quatsch, *sagt er sich. Versucht er, sich selbst zu beruhigen. Leni kann nicht nach sechs Jahren zurückgekommen sein. Und wenn, dann würde sie doch nicht ihre Sachen im Haus ablegen und dann wieder verschwinden. Oder?*

Da treibt jemand ein übles Spiel mit ihm. Es kann nur so sein. Allerdings bleibt die Frage, wie derjenige an Lenis Sachen gekommen ist, die sie damals *dabeihatte.*

Das Klingeln des Telefons reißt ihn aus seinen Gedanken und lässt gleichzeitig seinen Puls rasen. Sein Blick richtet sich auf das Gerät, das auf der Arbeitsplatte neben dem Kühlschrank liegt. Er lässt es noch zweimal läuten, bevor er aufsteht und mit langsamen, unsicheren Schritten dorthin geht. Alles in ihm drängt danach, das Telefon in die Hand zu nehmen, in der Hoffnung, Lenis Stimme zu hören, die ihm sagt, dass sie wieder da ist und ihn sehen möchte. Aber da ist auch dieses warnende Flüstern in ihm, das ihn wie erstarrt dastehen lässt und ihm Angst macht. Davor, Lenis Stimme zu hören.

Schließlich gibt er sich einen Ruck, greift nach dem Gerät, nimmt das Gespräch an und lauscht dann mit wummerndem Herzen.

Atemgeräusche. Abgehackt, wie nach großer Anstrengung.

»Leni?« Seine Stimme klingt für ihn selbst fremd. Viel zu dünn, zu heiser. Zu ängstlich.

Hoffentlich singt sie nicht wieder dieses Lied, *denkt er.*

Bitte nicht wieder dieses fürchterliche Lied.

»Ich bin wieder daa-haaa.« Es ist nicht das Lied, aber es ist wieder die grauenvolle, irre Mädchenstimmen-Imitation, die ihn erschaudern lässt.

Er stützt sich mit der Hand auf der Arbeitsplatte ab, dreht sich ein Stück und lehnt sich dann gegen die Kante. Er hat Angst, dass seine Beine ihm jeden Moment den Dienst versagen.

»Leni, bitte, wenn du das bist …«, versucht er es erneut.

»Ich möchte mit dir spieeeeelen … Papsi.«

Papsi. *So hat Leni ihn tatsächlich immer genannt. Und er kennt kein anderes Kind, das seinen Vater so nennt. Seine Gedanken überschlagen sich. Er fasst sich mit der freien Hand an die Stirn, wischt sich darüber, dann über das Gesicht.*

»Leni, bitte. Was immer du denkst und was immer auch in den letzten Jahren …«

»Spielst du mit mir, Papsi?«

»Ich … Ja, alles was du möchtest, aber bitte, komm nach Hause.«

»Erst spielen wir, erst spielen wir.« Wieder dieser albtraumhafte Singsang.

»Wo bist du? Können wir nicht hier spielen?« Obwohl der noch

rational denkende Teil seines Verstandes ihm sagt, dass es nicht Leni ist, mit der er da gerade spricht, nicht Leni sein kann, *klammert sich dennoch etwas in ihm an die Hoffnung, dass sie es doch ist. Dass sie es irgendwie geschafft hat …*

»Erst spieeeelen wir, Papsi. Dann komme ich.«

Diese Art, wie sie spricht. Als ob sie vollkommen den Verstand verloren hat.

»Dann … kommst du?«

»O ja. Und dann mache ich dich tot.«

10

Für die rund fünfundvierzig Kilometer zu Böhmers Wohnung in Volmerswerth brauchte Max eine Dreiviertelstunde. Als er vor der Wohnungstür stand, war es fast halb zwölf, und auch jemand, der Horst Böhmer nicht so gut kannte, wie Max das tat, hätte im Gesicht des Hauptkommissars ablesen können, was er davon hielt, um diese Zeit noch die Tür öffnen zu müssen. Trotzdem rang Böhmer sich ein Lächeln ab.

»Bist du über Wuppertal gekommen?«

»Entschuldige«, entgegnete Max und stellte den Rucksack vor seinem ehemaligen Partner auf den Boden. »Ich weiß, dass es spät ist, ich bin auch gleich wieder weg. Hier ist alles drin.«

»Schon gut.« Böhmer betrachtete den Rucksack zu seinen Füßen und sah dann wieder zu Max auf. »Kein Beutel, keine Handschuhe … Ich gehe davon aus, der Vater des Mädchens hat sich ebenfalls nicht um irgendwelche Spuren geschert und alles mehrfach angefasst und hin und her gewendet und wieder angefasst …«

»So ist es.«

»Und warum soll ich die Sachen dann im Labor abgeben? Jede Spur, die vielleicht darauf zu finden gewesen wäre, ist doch längst zerstört.«

»Kann sein, aber daran ist nichts mehr zu ändern. So weit denkt ein Vater eben nicht, der nach sechs Jahren plötzlich Dinge in seinem Haus vorfindet, die seine verschwundene Tochter am letzten Tag bei sich hatte. Ich habe den Rucksack nur an den Trageriemen angefasst.«

»Dir ist aber schon klar, dass die Kollegen in Köln bemerken werden, dass bereits Kriminaltechniker an den Sachen waren. Wie willst du denen das erklären?«

»Das weiß ich noch nicht«, gestand Max. »Aber mir wird schon was einfallen.«

»Aha. Und du denkst auch daran, mit wem du es dort zu tun hast, nicht wahr?«

»Ja, ich weiß, dass mit Menkhoff nicht gut Kirschen essen ist. Aber bisher sind seine Ermittlungen alle im Sande verlaufen und haben nichts gebracht. Vielleicht ist er ganz froh, wenn sich noch jemand mit der Sache beschäftigt.«

»Ich kann dir jetzt schon sagen, dass er dir Ärger machen wird, weil er durch die neuen Fälle gerade wieder ziemlich unter Druck steht, aber gut. Deine Entscheidung.«

»Ich danke dir, Horst.« Als Max sich nicht gleich abwandte, zog Böhmer die Stirn kraus, so dass aus den Falten darauf tiefe Gräben wurden.

»Möchtest du etwa noch reinkommen?«

Max grinste. »Das ist eine riskante Frage. Stell dir vor, ich würde ja sagen.«

»Gott bewahre! Bis morgen.« Wie zuvor Max packte Böhmer den Rucksack am Trageriemen und hob ihn hoch.

»Ach, und es wäre toll, wenn ich die Sachen morgen am frühen Nachmittag zurückhaben könnte, damit ich sie den Kölner Kollegen geben kann.«

Böhmer schüttelte bitter lächelnd den Kopf. »Man soll nicht meinen, dass du bis vor kurzem selbst noch in unserem Verein warst. Hast du denn schon vergessen, wie die Laborschnüffler ticken?«

»Nein, aber vielleicht kannst du ihnen klarmachen, wie wichtig es ist.«

»Ich kann's versuchen. Aber was immer die von mir als Gegenleistung verlangen, das werde ich an dich weitergeben.«

Max grinste. »Na klar. Nochmals – danke!«

Auf dem Weg nach Hause ging er in Gedanken immer wieder die Möglichkeiten durch, die ihm als Erklärung für die skurrile Situation einfielen, in der Robert Benz sich befand.

Er hatte gerade den Wagen hinter dem Haus geparkt, in dem seine Wohnung lag, als sein Smartphone klingelte.

Max warf einen Blick auf die Nummer, die im Display angezeigt wurde. Er hatte sie zwar erst ein Mal gewählt, erkannte aber dennoch die Telefonnummer von Robert Benz. Er nahm das Gespräch an und hörte gleich darauf die aufgeregte Stimme des Mannes. »Ich bin es, Herr Bischoff, ich habe gerade einen schrecklichen Anruf erhalten. Eine verstellte Stimme, die klingen sollte wie die eines kleinen Mädchens. Sie hat gesagt, sie sei Leni.«

»Und? Glauben Sie, dass sie es wirklich war?«

»Ich … weiß es nicht. Ich habe sie doch vor sechs Jahren zum letzten Mal gehört. Da war sie noch ein kleines Kind. Aber …«

»Was hat sie sonst noch gesagt?«

»Das wollte ich Ihnen gerade erzählen. Sie nannte mich

Papsi, so wie früher, und sagte, sie wolle mit mir spielen. Und danach würde sie mich töten.«

»Sie sagte, sie würde Sie töten?«

»Ja. Deshalb kann es eigentlich nicht Leni sein, die mich angerufen hat. So etwas würde sie doch nie sagen.«

Max verkniff sich, Benz darauf hinzuweisen, dass eine Sechzehnjährige, die vielleicht sechs Jahre lang schlimmste Dinge über sich hatte ergehen lassen müssen, womöglich nichts mehr mit dem Kind zu tun hatte, das sie vor der Entführung gewesen war.

»Hat sie sonst noch etwas gesagt? Wie sie sich das *Spielen* vorstellt, zum Beispiel? Oder ob sie sich wieder melden wird?«

»Nein.«

»Okay. Herr Benz, ich rate Ihnen dringend, den Vorfall der Polizei zu melden.«

Nach zwei, drei lauten Atemzügen sagte Benz: »Und was werden die tun?«

»Sie werden die Sachlage aufnehmen und …«

»Werden die Polizisten zu mir schicken, die das Haus beobachten?«

»In Zusammenhang mit dem Rucksack, der Puppe und der Jacke …«

Max biss sich auf die Lippen, als er daran dachte, wo die Gegenstände sich gerade befanden.

»Ich mache Ihnen einen Vorschlag. Morgen werde ich Lenis Sachen der Kölner Kripo übergeben. Wenn es für Sie okay ist, erwähne ich dabei auch den Anruf. Dann melden sie sich sowieso bei Ihnen.«

»Also gut«, gab Benz sich geschlagen. Offenbar hatte

er eingesehen, dass er die Polizei nicht außen vor lassen konnte.

»Sicherheitshalber sollten Sie heute alle Fenster und Türen geschlossen halten.«

»Und wenn es doch Leni war und sie plötzlich vor der Tür steht? Ich werde sie ja nicht draußen stehen lassen.«

»Das kann ich mir nicht vorstellen«, antwortete Max. »Und falls sie tatsächlich auftauchen sollte, rufen Sie mich bitte an. Versuchen Sie jetzt zu schlafen, ich melde mich morgen.«

Max verließ den Wagen und betrat kurz darauf seine Wohnung in der ersten Etage. Mittlerweile war es nach Mitternacht, und er fühlte sich hundemüde.

Nachdem er noch einen Schluck Wasser getrunken hatte, ging er ins Bad, legte sich kurz darauf ins Bett und löschte das Licht. Zehn Minuten drehten seine Gedanken sich noch um ein Mädchen, das mittlerweile sechzehn Jahre alt wäre, wenn sie noch lebte, dann fiel er in einen bleiernen Schlaf.

11

Er liegt mit offenen Augen im Bett und starrt gegen die Decke, die im schwachen Mondlicht aussieht wie mit dunklem Samt bespannt. Seine Gedanken kreisen wie fast immer in den letzten Tagen um Leni. Ob es wirklich möglich sein kann, dass sie noch lebt und zurückgekommen ist.

Er weiß weder, wie spät es ist, noch, wie lange er schon so daliegt. Es ist ihm egal. Irgendwann gegen Morgen wird die Müdigkeit so groß sein, dass er in einen unruhigen Schlaf fällt, aus dem ihn dann die Albträume wenig später wieder herausreißen. So geht es schon seit Tagen. Seit er Lenis Sachen gefunden hat.

Ein Geräusch lässt ihn aufschrecken. Es kam von unten und hat sich angehört, als wäre etwas auf einen weichen Untergrund gefallen.

Mit klopfendem Herzen setzt er sich auf, lauscht konzentriert in die Dunkelheit, doch die Stille um ihn herum scheint perfekt. Nicht einmal von draußen sind Geräusche zu hören.

Und dennoch … er glaubt nicht, dass er sich getäuscht hat.

Langsam schiebt er die Beine über den Rand der Matratze, setzt die Füße auf den Boden und richtet sich auf. Dann geht er auf nackten Sohlen los, verlässt das Schlafzimmer und bleibt für ein paar Sekunden mit angehaltenem Atem im Flur der ersten Etage stehen. Noch immer ist absolut nichts zu hören.

Vielleicht hat er sich dieses Geräusch doch nur eingebildet? War, ohne es zu bemerken, schon in einen Zustand zwischen Wachsein und Schlaf geglitten und hat das verhaltene Poltern nur geträumt?

Seine Hand tastet die Wand neben dem Türrahmen ab, findet den Lichtschalter und betätigt ihn. Als die LED-Lampe aufleuchtet, atmet er erleichtert durch. Irgendwo in einer Ecke seines Verstandes hat er befürchtet, dass es dunkel bleiben würde.

Er geht zur Treppe, setzt den Fuß auf die oberste Stufe, verharrt wieder für einen Augenblick. Dann gibt er sich einen Ruck und läuft hinab ins Erdgeschoss. Jetzt, im Hellen, auf der Treppe seines Hauses, kommt ihm sein Verhalten lächerlich vor. Er hat im Erdgeschoss rundum die Rollläden geschlossen, so dass niemand durch ein aufgehebeltes Fenster einsteigen kann. Den Ersatzschlüssel, der immer unter der vorletzten, lockeren Gehwegplatte liegt, hat er gleich nach dem Auftauchen von Lenis Sachen weggenommen, und wenn jemand die Haustür aufgebrochen hätte, wären die Geräusche anders gewesen. Lauter. Nein, er muss wohl wirklich geträumt haben.

Er wird trotzdem kurz nachsehen, um sich dann beruhigt wieder hinlegen und vielleicht sogar bald einschlafen zu können.

Unten angekommen, wirft er einen Blick auf die Haustür und stellt fest, dass sie unversehrt ist. Mit der Gewissheit, dass niemand im Haus sein kann, will er schon wieder umkehren und zurück ins Schlafzimmer gehen, als er erstarrt. Von irgendwo ganz in der Nähe, wahrscheinlich aus dem Wohnzimmer, hört er den gruseligen Singsang einer schrillen Mädchenstimme.

»Finster, finster, finster, finster,
nur der Glühwurm glüht im Ginster
und der Uhu ruft im Grunde,
Geisterstunde.

Schwarze Raben krächzen
und Gespenster ächzen:
ui, ui, uii.«

Er tastet nach dem Treppengeländer und stellt fest, dass seine Hand zittert.

So steht er da, zu keiner Bewegung fähig, bis das letzte Wort endlich verklungen ist. Dann erst kann er wieder einen halbwegs klaren Gedanken fassen und die Worte in seinem Kopf zu sinnvollen Sätzen aneinanderreihen. Doch noch während er versucht, sich einen Reim auf das zu machen, was da gerade geschehen ist, beginnt die fürchterliche Stimme erneut zu singen. Es klingt so grauenvoll, dass er das Geländer loslässt und die Hände auf die Ohren presst. Als auch das nichts nutzt und er die Worte zwar gedämpft, aber dennoch weiterhin hören kann, spürt er Wut brodelnd in sich heraufschießen wie Lava in einem Vulkan. Mit einer ruckartigen Bewegung lässt er die Hände sinken und ballt sie zu Fäusten, während er in die Richtung starrt, aus der die Stimme kommt.

»Hör auf!«, ruft er, gleich darauf wird aus dem Rufen ein unkontrolliertes Brüllen. »Halt endlich deinen Mund.« Und noch während er die letzten Worte schreit, setzt er sich in Bewegung.

Mit stampfenden Schritten läuft er durch den Flur, bleibt keuchend an der Tür zum Wohnzimmer stehen und hämmert so fest auf den Lichtschalter, dass das Licht nur kurz aufflackert und sofort wieder ausgeht, während die irre Stimme unmittelbar vor ihm das verdammte Kinderlied zum dritten Mal von neuem beginnt. Das macht ihn rasend. Er ist geradezu außer sich.

Erneut sucht seine Hand hektisch den Lichtschalter und schafft es endlich, das Licht anzuschalten.

Hastig lässt er seinen Blick durch den Raum jagen und … stößt im nächsten Moment einen gurgelnden Laut aus.

12

Als das hohe Tremolo des Smartphone-Tons Max weckte, brauchte er eine Weile, bis er den Schlaf abgeschüttelt hatte, der seinen Verstand noch wie eine Decke einhüllte.

Als er sich schließlich dazu in der Lage fühlte, schob er die Beine aus dem Bett und blieb erst einmal auf dem Rand der Matratze sitzen. Obwohl er sich nicht erinnern konnte, in der Nacht aufgewacht zu sein, fühlte er sich wie gerädert, als hätte er lediglich zwei Stunden geschlafen. Zwei, drei Minuten saß er so da und starrte auf den Boden vor seinen nackten Füßen, bevor er sich vom Bett hochdrückte und ins Badezimmer ging.

Eine halbe Stunde, eine heiße Dusche und eine Portion Rührei später ging es ihm jedoch schon besser.

Mittlerweile war es zwanzig vor acht und damit Zeit für ihn, sich auf den Weg zur Uni zu machen. Er hatte an diesem Morgen zwar keine Vorlesung, musste aber noch einige organisatorische Dinge in seinem Büro erledigen, die er schon eine Weile aufgeschoben hatte. Während der Fahrt ging er in Gedanken wieder und wieder alle Fakten durch, die er bis zu diesem Zeitpunkt über das Verschwinden des Mädchens und das plötzliche Auftauchen seiner persönlichen Sachen kannte, stellte aber erneut fest, dass er noch so gut wie nichts wusste.

Er hatte sein Ziel schon fast erreicht, als er sich über Sprachbefehl von seinem Smartphone die Telefonnummer des Kölner Präsidiums heraussuchen und wählen ließ.

»Guten Morgen«, sagte er, als er eine freundliche Frauenstimme über die Autolautsprecher hörte, die mitteilte, dass er mit dem Polizeipräsidium Köln verbunden war.

»Mein Name ist Max Bischoff. Ich bin ein ehemaliger Kollege von der Kripo Düsseldorf.« Es konnte nichts schaden, wenn Menkhoff gleich wusste, mit wem er es zu tun hatte. Da bei seinem letzten Fall die Kölner Kollegen stark involviert gewesen waren, würde Menkhoff seinen Namen sicher kennen.

»Würden Sie mich bitte mit Hauptkommissar Menkhoff vom KK11 verbinden?«

»Max Bischoff …«, wiederholte die Polizistin nachdenklich. »Ja, klar, ich erinnere mich. Die Sache mit Ihrer Schwester … Sie meinen sicher den Ersten Kriminalhauptkommissar Menkhoff?«

»Ja. Wie viele Menkhoffs haben Sie denn?«, brummelte Max. Die Erwähnung der *Sache mit seiner Schwester* ließ seine Laune nicht gerade besser werden.

Die Frau lachte kurz auf. »Nur den einen. Ich weiß nicht, ob er im Haus ist, versuche es aber gern. Kleiner Tipp: Nennen Sie ihn nicht Hauptkommissar.«

Es dauerte zwar eine Weile, in der Max immer wieder Knackgeräusche hörte, doch dann meldete sich Menkhoff, und er tat es auf eine für Max überraschend freundliche Weise.

»Herr Bischoff!« Es klang fast erfreut. »Was verschafft mir die Ehre?«

Nennen Sie ihn nicht Hauptkommissar, hatte Max die Worte der netten Beamtin im Kopf.

»Guten Morgen!«, sagte Max und ließ den Dienstgrad einfach weg, wie das unter Kollegen allgemein üblich war. »Es geht um die Kindesentführungen. Genauer gesagt, um das Verschwinden von Leni Benz vor sechs Jahren.«

»Die kleine Benz … da bin ich aber gespannt.« Menkhoffs Stimme klang mit einem Mal dunkler. »Ich weiß ja, dass Sie in Ihrer aktiven Zeit den Ruf hatten, in die Köpfe der Täter blicken zu können, Herr Bischoff.« Max suchte in Menkhoffs Stimme nach einem Anzeichen von Ironie oder Sarkasmus, war sich aber nicht sicher. Er kannte den Mann zu wenig, um solch feine Nuancen ausmachen zu können. »Aber ich weiß auch, dass Sie den Polizeidienst vor geraumer Zeit an den Nagel gehängt haben und jetzt als Privatdozent tätig sind. Was also haben Sie mit dieser Geschichte von damals zu tun?«

»Der Vater des Mädchens, Robert Benz, hat mich kontaktiert, weil etwas Seltsames in Zusammenhang mit seiner verschwundenen Tochter vorgefallen ist. Er hat …«

»Das muss ja etwas sehr Seltsames sein, wenn er deswegen einen Dozenten kontaktiert, statt sich an den zuständigen Ermittler zu wenden.«

Max versuchte, den deutlich hörbaren verärgerten Unterton zu ignorieren und sachlich zu bleiben. Schließlich hielt er gerade Beweismaterial zurück und war in gewisser Weise auf Menkhoffs Wohlwollen angewiesen, sobald der davon erfahren würde.

Er hatte den Parkplatz der Uni erreicht und bog in die Reihe ein, in der sein Stellplatz lag.

»Ja, seltsam ist es tatsächlich. Und ich habe Robert Benz die gleiche Frage gestellt, wie Sie sich vielleicht denken können. Er sagt, er hat sich an mich gewandt, weil er nach sechs Jahren ohne Spur von seinem Kind verzweifelt ist und nach jeder Hilfe greift, die er bekommen kann.«

»Sechs Jahre ohne Spur, ja. Dazu werde ich Ihnen gleich noch etwas sagen. Zuerst möchte ich aber wissen, was eigentlich los ist.«

Max stellte den Motor aus, ließ den Schlüssel aber noch stecken, damit er weiter über die Freisprecheinrichtung telefonieren konnte.

»Robert Benz hält es für möglich, dass seine Tochter Leni wieder da ist. Er hat …«

»Was?«, stieß Menkhoff überrascht aus und fiel ihm damit zum wiederholten Mal ins Wort. »Das halte ich für ausgeschlossen.«

»Noch bevor Sie wissen, was überhaupt passiert ist?«, entgegnete Max. »Was lässt Sie da so sicher sein?«

»Das kann ich Ihnen sagen. Ich bin überzeugt davon, dass Robert Benz seine Tochter vor sechs Jahren umgebracht hat.«

Max war so perplex, dass Menkhoff nach einer Weile fragte: »Was ist? Hat es Ihnen die Sprache verschlagen?«

»Ja, das hat es tatsächlich. Wie kommen Sie zu dieser Annahme?«

»Das sind Interna, die ich nicht mit einem Zivilisten besprechen werde.«

»Ach, kommen Sie.« Mittlerweile hatte Max sich wieder gefangen. »Dann hätten Sie die Andeutung auch lassen können. Zudem war ich zu der Zeit, als die Mädchen entführt wurden, noch aktiv im Dienst. Aber vielleicht hören Sie sich erst mal an, was Benz mir erzählt hat.«

»Das würde ich, wenn Sie es mir endlich sagen würden.«

Max schluckte auch diese Provokation.

»Als Robert Benz vor ein paar Tagen nach Hause gekommen ist, stand der Schulrucksack seiner Tochter im Flur seines Hauses. In der Küche war der Tisch für drei Personen gedeckt, und eine gehäkelte Puppe von ihrer Großmutter lag darauf. In ihrem Zimmer auf dem Bett fand er ihre Strickjacke. Alle diese Gegenstände hatte sie dabei, als sie verschwunden ist.«

»Hm …«, brummte Menkhoff.

»Das ist noch nicht alles. Gestern hat er einen Anruf bekommen, in dem eine Mädchenstimme ihn *Papsi* nannte, so, wie Leni ihn immer genannt hat, und dann damit drohte, erst mit ihm zu *spielen* und ihn dann umzubringen.«

Erneut reagierte Menkhoff nur mit einem nachdenklichen »Hm.«

Max ließ einige Sekunden verstreichen, bevor er sagte: »Mehr fällt Ihnen dazu nicht ein? Oder hat es Ihnen jetzt die Sprache verschlagen?«

»Dass Benz im Besitz der Sachen ist, die seine Tochter bei ihrem Verschwinden dabeihatte, ist überhaupt nicht seltsam, wenn man in Betracht zieht, dass er sie umgebracht hat. Den Telefonanruf kann er sich ausgedacht haben, um die angebliche Rückkehr von Leni glaubhafter zu machen. Auch dass er damit nicht zum leitenden Ermittler der Kripo geht, ist jetzt klar. Er weiß, dass ich ihn noch immer im Visier habe. Die Frage, die ich mir stelle, ist: Warum kommt er damit zu Ihnen?«

»Wenn ich Ihrer Argumentation folge, müsste Ihre Frage doch vielmehr lauten: Warum kommt er genau jetzt mit den Sachen an? Und mit einer derart bizarren Erklärung. Das wäre doch das Dämlichste, was er tun könnte, wenn er wirklich der Täter wäre. Damit zieht er ja aus seiner Sicht vollkommen unnötig die Aufmerksamkeit auf sich. Und dann dieser Anruf. Wenn Benz untermauern wollte, dass seine Tochter noch lebt, würde er sicher nicht behaupten, dass sie gedroht hat, ihn umzubringen.«

Menkhoff stieß ein bellendes Lachen aus. »Die Aufmerksamkeit ist doch sowieso auf ihn gerichtet. Sie wissen sicher, dass wir zwei neue Fälle von Kindesentführungen haben. Wieder zwei Mädchen, wieder nach der Schule. Genau wie vor sechs Jahren. Damals hörte die Serie nach Lenis Verschwinden auf. Jetzt geht es offensichtlich wieder los. Natürlich waren wir schon bei ihm und haben nach seinem Alibi für die Tage gefragt, an denen die beiden Mädchen verschwunden sind. Er weiß also, dass er noch immer verdächtig ist. Da könnte das Auftauchen der persönlichen Gegenstände seiner Tochter dafür sprechen, dass sie tatsächlich noch lebt, womit der Mordverdacht gegen ihn vom Tisch wäre. Gar nicht so dumm, finden Sie nicht?«

»Und? Hatte er ein Alibi?«

»Für den Nachmittag, an dem das erste Kind verschwunden ist, ja. Für den Entführungstag des zweiten Mädchens nicht. Er behauptet, allein zu Hause gewesen zu sein.«

»Und wie wasserdicht ist das Alibi für den ersten Fall?«

»Sein Partner hat bestätigt, dass Benz gemeinsam mit ihm den ganzen Tag bis abends im Büro war, weil sie an einem wichtigen Projekt gearbeitet haben.«

»Dann fällt er also als Täter in diesem Fall raus, und da Sie ja wahrscheinlich davon ausgehen, dass zumindest die beiden aktuellen Fälle zusammenhängen, kommt er dafür nicht in Frage.«

»Ach ja? Und wenn sein Partner sich irrt? Oder ihm ein Gefälligkeitsalibi verschafft hat?«

»Wenn es um die Entführung eines Kindes geht? Mir kommt es eher so vor, als versuchten Sie, alles so zurechtzubiegen, dass Sie Ihren Verdacht gegen Benz aufrechterhalten können.«

»Vielleicht versetzen Sie sich einfach in den Kopf des Herrn Benz und haben dann die wahre Antwort auf die Frage parat, warum er das jetzt tut?«

Der Ärger, den Max über die abfällige Art empfand, in der Menkhoff mittlerweile mit ihm redete, wuchs sich langsam zur Wut aus.

»Ja, die habe ich tatsächlich«, entgegnete Max scharf. »Weil Robert Benz nicht der Mörder seines Kindes ist, sondern ein verzweifelter und höchst verstörter Vater, der aus Erfahrung weiß, dass der leitende Ermittler seit sechs Jahren keinen Schritt weitergekommen ist, weil er entweder keine Lust hat oder nicht in der Lage ist, zumindest zu versuchen, sich mit der Gedankenwelt eines Täters auseinanderzusetzen, und sich stattdessen an ihm festgebissen hat.«

Drei, vier Sekunden lang waren Menkhoffs Atemzüge zu hören, dann sagte er: »Diese Sachen … befinden sie sich in Benz' Haus?«

Da war sie, die Frage, die unausweichlich kommen musste und die ihm in wenigen Sekunden wohl einigen Ärger einbringen würde. Vor allem bei der Stimmung, die zwischen ihnen herrschte.

»Nein. Ich habe sie mitgenommen und den Kollegen von der KT in Düsseldorf gegeben.«

Erneut entstand eine lange, unangenehme Pause, und als Menkhoff endlich weitersprach, klang seine Stimme gefährlich ruhig. »Sie besorgen jetzt dieses Zeug und bringen es persönlich zu mir. Wenn Sie nicht innerhalb der nächsten Stunde hier sind, werde ich Ihnen Schwierigkeiten von einer Art machen, dagegen wird Ihnen Ihr schlimmster Fall wie Urlaub auf dem Ponyhof erscheinen.«

»Das geht nicht, ich bin gerade in Köln und muss zurück nach Düsseld...«

»Dann wird es Zeit, dass Sie losfahren. Reden Sie also nicht herum und sehen Sie zu, dass die Sachen hierherkommen, und zwar schnell.«

»Aber ich ...« Weiter kam Max nicht. Menkhoff hatte aufgelegt.

»Verdammt!«, stieß Max aus und schlug mit der flachen Hand auf den Lenkradkranz. »So ein Arsch!«

Allerdings musste er sich eingestehen, dass er sich selbst in diese Lage manövriert hatte. Dass Menkhoff so oder ähnlich reagieren würde, war zu befürchten gewesen. Er *musste* als leitender Polizeibeamter so handeln.

Weitaus cleverer von Max wäre es gewesen, wenn er Menkhoff erst gegen Mittag angerufen hätte, so dass zuvor genügend Zeit gewesen wäre, Lenis Sachen zu untersuchen. Das hatte er selbst verbockt, nicht Menkhoff.

Max' Blick fiel auf das Universitätsgebäude, in dem sein Büro untergebracht war. Sein Vorhaben, an diesem Vormittag das zu erledigen, was er schon zu lange aufgeschoben hatte, konnte er vergessen.

Nachdem er gerade von Unterbilk nach Köln gekommen war, musste er nun wieder zurück ins Düsseldorfer Präsidium, um sich dann mit Lenis Sachen erneut auf den Weg zurück nach Köln zu machen.

Er startete den Motor und ließ sich mit Böhmer verbinden, während er den Universitätsparkplatz verließ.

»Sind die Sachen von der Kleinen schon im Labor?«, begann er ohne Begrüßung, als sein Expartner abhob.

»Was ist denn mit dir los?«, blaffte Böhmer. »Hast du zum Frühstück Benzin getrunken? Ich bin gerade erst im Büro angekommen. Aber ja, ich habe die Sachen dabei und bringe sie gleich rüber ins Labor.«

»Nein, tu das nicht.«

»Was? Sag mal, willst du mich verar … Moment. Du hast mit Menkhoff gesprochen, stimmt's?«

»Ja.« Es klang kleinlaut.

»Und der hat dir angedroht, dir den Arsch bis zum Kragen aufzureißen, wenn du ihm nicht sofort die Beweismittel bringst?«

»Milde ausgedrückt, ja.«

»Dann drücke ich es mal so aus: Nach allem, was ich von Menkhoff gehört habe, kannst du von Glück reden, dass er nicht sofort eine Ringfahndung nach dir einleitet. Warum hast du ihn auch schon jetzt angerufen?«

»Ich … ich bin auf dem Weg«, überging Max die Frage und beendete – wütend auf sich selbst – das Gespräch.

13

Sie sitzt in dem kleinen Park auf dem Boden, mit dem Rücken gegen einen Baum gelehnt. In den letzten Tagen hat sie oft hier gesessen. Am selben Platz, am selben Baum. Er ist umringt von hüfthohen Büschen, so dass niemand sie sehen kann, der zufällig vorbeispaziert.

Sie ignoriert die raue Rinde, die ihr wie mit unzähligen harten Fingerspitzen gegen die Haut drückt. Auch von ihrer Umgebung nimmt sie kaum etwas wahr. Wie so oft, wenn diese Bilder in ihrem Kopf entstehen, so klar und deutlich wie in einem inneren Kino.

Aber es sind nicht nur die grausamen Bilder, die ihr Leben in diesen Momenten kaum noch ertragbar machen. Es sind auch die Gefühle, die sie jedes Mal erneut durchlebt, als geschähe das alles gerade wieder. Die unsägliche Angst und die Verzweiflung. Die nicht auszuhaltenden Schmerzen. Der Ekel, vor ihm und vor sich selbst. Die Scham. Der Wunsch, tot zu sein.

Sie spürt die Tränen, die ihr über die Wangen laufen, und hört sich selbst leise wimmern. Das Geräusch zieht sie wie an einem Gummiband weg von den schrecklichen Dingen, die er mit ihr macht, zurück in die Realität. Im selben Moment verblassen die schlimmen Empfindungen, hinterlassen noch für ein paar Sekunden einen dumpfen, nicht beschreibbaren Druck in ihr und lösen sich dann auf.

Zurück bleibt die kalte Leere, als wären fast alle anderen Empfindungen mit einem scharfen Reiniger weggespült worden. Fast alle.

Ein Gefühl ist geblieben, und es ist so stark wie alles zusammengenommen, was sie erleiden musste. Das Konzentrat.

Hass.

14

Der junge Beamte an der Schleuse des Präsidiums nickte Max freundlich zu, als er ihn erkannte, und erklärte über die Sprechanlage, er werde Böhmer anrufen.

Einerseits empfand es Max als lächerlich, dass er, nachdem er hier lange Zeit ein und aus gegangen war, das Präsidium plötzlich nicht mehr allein betreten durfte, andererseits hatte er aber auch Verständnis für die Vorschriften.

Es dauerte nur wenige Minuten, dann war Böhmer da und begrüßte Max hinter der Schleuse mit einem Handschlag. »Na, du Held?«

Max nickte nur mit einem gezwungenen Lächeln und folgte dann seinem Expartner zum Aufzug.

Auf dem Weg zu Böhmers Büro in der dritten Etage wurde er von ehemaligen Kolleginnen und Kollegen mit Lächeln und Winken begrüßt. Er musste unwillkürlich daran denken, wie dieselben Personen ihm ein Dreivierteljahr zuvor, kurz vor seinem Ausscheiden aus dem Dienst, gegenübergetreten waren.

Gleich neben Böhmers Büro, das kleiner war als das, in dem er gemeinsam mit Max gearbeitet hatte, stand Hauptkommissar Manfred Hauck in der geöffneten Tür seines Arbeitszimmers und streckte Max die Hand entgegen. Max wunderte sich, dass Hauck noch immer im Dienst war. Er war der älteste seiner damaligen Kollegen und hatte schon während Max' aktiver Zeit davon gesprochen, in den Ruhestand zu gehen.

»Es ist schön, dich mal wieder zu sehen, Max«, sagte Hauck und fügte mit einem Augenzwinkern hinzu: »Du kommst zurück, nicht wahr?«

Max schüttelte ihm die Hand und lächelte. »Hallo, Manfred. Ich freue mich auch, dich zu sehen, aber nicht so sehr, dass ich zurückkommen würde.«

In Böhmers Büro entdeckte Max Lenis Rucksack neben dem Schreibtisch auf dem Boden. Böhmer hatte ihn in einen großen, durchsichtigen Beutel gesteckt, der oben mit einem Plastikclip zusammengehalten wurde.

Böhmer ging um den Rucksack herum, ließ sich auf seinen Schreibtischstuhl fallen und deutete auf den nicht sehr bequem aussehenden Hocker ihm gegenüber. »Möchtest du dich setzen?«

Max schüttelte den Kopf. »Ich denke, ich sollte gleich wieder losfahren. Menkhoff sagte, er möchte die Sachen sofort. So, wie er sich angehört hat, meint er es ernst.«

»Das tut er. Ich habe gerade mit ihm telefoniert.«

»Mit Menkhoff?« Max trat unweigerlich einen Schritt auf den Schreibtisch zu. »Warum das denn?«

»Weil er mich angerufen hat. Kurz nach unserem Telefonat.«

»Und?«

»Im Grunde lief die Unterhaltung wahrscheinlich ähnlich wie die mit dir. Es war die Rede von mächtigem Ärger, von Zuständigkeiten, Disziplinarmaßnahmen und Unprofessionalität, blablabla. Letztendlich gab er sich damit zufrieden, dass die Sachen noch nicht von unserer KT untersucht worden sind und er sie unangetastet bekommt, zumindest, was uns betrifft. Und ja, du hast recht, du solltest gleich losfahren.«

Böhmer packte das obere Ende des Beutels und stellte den Rucksack auf den Schreibtisch. Als Max danach griff, sagte Böhmer: »Und du sollst sie ihm persönlich übergeben. Das scheint ihm wichtig zu sein.«

»Ich kann es kaum erwarten«, knurrte Max und nahm den Beutel an sich. »Ich melde mich, wenn ich da heil wieder raus bin.«

Als Max eine Dreiviertelstunde später das Kölner Polizeipräsidium am Walter-Pauli-Ring erreichte, war es Viertel nach elf. Wenige Minuten darauf betrat er, begleitet von einer jungen Beamtin, Bernd Menkhoffs Büro, das ungefähr doppelt so groß war wie das von Böhmer.

Menkhoff blickte demonstrativ auf seine Armbanduhr und knurrte: »Warum hat das so lange gedauert? Haben Sie zwischendurch noch eine Runde geschlafen?«

»Ich wünsche Ihnen ebenfalls einen guten Morgen«, entgegnete Max und stellte den Beutel mit Lenis Rucksack unsanft auf dem überfüllten Schreibtisch vor Menkhoff ab. »Ich habe so schnell gemacht, wie es ging. Ich kann nicht mehr, als dem Verkehr entsprechend zu fahren.«

»Doch, das hätten Sie gekonnt, indem Sie das Beweismaterial nicht unterschlagen hätten. Tun Sie jetzt also nicht so, als würde Ihnen gerade großes Unrecht geschehen, und setzen Sie sich hin.«

Max warf einen Blick auf die beiden Bürostühle, die seitlich an einem kleinen Tisch standen, und überlegte, ob er Platz nehmen oder sich umdrehen und wieder gehen sollte. Ein Gefühl drängte ihn, schnellstmöglich aus dem Büro zu verschwinden, doch sein Verstand sagte ihm, dass es vielleicht von Nutzen sein konnte, sich mit Menkhoff zu unterhalten. Also zog er einen der Stühle zu sich heran, setzte sich und beobachtete Menkhoff dabei, wie der nach dem Hörer des Telefons vor sich griff und darauf herumtippte, bevor er ihn ans Ohr hielt.

Der Leiter des Kriminalkommissariats 11 hatte noch sehr volles, aber fast komplett ergrautes Haar. Nur hier und da zeigten vereinzelte Strähnen, dass er einmal dunkle Haare gehabt hatte. Seine leicht gebräunte Haut ließ darauf schließen, dass Menkhoff entweder vor kurzem erst Urlaub in der Sonne gemacht hatte oder einfach ein dunkler Hauttyp war. Sein Anblick erinnerte Max an einen Südländer.

Menkhoff musste über sechzig sein, und Max wusste, dass eine ganze Menge der Kölner Beamtinnen und Beamten dem Tag entgegenfieberten, an dem er in den Ruhestand ging.

»Menkhoff hier«, blaffte er. »Schicken Sie mal jemanden vom Labor rüber.«

Als er den Hörer zurückgelegt hatte, ließ er sich gegen das Rückenteil des Stuhls fallen, verschränkte die Hände vor dem leichten Bauchansatz und blickte Max fest in die Augen.

»Wir sind uns schon mal begegnet, stimmt's?«

»Ja, ein Mal«, bestätigte Max und fragte sich, ob Menkhoff sich tatsächlich noch daran erinnerte. Wahrscheinlich war die Bemerkung nur ein Schuss ins Blaue gewesen, womit er zufälligerweise richtiglag. Zumal Max nur einer von vielen Seminarteilnehmern gewesen war.

»Ja, das sind wir tatsächlich. Bei einem Aufbauseminar in Disziplinarrecht vor etwa vier Jahren.«

Menkhoff nickte. »Ich erinnere mich. Sie haben zum Thema *Erhebung der Disziplinarklage und die Rolle des Verteidigers im Disziplinarverfahren* einige interessante Aspekte eingebracht.«

Das stimmte. Menkhoff konnte sich also tatsächlich noch an ihn erinnern.

»Möchten Sie wissen, warum ich davon überzeugt bin, dass Benz seine Tochter umgebracht hat?«

Max nickte, überrascht über Menkhoffs Sinneswandel, aber dennoch auf der Hut. Er konnte die jeweiligen Stimmungen dieses Mannes nur schwer einschätzen. »Ja, natürlich. Aber ich dachte …«

»Sie sind wie ich«, fiel Menkhoff ihm ins Wort, woraufhin Max am liebsten protestiert hätte, doch etwas in der Stimme seines Gegenübers hielt ihn zurück. Menkhoff schien das zu ahnen, denn sein Mund verzog sich zu einem Grinsen. »Ich weiß, was Sie denken, und es gibt sicher einige Dinge, die uns unterscheiden, aber Sie sind genau wie ich bereit, Unannehmlichkeiten in Kauf zu nehmen und das Gesetz auch mal … sagen wir, ein wenig zu dehnen, wenn es darum geht, in einem Fall voranzukommen.« Er deutete mit dem Kinn zu Lenis Rucksack. »Sie wussten, dass Sie diese Sachen früher oder später zu mir bringen mussten und dass ich Ihnen dann die Hölle heißmachen würde, weil Sie sie zurückgehalten haben. Und trotzdem haben Sie das Zeug zuerst nach Düsseldorf gebracht, weil Sie diesen Fall knacken möchten und befürchten mussten, dass Sie von mir nicht erfahren, ob wir an dem Rucksack etwas gefunden haben.«

»Das mag sein«, stimmte Max zu und versuchte, ruhig zu bleiben.

»Trotzdem war es dumm, diesen … *Auftrag* von Benz anzunehmen, ohne mit mir gesprochen zu haben. Ich hätte Ihnen sagen können, dass Sie sich Ihre Zeit sparen können, weil er selbst es war, der das Mädchen umgebracht hat.«

Max stieß ein kurzes Lachen aus. »Und das hätten Sie getan, wenn ich zu Ihnen gekommen wäre? Mir von Ihrem Verdacht erzählt?«

»Vielleicht nicht, aber es wäre auf jeden Fall schlauer gewesen, es zumindest zu versuchen.«

Max atmete tief durch und nickte. »Okay, jetzt bin ich hier. Erzählen Sie mir, warum Sie glauben, dass Robert Benz der Täter war?«

»Was zahlt Ihnen Benz überhaupt dafür, dass Sie den Privatdetektiv für ihn geben?«

Max zuckte mit den Schultern. »Keine Ahnung, darüber haben wir noch nicht gesprochen.«

Eine Weile sahen sie einander in die Augen, und Max hatte das Gefühl, dass Menkhoff dabei versuchte, ihn in einer Art auszuziehen, die nichts mit Kleidung zu tun hatte.

Dann sagte er: »Warum wundert mich das nicht? Es geht Ihnen überhaupt nicht um ein Honorar, nicht wahr? Sie wollen den Kerl schnappen, der das getan hat, und dafür sorgen, dass er im Bau verschwindet.«

»Mag sein«, wich Max aus, der nicht wollte, dass Menkhoff zu viel über ihn wusste. »Erzählen Sie mir jetzt, warum Sie Benz verdächtigen?«

»Dafür gibt es einige Gründe, aber bedauerlicherweise keinen, der stichhaltig genug ist, um ihn festzusetzen. Was leider dazu geführt hat, dass wir jetzt wieder zwei entführte und wahrscheinlich auch ermordete kleine Mädchen haben. Aber bevor ich Ihnen irgendetwas erzähle, muss Ihnen eines klar sein: Was immer Sie in diesem Fall herausfinden – Sie werden mir sofort und als Erstes davon berichten.«

Menkhoff zog eine Schublade auf, holte eine Visitenkarte heraus, legte sie vor Max auf den Schreibtisch und tippte mit dem Zeigefinger darauf. »Über Handy können Sie mich jederzeit erreichen.«

Max nahm die Karte an sich. »Also gut. Allerdings funktioniert das nur, wenn es auf Gegenseitigkeit beruht.«

Menkhoffs Brauen hoben sich ungläubig. »Sie wollen, dass ich zusichere, Ihnen Informationen zu einer laufenden Ermittlung zu geben? Einem Zivilisten?«

Max hatte keine Visitenkarte dabei, weswegen er sich einen Kugelschreiber griff, der auf Menkhoffs Schreibtisch lag, und seine Telefonnummer auf den daneben liegenden Notizblock schrieb. »In Anbetracht der Tatsache, dass Sie seit über sechs Jahren keinen Schritt weitergekommen sind mit Ihrem Verdacht und dass Ihr Hauptverdächtiger mich engagiert und damit dafür gesorgt hat, dass ich von ihm viel einfacher und mehr Informationen bekomme, als es Ihnen jemals möglich sein wird, würde ich es anders formulieren. Ich möchte, dass Sie mich mit Informationen versorgen, die mir dabei helfen herauszufinden, ob Sie mit Ihrem Verdacht recht haben oder nicht.«

Erneut blickten sie einander eine Weile in die Augen, bevor sich ein breites Grinsen auf Menkhoffs Gesicht zeigte. »Ich sagte es bereits: Wir sind uns sehr ähnlich.«

»Was aber immer noch eine Frage offenlässt: Warum sollte Benz so dumm sein, ohne Not Ermittlungen in Gang zu setzen, die dazu führen können, dass er als Täter entlarvt wird?«

»Ich weiß es noch nicht, aber so, wie ich ihn einschätze, gibt es dafür einen zwingenden Grund. Und, ich bleibe dabei: Robert Benz hat seine Tochter getötet und die Leiche verschwinden lassen.«

15

Als er aufwacht, braucht er eine Weile, bis er sich orientieren kann, dann setzt seine Erinnerung wieder ein. Er liegt im Wohnzimmer auf der Couch. Das Geräusch in der Nacht, seine Entdeckung …

Er schreckt hoch, richtet sich auf und blickt auf die Stelle auf dem Dielenboden in der Mitte des Raumes. Alles ist noch so, wie er es vorgefunden hat.

Die Überreste eines Tierskeletts, die wie ein archäologischer Fund dort auf dem Boden zurechtgelegt sind. Ein Schädel, ein paar vereinzelte Knochen, Reste der Wirbelsäule. Benny …

Ohne dass er es verhindern kann, wandern seine Gedanken in die Vergangenheit, tauchen Bilder auf von Leni, wie sie mit ihrem geliebten Mischlingshund schmust.

Sie hat das Tier mehr geliebt als alles andere. Wahrscheinlich sogar mehr als ihn. Dann war da dieser Tag … Es gab keine Alternative, und er hat danach keinen einzigen Moment daran gezweifelt, dass er das Richtige getan hat.

Er hat Benny dann in eine Kiste gepackt, ihn im Garten vor der Kirschlorbeerhecke vergraben und aus zwei Latten ein Kreuz gebastelt. Leni hat sich erst geweigert, am Begräbnis teilzunehmen. Er musste sie dazu überreden.

Er erinnert sich, dass er an diesem Tag Streit mit Stephanie gehabt hatte. Nicht wegen Benny. Über die genauen Umstände seines Ablebens wusste sie nichts. Nein, Streit, weil er darauf bestanden hatte, dass Leni an der Beerdigung teilnimmt. Stephanie hatte keine Ahnung, wie wichtig diese Erfahrung für ihre Tochter war. Letztendlich hatte er sich durchgesetzt.

Und er hat recht behalten. Danach hat Leni sich verändert. Zum Positiven.

Sein Blick schärft sich wieder, kehrt von den Bildern der Vergangenheit zurück und richtet sich auf das Hundeskelett und den kleinen MP3-Player, der daneben liegt und in der Nacht dieses fürchterliche Kinderlied abgespielt hat. Dann betrachtet er den Zettel, der noch genauso neben Bennys Überresten liegt, wie er ihn in der Nacht vorgefunden hat. Er musste ihn nicht aufheben, die einzigen vier Wörter, die in ungelenker Kinderschrift darauf geschrieben sind, waren auch so zu lesen gewesen.

Ich bin wieder da.

Er steht auf, geht zu dem Zettel, starrt die Wörter erneut an, richtet den Blick dann auf den Hundeschädel. Das Maul ist leicht geöffnet, als würde Benny ihn auslachen.

16

»An dem Morgen, als die kleine Leni verschwand, haben zwei Zeugen unabhängig voneinander Benz in der Nähe der Schule gesehen.« Menkhoff nickte zur Bekräftigung seiner Worte. »Sie haben ihn eindeutig identifiziert.«

»Hm ...«, brummte Max nachdenklich. »Vielleicht hat er ihr noch etwas gebracht, das sie vergessen hatte? Oder er ist zufällig dort vorbeigefahren, weil er zu einem Kundentermin in der Nähe musste?«

»Ja, das wäre eine Möglichkeit, aber er bestreitet, überhaupt dort gewesen zu sein.«

»Was hat seine Frau dazu gesagt?«

»Dass er gleich nach Leni aus dem Haus gegangen ist. Er hätte also Zeit gehabt, ihr nachzufahren.«

»Das ist aber ziemlich dünn dafür, dass Sie so sicher sind.«

»Als wir seinen Computer überprüfen wollten, stellte sich heraus, dass sein Notebook angeblich verschwunden war. Er sagte, er habe es nur beruflich genutzt und wohl in einem Café liegenlassen.«

»Hm ...«, brummte Max erneut.

»Die Nachbarn haben Leni als sehr introvertiert beschrieben. Sie war fast nie draußen, um mit anderen Kindern zu spielen. Eine Nachbarin erklärte, sie habe das Mädchen nie lachen sehen. Selbst ihre beste – und, soweit wir das ermitteln konnten, auch einzige – Freundin sagte, dass Leni meist traurig war.«

»Aber warum, wusste sie nicht?«

»Nein.«

»Und das ist alles?«

Menkhoff hob die Hand und schlug auf den Schreibtisch, dass es knallte. »Bischoff! Sie waren lange genug Polizist, um zu wissen, dass das deutliche Anzeichen dafür sind, dass im häuslichen Umfeld etwas nicht stimmt. Und wenn Sie sich tatsächlich so gut in solche Dreckschweine hineinversetzen können, wie man es Ihnen nachsagt, dann werden Sie mir zustimmen, sobald Sie Benz ein wenig besser kennen. Er spielt den besorgten Vater, aber in Wahrheit versucht er, uns mit diesem Schachzug davon zu überzeugen, dass Leni noch lebt.«

Max ließ die Worte eine Weile wirken, bevor er nickte und sich erhob. »Ich finde, Ihr Verdacht steht auf sehr tönernen Füßen, und ich bin nach wie vor der Meinung, dass Robert Benz nichts anderes ist als ein verzweifelter Vater.« Er machte eine kurze Pause, bevor er hinzufügte: »Kann ich die Adresse dieser Freundin haben?«

Menkhoff nickte und tippte auf der Tastatur seines Computers herum, dann nahm er sich einen Stift und notierte die Adresse auf einem Zettel, den er Max reichte. »Sie heißt Hannah Reinhard. Ihr Vater, Thomas Reinhard, ist übrigens der Partner von Benz. Die Familie wohnt wie Benz in Köln-Brück.«

Max nahm den Zettel, warf einen kurzen Blick darauf und steckte ihn dann ein. »Ich melde mich, sobald ich etwas weiß.«

Er wandte sich ab und hatte die Tür schon erreicht, als er sich noch einmal zu Menkhoff umdrehte. »Was ist mit den anderen verschwundenen Mädchen? Damals und heute. Denken Sie, das war er auch?«

Menkhoffs Gesicht verfinsterte sich. »Ich weiß es nicht. Wir haben bei den aktuellen Fällen bisher ebenso wenig eine Spur wie bei denen von damals.«

Max nickte. »Ich verstehe. Vor sechs Jahren sind drei Mädchen verschwunden, und Sie haben nichts. Man könnte also sagen, dass Benz als Täter gut passen würde, oder?«

Eine tiefe senkrechte Falte grub sich in Menkhoffs Stirn. »Verschwinden Sie, Bischoff.«

Auf dem Weg zur Familie Reinhard versuchte Max, sich darüber klar zu werden, was er von Menkhoff halten sollte. Er schaffte es nicht.

Zu jeder positiven Eigenschaft des Kriminalhauptkommissars – die es zu seiner Überraschung tatsächlich gab – fiel ihm sofort eine negative ein und umgekehrt. Er ahnte, dass er sich in diesem Fall nicht nur mit Opfern und potenziellen Verdächtigen beschäftigen musste, sondern auch eingehend mit dem leitenden Ermittler.

Die Reinhards wohnten in einem freistehenden, modernen Einfamilienhaus mit gepflegtem Vorgarten und angebauter Garage. Es war Mittagszeit, und Max hoffte, dass er jemanden antreffen würde.

Der melodische Dreiklang, der auf sein Klingeln hin aus dem Inneren des Hauses zu hören war, war noch nicht ganz verklungen, als die Tür schon geöffnet wurde und eine sehr schlanke Mittvierzigerin in Jeans und weißem Shirt Max neugierig ansah. Die eingefallenen Wangen ließen ihr Gesicht verhärmt erscheinen.

»Guten Tag«, begann Max mit der Andeutung eines Lächelns. »Sind Sie Frau Reinhard?«

Sie strich sich eine Strähne ihrer schulterlangen, von grauen Fäden durchzogenen braunen Haare aus der Stirn. »Ja, und wer sind Sie?«

»Mein Name ist Max Bischoff. Ich beschäftige mich mit dem Fall der vermissten Leni Benz und würde mich gern mit Ihrer Tochter Hannah unterhalten. Wäre das möglich?«

Max konnte sehen, wie sich ein Schatten auf das schmale Gesicht der Frau legte. »Leni? Nach all den Jahren? Sind Sie von der Polizei?« Sie sprach leise, ihre Stimme wirkte monoton.

»Ich bin ehemaliger Polizist, beschäftige mich mit diesem Fall aber privat.«

Sie zog die Stirn kraus. »Was haben Sie denn privat mit Leni zu tun? Und warum möchten Sie mit Hannah sprechen, nach all der Zeit?«

Max entschied, dass es am besten war, wenn er von Anfang an bei der Wahrheit blieb, ohne dabei aber zu sehr ins Detail zu gehen. »Herr Benz ist ziemlich verzweifelt, weil er nach sechs Jahren noch immer nicht weiß, was mit seiner Tochter geschehen ist. Gerade jetzt, wo wieder zwei Mädchen verschwunden sind. Deshalb hat er mich zur Unterstützung der Polizei hinzugezogen.«

»Robert hat Sie … engagiert?«

»Er hofft, dass ich vielleicht etwas über Lenis Verschwinden herausfinden kann.«

»Ja. Es muss furchtbar für ihn sein. Wenn ich mir vorstelle, Hannah …« Sie brach den Satz ab. »Diese Sache damals hat Hannah sehr zugesetzt, und es hat lange gedauert …«

»Wer ist da?« In der nächsten Sekunde drückte sich eine junge, hübsche Frau mit dunklen, locker zusammengesteckten Haaren neben sie und musterte Max von oben bis unten. »Was ist mit Leni? Ich habe ihren Namen gehört.«

Max sagte nichts, sondern sah zu Hannahs Mutter.

»Das ist Herr Bischoff. Er möchte mit dir über Leni reden.«

Max glaubte, im Gesicht des Mädchens kurz so etwas wie Hoffnung aufblitzen zu sehen, doch schon im nächsten Moment weiteten sich ihre Augen. »O Gott! Haben Sie sie etwa gefunden? Ich meine, ihre … Leiche?«

»Nein, das nicht, aber ich würde trotzdem gern mit dir über sie reden, wenn es für dich okay ist.«

»Leni …« Hannah war eine Spur blasser geworden und sah Max an, als versuchte sie, in seinem Gesicht ein Anzeichen dafür zu finden, ob sie ihm vertrauen konnte oder nicht. »Sind Sie von der Polizei?«

»Ich war bei der Kriminalpolizei, unterrichte aber seit einem Dreivierteljahr als Dozent an der Universität.«

Einige Sekunden lang ruhte Hannahs Blick noch auf Max, der schon befürchtete, sie würde ablehnen, dann wandte sie sich um und sagte im Weggehen: »Gut, ich rede mit Ihnen.«

Ihre Mutter sah ihr kurz mit sorgenvollem Gesicht nach, dann nickte sie Max zu, machte aber keine Anstalten, den Eingang freizugeben. Stattdessen griff sie nach hinten und zog ein Smartphone aus der Gesäßtasche. »Thomas, mein

Mann, hat mir erzählt, dass Robert sich im Büro ein paar Tage freigenommen hat. Hat das damit zu tun?«

»Ich schätze, ja.«

»Sie haben sicher nichts dagegen, wenn ich Robert anrufe.«

»Nein, ganz im Gegenteil, ich hätte mich eher gewundert, wenn Sie mich einfach so in Ihr Haus gelassen hätten.«

Das Gespräch dauerte nur wenige Sekunden, in denen Benz ihr bestätigte, Max engagiert zu haben, dann hielt sie ihm den Hörer hin. »Robert möchte Sie sprechen.«

»Herr Bischoff«, begann Benz ohne Vorrede, »bitte seien Sie vorsichtig, wenn Sie mit Hannah sprechen. Sie war wie eine Schwester für Leni, und es hat einige Jahre gedauert, bis sie diese Sache halbwegs verarbeitet hat. Ich möchte nicht, dass sie durch …«

»Keine Sorge«, unterbrach Max ihn. »Das ist mir bewusst.«

Er beendete das Gespräch und gab das Telefon zurück.

Nachdem Hannahs Mutter das Gerät wieder in die Tasche gesteckt hatte, trat sie zur Seite und gab den Eingang frei.

»Bitte. Kommen Sie.«

Max fragte sich, wann dieses verhärmte Gesicht zum letzten Mal gelächelt hatte.

Im Wohnzimmer saß Hannah mit angezogenen Beinen auf der Couch und blickte Max entgegen. Der Raum mutete mit seinen braunen Bodenfliesen, einer dunkelbraunen Couchgarnitur und rustikalen Eichenmöbeln etwas altbacken an. Dieser Eindruck wurde nur durch eine breite Terrassentür, durch die viel Licht in den etwa vierzig Quadratmeter großen Raum flutete, ein wenig gemildert.

»Möchten Sie etwas trinken? Ein Wasser?«

»Nein, danke.«

Hannahs Mutter deutete auf den Sessel, der dem Platz gegenüberstand, auf dem das Mädchen saß. »Bitte, setzen Sie sich.«

Max kam der Aufforderung nach, wobei Hannah ihn genau beobachtete. Ihre Mutter setzte sich neben sie auf die Couch. Er hätte sich lieber mit dem Mädchen allein unterhalten, befürchtete aber, dass ihre Mutter dem nicht zustimmen würde.

»Mir fällt gerade auf, dass ich dich eben einfach so geduzt habe«, wandte er sich an Hannah. »Ist das okay?«

Sie zuckte mit den Schultern. »Klar.«

»Gut, das darfst du natürlich auch. Wie ist das, gehst du noch zur Schule?«

»Ich bin auf dem Gymmi, in der Elf.«

»Hannah ist eine sehr gute Schülerin«, bemerkte ihre Mutter.

Max' Blick blieb auf Hannah gerichtet. »Dann hast du ja noch ein bisschen bis zum Abi. Wenn mich nicht alles täuscht, sind aber seit zwei Tagen schon Ferien, oder?«

Hannah nickte.

»Und du warst damals mit Leni in einer Klasse und ihre beste Freundin, stimmt's?«

»Ja.«

»Gab es außer dir noch andere Freundinnen oder Freunde? Mädchen oder Jungs aus eurer Klasse, zum Beispiel, mit denen ihr euch zum Spielen getroffen habt?«

»Nein. Ich hatte schon noch ein paar Freundinnen, aber sobald eine von ihnen dazugekommen ist, wurde Leni ganz seltsam und hat kaum noch etwas gesagt. Irgendwann wollte keiner mehr was mit ihr zu tun haben, und wir waren fast nur noch zu zweit.«

»Kannst du mir Leni beschreiben?«

»Beschreiben?«

»Ich meine, wie war sie so? War sie ein fröhliches Mädchen?«

Hannah fixierte einen Punkt auf dem Couchtisch vor ihr. »Fröhlich? Nein, fröhlich war sie nicht.«

»Sondern?«

Nun sah ihm Hannah wieder direkt in die Augen. »Sie war … wie ein altes Baby.«

»Ein altes Baby?« Max warf Hannahs Mutter einen fragenden Blick zu, doch die zeigte keinerlei Reaktion.

»Das verstehe ich nicht. Ihr seid doch gleich alt, oder?«

»Ich bin fast ein Jahr älter als Leni. Aber … sie war damals zehn, als sie …« Max sah die Tränen in Hannahs Augen, bevor sie den Kopf wegdrehte und den Blick auf die Terrassentür richtete. »Manchmal, wenn sie bei mir war, wollte sie Mama und Papa spielen, Babykram, als wären wir erst vier. Im nächsten Moment hat sie Dinge gesagt, die so klangen, als wenn ein Erwachsener sie gesagt hätte, und die ich oft nicht verstanden habe.« Als sie sich Max wieder zuwandte, sah er die glänzenden Spuren, die die Tränen auf ihren Wangen hinterließen, und auch der sorgenvolle Blick ihrer Mutter entging ihm nicht.

»Möchtest du lieber aufhören?«

Hannah wischte sich mit dem Unterarm über das Gesicht

und schüttelte den Kopf. »Nein, es geht schon. Aber wenn ich an Leni denke, werde ich immer so traurig, dass ich weinen muss. Ich habe damals nicht verstanden, warum sie oft so eigenartig wurde. Ich habe mich immer so hilflos gefühlt, weil ich nicht wusste, was ich tun sollte.«

»Verstehst du es denn heute?«

»Nein, leider nicht, aber es muss doch irgendeinen Grund dafür gegeben haben, dass sie so war, wie sie war.«

Das sah Max genauso.

»Als sie dann verschwunden ist, habe ich gedacht, dass ich vielleicht schuld daran bin, weil ich sie nicht verstanden habe und ihr nicht helfen konnte.« Hannahs Stimme hatte einen verzweifelten Klang angenommen. »Ich ... ich wusste doch nicht einmal, wobei ich ihr helfen sollte.« Und nach einer Weile fügte sie leiser hinzu: »Ich war ja selbst noch ein kleines Kind.«

»Ich denke, wir sollten ...«, setzte Frau Reinhard an, doch Hannah hob die Hand und schüttelte vehement den Kopf. »Nein, ist okay, es tut irgendwie trotzdem gut, über sie zu reden. Ich denke sowieso von morgens bis abends an sie, jetzt, wo wieder zwei Mädchen entführt wurden.«

»Hat Leni dir irgendwann einmal etwas davon erzählt, dass sie jemanden kennengelernt hat? Einen Jungen oder vielleicht auch einen Erwachsenen? Vielleicht als Geheimnis unter Freundinnen?«

»Das sind die gleichen Fragen, die die Polizei damals schon gestellt hat, Herr Bischoff«, warf ihre Mutter ein. »Was soll das denn bringen?«

Max nickte. »Das ist mir klar, aber ich kenne Hannahs Antworten darauf noch nicht.«

Er wandte sich wieder an das Mädchen, das den Kopf schüttelte.

»Nein, sie hat nichts dergleichen erzählt.«

»Hannah, ich würde dir gern eine Frage stellen, die dir vielleicht sonderbar, vielleicht sogar verrückt vorkommen wird. Darf ich das?«

Das Mädchen und ihre Mutter sahen Max fragend an, dann nickte Hannah zaghaft.

»Gut. Meine Frage lautet: Hat sich Leni in letzter Zeit bei dir gemeldet?«

17

Er legt das Telefon zur Seite und lässt sich gegen das Rückenpolster des Wohnzimmersessels sinken. Er betrachtet seine schmutzigen Hände. Der Sand hat sich unter seinen Fingernägeln eingegraben und in die Rillen seiner Handflächen, so dass sie aussehen, als zeigten sie verzweigte Flussdeltas.

Auch sein Shirt und seine Hose sind schmutzig, er wird beides gleich in die Waschmaschine stecken.

Er schließt die Augen und lässt den Kopf zurücksinken. Sein Körper fühlt sich ausgelaugt und kraftlos an, obwohl er doch nur ein bisschen geschaufelt hat.

*Das Loch, das (*von Leni?*) in der Nacht in seinem Garten gegraben worden ist, um an Bennys Überreste zu kommen, war noch offen gewesen, und auch die halb vermoderten Überreste der Kiste, in der er den Hund damals begraben hatte, lagen noch verstreut auf und in der Erde.*

Er hat das Loch ein wenig vergrößert, Bennys Knochen hineingeworfen und es wieder zugeschaufelt. Dann hat er Gras- und Unkrautbüschel aus der Umgebung mitsamt den Wurzeln ausgerissen und auf der frisch zugeschaufelten Erde wieder eingepflanzt. In zwei, drei Tagen wird man kaum noch sehen, dass dort gegraben worden ist. Eigentlich ist es auch egal. Wer soll schon auf die Idee kommen, in seinem Garten nach irgendetwas zu suchen? Und warum?

Und selbst wenn …

Als er die Augen wieder öffnet und den Kopf hebt, fällt sein Blick auf das Telefon.

Er schüttelt die Gedanken ab und steht auf.

Er ist noch immer sicher, dass er das Richtige getan hat. Nach allem, was er über Bischoff gelesen hat, steht für ihn fest: Wenn Leni wirklich wieder da ist, gibt es niemanden, der sie eher finden wird als er.

Er kramt mit der Hand in seiner Hosentasche und zieht schließlich den zerknitterten Zettel heraus.

Ich bin wieder da.

Er betrachtet die Schnörkel, mit denen das große I versehen ist, und versucht, sich zu erinnern, doch er ist sich nicht sicher. Aber es gibt eine einfache Methode, sich Gewissheit zu verschaffen.

Er steht auf, verlässt das Wohnzimmer und steigt die Treppe zur ersten Etage hoch. In Lenis Zimmer öffnet er die oberste Schublade ihres Schreibtischs und nimmt eines der Hefte heraus, die dort liegen. Es ist ihr Aufsatzheft. Er schlägt es auf, blättert einige Seiten durch und hält dann inne. Eine Weile starrt er auf die Wörter, die dort stehen, dann legt er mit zitternden Fingern den Zettel daneben und vergleicht den Schwung der einzelnen Buchstaben, die Art, wie sie geschrieben und miteinander verbunden sind.

Er hört sich selbst aufstöhnen und möchte die Hände, die das aufgeschlagene Heft halten, sinken lassen, doch seine Muskeln wollen ihm nicht gehorchen. Immer wieder wandert sein Blick zwischen den Wörtern auf dem Zettel und denen im Heft hin und her, doch egal, wie oft er vergleicht, es gibt keinen Zweifel. Die Schrift ist anders. Aber nicht so, als wäre sie von einer anderen Person, nein, die Unterschiede deuten eher darauf hin, dass die

Person, die den Satz geschrieben hat, mittlerweile mehr Übung hat im Schreiben. So, als wäre sie jetzt älter. Aber der Schwung der Buchstaben, die Verschnörkelungen, der viel zu große untere Bogen im großen I … sie sind gleich.

Das Heft in seiner Hand beginnt zu vibrieren, so sehr, dass der Zettel über den Rand rutscht und zu Boden segelt. Er zittert.

Nein, er hat keine Zweifel mehr. Die Wörter auf dem Zettel sind von Leni geschrieben worden.

18

Hannah sah Max an, als hätte sie seine Frage nicht verstanden. Mit einer ähnlichen Reaktion hatte er gerechnet, weshalb er ihr Zeit ließ.

»Ich … verstehe nicht …«, stammelte Hannah schließlich irritiert. »Wie meinen Sie das, ob Leni sich bei mir gemeldet hat? Sie ist doch …«

Das Mädchen sah verunsichert zu ihrer Mutter, dann wieder zu Max.

»Es gibt einen Grund dafür, warum ich dir diese Frage stelle. Allerdings muss ich dich bitten, mit absolut niemandem darüber zu reden. Wenn die Presse irgendwie davon Wind bekäme, wäre das für alle Beteiligten eine Katastrophe. Besonders aber für Lenis Vater.«

Er sah zu Hannahs Mutter hinüber, die ihn ebenso verwirrt anstarrte wie ihre Tochter. »Diese Bitte richtet sich auch an Sie.«

»Jetzt sagen Sie schon, warum Sie mich das fragen. Moment … wollen Sie damit etwa andeuten, dass …« Obwohl sie den Satz unvollendet ließ, nickte Max und erzählte den beiden, was Robert Benz zwei Tage zuvor in seinem Haus vorgefunden hatte.

Hannah war kreidebleich geworden. »Heißt das, Leni könnte noch … leben?«

»Zumindest hält ihr Vater das für möglich.«

»Aber dann … dann …« Hannah schüttelte mehrmals den Kopf, als versuchte sie, ihre Gedanken zu ordnen. »Warum hat sie dann ihre Sachen zu Hause abgelegt und ist wieder verschwunden? Und warum hat sie sich nicht bei mir gemeldet? Ich bin ihre beste Freundin. Das ergibt doch keinen Sinn.«

»Hannah, ich sage nicht, dass es so ist, aber wenn wir mal für einen Moment annehmen, dass Leni tatsächlich – von wo auch immer – zurückgekommen ist, wissen wir nicht, was sie in den vergangenen sechs Jahren erlebt hat und wie ihr psychischer Zustand ist. Da könnte es durchaus sein, dass sie sich anders verhält, als man vielleicht erwartet. Sie könnte eine vollkommen andere Person sein als die Leni, die du gekannt hast.«

Hannah starrte mit glasigem Blick an Max vorbei. »Ich glaube das nicht.«

»Weshalb? Was genau bringt dich dazu?«

Nun sah sie ihn wieder an, und Max konnte in ihren Augen Verzweiflung erkennen. »Ich würde so gern glauben, dass Leni wieder da ist, aber es ergibt keinen Sinn. Egal, was sie in den letzten Jahren erlebt hätte … entweder sie würde gar nicht mehr zurückkommen oder sich bei ihrem Vater oder bei mir melden. Warum sonst sollte sie hier sein?«

Obwohl Max ganz ähnlich dachte, sagte er: »Aber was ist dann mit den Sachen, die ihr Vater in seinem Haus gefunden hat? Dinge, die sie definitiv dabeihatte, als sie verschwand. Wo sollen diese Sachen herkommen, wenn nicht sie selbst sie dort abgestellt hat?«

Der Ausdruck in Hannahs Gesicht veränderte sich. Nur

kurz, zwei, drei Sekunden, doch lange genug, dass er sicher war, dass Hannah ihre eigene Erklärung dafür hatte, was das Auftauchen von Lenis Sachen bedeuten könnte.

Statt ihm eine Antwort zu geben, zuckte sie allerdings nur mit den Schultern.

»Ich wundere mich«, erklärte Frau Reinhard. »Da verschwinden gerade wieder zwei Mädchen in Köln, unter ähnlichen Umständen wie vor sechs Jahren Leni, gleichzeitig tauchen diese Sachen bei Robert auf, die nur Leni selbst oder ihr Mörder haben kann, und Sie sehen keine Verbindung zwischen diesen beiden Ereignissen?«

»Wer sagt denn, dass ich das nicht tue?«

»Es hörte sich nicht so an. Ich glaube, dass der Mörder von Leni wieder da ist und die Sachen in Roberts Haus platziert hat. Das ist wahrscheinlicher, als dass ein entführtes Mädchen nach sechs Jahren wieder auftaucht, ihren Schulrucksack zu Hause abstellt und dann erneut verschwindet.«

Max nickte und ließ sich mit seiner Antwort etwas Zeit. »Ja, vielleicht, aber da bleibt letztendlich die gleiche Frage offen: Warum sollte der Täter das tun?«

Bevor jemand antworten konnte, fiel die Haustür mit einem dumpfen Knall ins Schloss, und kurz darauf betrat ein schlanker Mann Anfang fünfzig den Raum. Die blonden Haare hatten an der Stirn sichtbar mit dem Rückzug begonnen, vielleicht der Grund dafür, dass sie millimeterkurz gestutzt waren. Am Eingang des Wohnzimmers blieb er stehen und sah Max überrascht an.

»Was ist denn hier los?«

»Thomas«, sagte Hannahs Mutter ebenso emotionslos,

wie sie zuvor Max begrüßt hatte. »Das ist Herr Bischoff. Er ist ein ehemaliger Polizist und im Auftrag von Robert hier.«

»Im Auftrag von Robert?« Der Mann setzte sich in Bewegung und streckte Max die Hand entgegen. »Ich bin Thomas Reinhard, guten Tag. Was soll das bedeuten: Womit hat Robert Sie beauftragt?« Seinem Gesichtsausdruck nach zu urteilen, schien Reinhard nicht sonderlich begeistert davon, Besuch zu haben.

Max erhob sich, reichte dem Mann die Hand und erklärte in kurzen Sätzen, warum er mit Hannah sprechen wollte, woraufhin Reinhard erst verwundert dreinblickte, dann aber nickte. »Das erklärt einiges.«

»Was meinen Sie damit?«, hakte Max nach.

»Robert hat mich letzte Woche angerufen und mir mitgeteilt, dass er ein paar Tage nicht ins Büro kommt. Er klang verwirrt, wollte aber nicht mit der Sprache rausrücken, was los ist.« Reinhard setzte sich in den freien Sessel neben Max und sah seine Tochter an. »Und? Konntest du Herrn Bischoff helfen?«

»Nein. Ich glaube nicht.«

Nun wandte er sich wieder an Max. »Sie sagten, die Sachen, die bei Robert aufgetaucht sind, trug Leni bei sich, als sie verschwand. Ist das denn sicher?«

»Laut Robert Benz ja. Er schwört darauf, dass es sich um Lenis Sachen handelt.«

Max bemerkte den schwer zu deutenden Blick, mit dem Reinhard seine Tochter bedachte.

»Gibt es sonst noch irgendetwas, das mir weiterhelfen könnte?«, wandte Max sich an das Mädchen.

»Ich verstehe das noch nicht ganz«, schaltete sich ihr Vater wieder ein. »Womit genau hat Robert Sie eigentlich beauftragt? Sollen Sie herausfinden, ob Leni zurückgekommen ist, oder versuchen, den Täter zu finden?«

Max erhob sich. »Ich weiß nicht, ob man das trennen kann.«

»Wenn Sie auch nur eine einzige Spur finden würden, wäre das im Vergleich zu den Ermittlungsergebnissen der Polizei jedenfalls schon ein großer Erfolg.«

Reinhards Blick richtete sich wieder auf seine Tochter. »Bevor Herr Bischoff geht – sei bitte ehrlich, Hannah, auch wenn du vielleicht das Versprechen gegeben hast, nichts zu verraten. Du weißt, dass gerade wieder zwei Mädchen verschwunden sind. Wenn Leni wirklich wieder da wäre, könnte sie vielleicht dabei helfen, den Täter zu fassen.«

»Nein, ich … ich würde es doch sagen. Ich habe nichts mehr von Leni gehört, seit sie damals verschwunden ist. Das schwöre ich.« Und leise fügte sie hinzu: »Sie kann nicht zurück sein. Sie ist tot.«

Max atmete tief durch. »Ich danke dir für deine Hilfe.« Er beugte sich nach vorn und legte eine Visitenkarte auf den Tisch. »Ich weiß, das klingt abgedroschen, aber wenn dir noch irgendetwas einfällt, ruf mich bitte an, ja?«

Hannah betrachtete die Karte, nickte und richtete ihren Blick dann wieder auf die breite Terrasse.

Auch Hannahs Vater stand auf und deutete zur Tür. »Ich begleite Sie nach draußen. Tut mir leid, dass wir Ihnen nicht weiterhelfen konnten.«

»Das kann man so nicht sagen«, erwiderte Max und öffnete die Haustür. »Manchmal sind es Kleinigkeiten, die sich als wichtige Hinweise herausstellen. Es kann sein, dass ich mich noch mal bei Ihrer Tochter melde.«

»Rufen Sie mich bitte vorher an. Ich würde beim nächsten Mal gern von Anfang an dabei sein.«

Auf dem Weg nach Hause versuchte Max, das Gespräch mit der Familie Reinhard einzuordnen.

Das, was er Hannahs Vater gegenüber gesagt hatte, war mehr als nur eine Floskel gewesen. Es waren tatsächlich meist Kleinigkeiten, die während eines Gesprächs oft gar nicht auffielen oder vollkommen unwichtig erschienen, die aber immer mehr Gewicht bekamen, je länger man darüber nachdachte.

Ein Blick auf die Uhr zeigte Max, dass er schon längst bei Kirsten sein sollte, doch so gern er auch mit ihr zusammen war, gab es gerade zu viele Dinge, die ihm im Kopf herumschwirrten, als dass er sich so einfühlsam mit ihr hätte unterhalten können, wie es ihre besondere Situation seiner Meinung nach erforderte. Also rief er sie an, erklärte ihr, dass sie ihr Treffen verschieben mussten, und nannte ihr auch den Grund dafür. Sie nahm es so locker hin, als würde es ihr überhaupt nichts ausmachen. Max kannte seine Schwester allerdings gut genug, um zu wissen, dass sie hervorragend schauspielerte. Er war sicher, sie hatte sich sehr auf das Treffen mit ihm gefreut und war enttäuscht, dass es nicht stattfand.

»Wir holen das in den nächsten Tagen nach, okay?«, versprach er.

»Na klar«, antwortete sie betont gutgelaunt. »Nun mach dir mal keine Sorgen, ich habe heute eh noch so viel zu tun, dass ich dich schon recht früh hätte rauswerfen müssen.«

»Na, da habe ich ja noch mal Glück gehabt, dass mir das erspart bleibt«, erwiderte er lächelnd und beendete das Gespräch. Kurz darauf war er zu Hause.

Nachdem er in seiner Wohnung angekommen war, rief er Böhmer an und erzählte ihm von seiner Unterhaltung mit Menkhoff. Sein Bericht endete mit dem Geständnis, zwar noch immer nicht zu wissen, was er von Menkhoff halten sollte, aber doch in einigen Punkten positiv von ihm überrascht zu sein.

Böhmer stieß ein humorloses Lachen aus. »Lass dich bloß nicht von ihm einwickeln. Ich kenne ihn zwar nicht persönlich, aber was ich bisher gehört habe, lässt ihn nicht sonderlich gut dastehen. Und du weißt, dass ich verschiedene Dinge aus erster Hand erfahren habe.« Beim letzten Satz war Böhmers Stimme eine Nuance dunkler geworden.

Max überging die Anspielung auf Verena Hilger.

»In einem Punkt scheint er jedenfalls recht zu haben. Er sagte, Leni sei sehr introvertiert gewesen und habe nie gelacht. Hannah hat bestätigt, dass Leni sich oft seltsam verhalten hat und offenbar außer ihr niemand etwas mit ihr zu tun haben wollte. Und dann sagte sie noch, Leni sei wie ein *altes Baby* gewesen.«

»Was soll das denn bedeuten?«

»Genau das habe ich auch gefragt. Sie meinte damit, dass sie sich wie ein kleines Kind verhalten hat, viel jünger, als sie war, und im nächsten Moment wieder Dinge sagte, die so erwachsen klangen, dass Hannah sie nicht verstand.«

Einige Sekunden verstrichen, bevor Böhmer erwiderte: »Das sind alles klassische Anzeichen dafür, dass etwas in der Familie ganz und gar nicht gestimmt hat.«

»Ich weiß«, sagte Max schnell, weil ihm ein Gedanke gekommen war, dem er sofort nachgehen wollte. »Ich melde mich später noch mal.« Damit legte er auf, ohne Böhmers Reaktion abzuwarten, zog Menkhoffs Visitenkarte hervor und wählte dessen Nummer.

»Bischoff hier«, sagte er, als Menkhoff sich meldete. »Wissen Sie, was mit Lenis Mutter ist? Benz sagt, sie ist mit ihrem neuen Freund nach Andalusien gezogen. Haben Sie eine Adresse?«

»Nein, haben wir nicht«, entgegnete Menkhoff brummig. »Sie hat sich in Köln ordnungsgemäß abgemeldet und ist mit dem Hinweis verschwunden, ins Ausland zu ziehen. Schön, dass Sie mit Ihren Überlegungen schon an diesem Punkt angekommen sind.«

»Ich verstehe nicht, was Sie meinen.«

»Doch noch nicht? Dann versuchen Sie mal, sich in den Kopf von Robert Benz zu versetzen.«

Max spürte, dass Menkhoff es gerade wieder mit spielerischer Leichtigkeit schaffte, ihn wütend zu machen. »Könnten Sie diese Anspielungen sein lassen? Ich habe von mir nie behauptet, mich in den Kopf von irgendjemanden hineinversetzen zu können. Ich habe mich mit der operativen Fallanalyse beschäftigt und gehe davon aus – oder besser, ich *hoffe* –, dass Sie den Unterschied kennen.«

»Den kenne ich in der Tat. Ihr jungen Wilden … ihr denkt viel zu kompliziert, dabei ist die einfachste Lösung oft auch die wahrscheinlichste.«

Langsam dämmerte es Max, worauf der Hauptkommissar hinauswollte. »Sie meinen, Lenis Mutter ist gar nicht nach Spanien gezogen?«

»Zumindest gibt es niemanden außer Benz, der das bestätigen könnte. Eine Anfrage bei der andalusischen Polizei führte auch zu keinem Ergebnis. Ebenso wenig wie der Versuch herauszufinden, wer dieser neue Freund sein soll. Keiner der Nachbarn ihrer alten Wohnung in Porz hat dort je einen Mann gesehen außer dem Briefträger. Und jetzt schlage ich vor, Sie fangen mal an, selbst tätig zu werden. Vielleicht erleben wir es dann ja auch mal andersherum als bisher, also, dass Sie *mir* etwas sagen können, was ich noch nicht weiß.«

»Ich recherchiere doch bereits«, entgegnete Max betont gelassen. »Und zapfe gerade meine Quellen bei der Polizei an. Bis bald.«

Damit legte er auf, und war sicher, dass Menkhoff in diesem Moment rot anlief, weil er keine Chance mehr hatte, Max eine seiner zynischen Antworten zu geben.

19

Der Mann geht ins Badezimmer, dreht das Wasser der Dusche auf und entledigt sich seiner Kleidung. Eine Weile bleibt er mit geschlossenen Augen unter dem Wasserstrahl stehen, der so heiß ist, dass er es gerade noch aushält, dann seift er sich ein und wäscht sich die Haare.

Nachdem er sich abgetrocknet hat, geht er nackt ins Schlafzimmer und zieht sich an. Zwanzig Minuten später verlässt er das Haus, steigt in seinen Wagen und fährt los.

Er ist aufgekratzt angesichts dessen, was er vor sich hat.

Fünfundzwanzig Minuten braucht er, bis er den Königsforst erreicht hat und in den schmalen Waldweg einbiegt, der sich etwa einen Kilometer weit zwischen Bäumen hindurchschlängelt, bis er die kleine Lichtung mit der Holzhütte erreicht, die sein Ziel ist.

Der Mann stellt das Auto ab, steigt aus und geht die beiden Stufen zur Holzterrasse hoch. Sein Blick streift desinteressiert über die Lücken im Geländer. Einige Latten sind herausgebrochen und hängen windschief an einzelnen Nägeln.

Er zieht den Schlüssel aus der Hosentasche, öffnet die Tür und betritt die Hütte. Nachdem er die Tür hinter sich wieder zugemacht und von innen verschlossen hat, wendet er sich um und lässt seinen Blick durch den Raum schweifen, der wegen der geschlossenen Läden im Dämmerlicht liegt. Im Strahl des Lichts, das sich fächerförmig wie breite Laserstrahlen durch die Ritzen der Holzläden drückt, tanzen Abertausende von Staubpartikeln, die er beim Betreten aufgewirbelt hat.

Schon als er die ersten Schritte auf den muffigen Teppich zugeht, der die im Boden eingelassene Klappe verdeckt, spürt er die Wärme, die sich in einem wollüstigen Ziehen in seinen Lenden bemerkbar macht.

Der Mann hebt den Rand des Teppichs an und schlägt ihn zurück, dann bückt er sich und zieht die Klappe an dem daran befestigten eisernen Ring auf. Das obere Ende einer Holzleiter ragt bis an den Rand der Öffnung. Er setzt den Fuß auf die oberste Sprosse und steigt hinab, während er den feuchtmodrigen Geruch einatmet, der ihm aus dem Loch entgegenschlägt. Auf dem sandigen Boden angelangt, dreht er sich langsam um. Ein Lächeln legt sich auf sein Gesicht, als er die schemenhafte Gestalt entdeckt, die zusammengekauert in der Ecke des Raumes sitzt, der nicht mehr als ein vier mal vier Meter großes Erdloch ist.

Der Mann macht einen Schritt auf sie zu. Sie beginnt zu wimmern.

Dicht vor ihr bleibt er stehen, und während er an seinem Gürtel herumnestelt, sagt er: »Hallo, meine Süße. Ich habe dir etwas mitgebracht.«

20

Max hatte den Nachmittag damit verbracht, im Internet zu den sechs Jahre zuvor verschwunden Mädchen zu recherchieren. Dabei bediente er sich nicht nur der Onlineplattformen verschiedener Zeitungen, sondern durchstöberte auch die unzähligen Diskussionen zu dem Thema in den gängigen Social-Media-Kanälen. Natürlich waren das alles Vermutungen und Gerüchte, bei denen sich Möchtegerndetektive in den wildesten Spekulationen überboten und gegenseitig beschimpften, doch Max wusste, dass trotzdem hier und da ein Hinweis fallen konnte, der sich als wichtig herausstellte.

Stunde um Stunde hatte er vor dem Notebook gesessen, sich Notizen gemacht und Namen und Webadressen notiert. In den kurzen Pausen, die er sich zwischendurch gönnte, hatte er sich mehr als einmal die Frage gestellt, ob es richtig war, was er gerade tat. *Für ihn* richtig war. Letztendlich siegte aber seine immer größer werdende Wut darüber, dass der Täter von damals noch immer frei herumlief und nun wahrscheinlich erneut begonnen hatte, Kindern Gewalt anzutun.

Erst spät am Abend klappte er das Notebook, mit brennenden Augen und Kopfschmerzen, zu, holte sich ein Glas Wein aus der Küche und legte sich dann mit geschlossenen

Augen auf die Couch. Er versuchte, die Informationen, die er bisher gesammelt hatte, in Gedanken Revue passieren zu lassen, verlor jedoch nach kurzer Zeit immer wieder den Faden. Die Müdigkeit machte es ihm unmöglich, sich zu konzentrieren. Schließlich setzte er sich auf, trank noch einen Schluck Wein und ging ins Badezimmer.

Eine Viertelstunde später zog er die Bettdecke über sich und schlief fast augenblicklich ein.

Max wusste erst nicht, wovon er aufgewacht war, und es dauerte einen Moment, bis er sich aus der Umarmung des Schlafs befreit hatte und den gedämpften Klingelton seines Handys hörte. Er erinnerte sich, dass er es auf dem Wohnzimmertisch hatte liegen lassen, knipste die Nachttischlampe an und schwang, noch immer leicht benommen, die Beine aus dem Bett. Er hatte keine Vorstellung davon, wie spät es war, aber wer immer ihn mitten in der Nacht anrief, würde hoffentlich einen guten Grund dafür haben. Als er das Wohnzimmer betrat, läutete das Telefon noch immer, verstummte aber in dem Moment, als er die Hand danach ausstreckte.

Max stieß einen Fluch aus und warf einen Blick auf das Display. Die Nummer des Anrufers war unterdrückt, was seine Laune nicht gerade besser machte. Warum, zum Teufel, unterdrückte jemand seine Nummer, der nachts um zehn nach zwei, wie er am oberen Rand des Displays sehen konnte, bei ihm anrief?

Kopfschüttelnd wandte er sich ab und ging zurück ins Schlafzimmer. Das Handy nahm er diesmal mit.

Er lag vielleicht eine Minute wieder im Bett, als der Anrufer es erneut versuchte.

»Wer ist da?«, fragte Max und bemühte sich erst gar nicht, seinen Unmut zu verbergen.

»Na endlich«, meldete sich eine dunkle Stimme, die Max sofort als die von Menkhoff erkannte. »Ich dachte schon, Sie liegen im Koma. Wenn Sie in Ihrer aktiven Zeit genauso träge waren, können Sie sich glücklich schätzen, dass ich nicht Ihr Partner war.«

»Sie werden es vielleicht nicht glauben, aber das bin ich tatsächlich. Warum haben Sie Ihre Nummer unterdrückt?«

»Damit nicht jeder, den ich notgedrungen anrufen muss, mich anschließend mit Telefonaten bombardiert. Kann ich jetzt zum Grund dieses Gesprächs kommen, oder wollen wir weiter Nettigkeiten austauschen?«

»Ich will doch hoffen, dass Sie einen guten Grund haben«, entgegnete Max.

»Eines der beiden verschwundenen Mädchen ist gefunden worden. Tot.«

Max spürte die Faust, die sich augenblicklich in seinen Magen bohrte, während seine Gedanken losgaloppierten.

»Welche der beiden?« Er hörte selbst, wie heiser seine Stimme klang.

»Die Ältere. Sofia. Sie war neun.«

»Scheiße. Und?«

Menkhoff schnaufte. »Ich bin noch am Fundort im Gierather Wald. Kommen Sie her und schauen Sie es sich selbst an.«

»Ich brauche eine Dreiviertelstunde«, erklärte Max und war schon aufgestanden. »Ist das okay?«

Statt einer Antwort erklärte Menkhoff ihm den Weg und

verabschiedete sich mit den Worten: »Geben Sie Gas«, dann legte er auf.

Kurz darauf saß Max im Auto und machte sich auf den Weg. Er war hellwach, sein Verstand arbeitete auf Hochtouren.

Was konnte es bedeuten, dass nun, anders als sechs Jahre zuvor, die Leiche eines der entführten Kinder aufgetaucht war? Ein Missgeschick des Täters oder Absicht? War es Zufall, dass das zur selben Zeit geschah, als es den Anschein hatte – oder haben sollte –, dass Leni wieder aufgetaucht war?

Etwas in Max beantwortete die letzte Frage mit *nein*.

Als er nur noch wenige Minuten Fahrt vor sich hatte, fragte er sich, was in ihm vor sich gehen würde, wenn er zum ersten Mal seit vielen Monaten wieder ein Mordopfer sehen würde, schlimmer noch, die Leiche eines Kindes. Würde er in der Lage sein, einen klaren Kopf zu behalten? Den toten Körper analytisch zu betrachten?

Erinnerungen wurden in ihm wach, an einen zwölfjährigen Jungen, der mit wächsernem Gesicht in der Küche seines Elternhauses mit dem Rücken an der Wand auf dem Boden gesessen hatte, eine Blutlache unter sich, ein Messer in seiner Brust …

Er schüttelte die Bilder ab und konzentrierte sich auf den Waldweg, in den er, wie Menkhoff es ihm beschrieben hatte, eingebogen war.

Die Lichtkegel der Scheinwerfer rissen den Pfad, der gerade breit genug für ein Auto war, aus der Dunkelheit und ließen die Schlaglöcher darin wie kleine Mondkrater erscheinen.

Nach zwei weiteren Minuten endete der Weg an einer grasbewachsenen Lichtung, auf der mehrere Polizei- und Zivilfahrzeuge abgestellt waren. Max stieg aus und schaltete die Stabtaschenlampe an, die er auf Menkhoffs Anraten hin mitgenommen hatte, obwohl er zwischen den Bäumen hindurch bereits die Scheinwerfer erkennen konnte, die die Kriminaltechniker um den Fundort des Mädchens herum aufgebaut hatten. Irgendwo brummte ein Stromaggregat.

Menkhoff stand in einer kleinen Gruppe und unterhielt sich gestikulierend. Als Max näher kam, wandte er sich ihm zu.

»Da sind Sie ja.« Er deutete mit dem Kinn zu einer Stelle etwa zwanzig Meter entfernt, auf die zwei starke Scheinwerfer gerichtet waren. Ein Kriminaltechniker in weißem Papieroverall ging gerade in die Hocke und schoss Bilder von etwas, das hinter einem umgestürzten Baumstamm lag, so dass Max es von seinem Standpunkt aus nicht sehen konnte. Aber er wusste ja, worum es sich handelte.

»Halten Sie so was noch aus?« Menkhoffs mitfühlend klingende Stimme lenkte ihn von der Szene ab.

Max nickte und sah wieder zu der ausgeleuchteten Stelle hinüber. »Ich denke schon.«

»Es ist ein schlimmer Anblick. Sie müssen sich das nicht antun, wenn Sie nicht möchten, aber ich denke, es ist wichtig, um den Scheißkerl einschätzen zu können, der das getan hat.«

Noch immer war Max' Blick auf den Baumstamm gerichtet, als könnte er durch ihn hindurchschauen und erkennen, was dahinter lag. »War schon jemand von der Rechtsmedizin da?«

»Ja.« Menkhoff ließ ein paar Sekunden verstreichen, bevor er mit leiser Stimme sagte: »Die Art der Verletzungen deuten darauf hin, dass sie missbraucht und dann erwürgt worden ist.«

Max atmete tief durch. »Haben Sie Schutzkleidung für mich?«

»Kommen Sie.«

Max folgte Menkhoff zu einer Kiste, aus der der Hauptkommissar ihm einen weißen Overall, blaue Überschuhe und Handschuhe reichte. »Ein Jäger hat von seinem Hochsitz aus mit einem Nachtsichtgerät gesehen, wie eine Gestalt durch den Wald schlich und etwas auf der Schulter trug.«

Max sah Menkhoff hoffnungsvoll an. »Kann er ihn beschreiben?«

»Nein. Auf diese Entfernung ist ein Gesicht in einem Nachtsichtgerät nicht mehr als eine helle Fläche. Er dachte erst, jemand wolle Müll entsorgen, und hat hinübergerufen. Daraufhin hat der Kerl die Kleine fallen lassen und ist getürmt. Der Jäger hat seinen Hochsitz verlassen und ist hergekommen, um nachzusehen. Dann hat er uns angerufen. Ich habe ihn ins Krankenhaus bringen lassen, er steht unter Schock.«

Max nickte. »Auch wenn er nicht erkannt wurde … der Scheißkerl hat einen Fehler gemacht.«

Ein paar Minuten später hatte Max die Schutzkleidung angezogen, ging auf die beleuchtete Stelle zu und versuchte, den Druck in seinem Magen zu ignorieren.

Er war noch etwa zwei Meter von dem morschen Baumstamm entfernt, als er sie sah.

Sie lag auf der Seite, in eine blaue Plastikplane eingewickelt, die vermutlich die Kriminaltechniker auseinandergezogen hatten.

Sie war nackt.

21

Max blieb stehen. Alles in ihm drängte ihn dazu, sich umzudrehen und möglichst viel Abstand zwischen sich und diese schreckliche Szene zu bringen. Was ihn davon abhielt, war die Wut, die in ihm aufkeimte. Sogar nach dem Tod hatte der Täter das Mädchen noch entwürdigt und gedemütigt, hatte den leblosen kleinen Körper weggeworfen wie einen kaputten Gegenstand, für den man keine Verwendung mehr besaß.

Der Kriminaltechniker nickte Max zu. »Ich bin fertig.« Er vermutete offensichtlich, einen Kollegen vor sich zu haben.

Auf wackeligen Beinen trat Max um den Baumstamm herum und blieb unmittelbar vor dem toten Kind stehen.

Konzentrier dich, beschwor er sich selbst. *Sie ist tot, aber du kannst vielleicht dafür sorgen, dass nicht noch mehr Kinder sterben. Du musst dich konzentrieren.*

Er ging in die Hocke und ließ seinen Blick über den kleinen Körper wandern, betrachtete die Verletzungen, mit denen er übersät war, die dunklen Würgemale am Hals …

Fünf lange Minuten dauerte seine Begutachtung, dann lief er zu Menkhoff zurück, der an einen Baum gelehnt dastand und ihm entgegensah.

»Sind Sie okay?«

Max blieb vor ihm stehen. »Ja, geht schon. Diese ganzen Quetschungen und Verletzungen …«

»Sind ihr laut Rechtsmediziner wohl über einen Zeitraum von mehreren Tagen zugefügt worden.«

»Das habe ich mir gedacht. Das heißt, er hat die Kleine nach ihrer Entführung immer wieder …«

»Ich möchte, dass Sie sich Benz vorknöpfen. Ich komme bei ihm nicht weiter, ganz davon abgesehen, dass die Staatsanwältin mir die Hölle heißmacht, wenn ich ihn ohne jeden Beweis wieder vernehme.«

Max verstand. Auch wenn er noch immer nicht daran glaubte, dass Benz etwas mit den Entführungsfällen zu tun hatte.

»Okay«, antwortete er matt, »ich werde es versuchen.«

Auf Menkhoffs Stirn zeigten sich für einen Moment tiefe Falten. »Sind Sie sicher, dass Sie der Sache gewachsen sind?«

Max wollte aufbegehren, musste sich aber eingestehen, dass Menkhoffs Frage berechtigt war. Er wirkte im Moment wohl nicht wie der dynamische Ermittler.

»Ich weiß es ehrlich gesagt nicht. Vielleicht bin ich einfach aus der Übung.«

Menkhoff warf einen Blick zur Seite, wo drei Beamte in Uniform zusammenstanden und zu ihnen herübersahen. Er stieß sich von dem Baumstamm ab und sagte: »Kommen Sie mal mit.«

Max folgte dem Hauptkommissar, der zwischen den Bäumen hindurch auf die Stelle zuhielt, an der die Autos geparkt waren. Als sie dort ankamen, öffnete Menkhoff die Fahrertür eines dunklen A6, deutete mit dem Kinn über das Dach zur anderen Seite und sagte: »Steigen Sie ein.«

Max fragte sich, was das sollte, kam der Aufforderung aber dennoch nach. Als er auf dem Beifahrersitz Platz genommen und die Tür geschlossen hatte, wandte Menkhoff sich ihm zu und sah ihn an, als versuchte er, hinter Max' Stirn zu blicken. »Wenn das, was ich bisher von Ihnen gehört habe, nicht alles vollkommener Blödsinn war, dann sind Sie mehr als nur aus der Übung.«

»Was soll das denn heißen?«, entgegnete Max und kam sich im selben Augenblick heuchlerisch vor, denn er ahnte, worauf sein Gegenüber hinauswollte.

»Das will ich Ihnen sagen. Angeblich haben Sie einen messerscharfen analytischen Verstand und verstehen es besser als die meisten professionellen Fallanalytiker, sich in die Köpfe dieser verdammten Arschlöcher zu versetzen. Sie haben während Ihrer Zeit in Düsseldorf mit Ihrem Partner in kurzem Abstand drei außergewöhnliche und äußerst schwierige Fälle gelöst, wobei der letzte Fall sogar …« Er brach den Satz ab und schüttelte den Kopf. »Lassen wir das. Jedenfalls ist Ihr Name nicht nur den Kolleginnen und Kollegen in NRW ein Begriff, sondern …«

»Können Sie vielleicht mal zur Sache kommen?«

»Keine Angst, das tue ich jetzt.« Erneut musterte er Max mit diesem unangenehm eindringlichen Blick. »Was ich seit gestern von Ihnen gesehen und gehört habe, hat so wenig mit dem zu tun, was ich gerade erwähnte, dass ich fast nicht glauben kann, es mit demselben Mann zu tun zu haben. Sie ermitteln vor sich hin, stellen hier und da ein paar Fragen, spekulieren in bester Stammtischmanier, glauben Dinge oder auch nicht, offenbar ohne für das eine oder das andere irgendwelche Gründe zu haben …«

»Moment mal«, wollte Max unwillkürlich widersprechen, doch Menkhoff hob die Hand.

»Nein, jetzt rede ich. Danach können Sie sich gern dazu äußern, aber erst mal hören Sie mir gefälligst zu. Wenn Ihnen das nicht gefällt, dann steigen Sie aus und verschwinden.«

Er machte eine kurze Pause, als wollte er Max die Möglichkeit geben, sich zu entscheiden. Als Max sich nicht regte, fuhr er fort: »Sie kommen mir vor wie ein sehr talentierter und erfolgreicher Rennfahrer, der einen Unfall hatte und seitdem aus Angst nur noch mit angezogener Handbremse spazieren fährt. Summa summarum ist das Bild, das Sie abgeben, seit Benz Sie ins Spiel gebracht hat, geradezu jämmerlich, und obwohl es mir eigentlich egal sein könnte, gebe ich Ihnen einen guten Rat, und ich scheiße dabei auf Verständnis für Ihre Situation und das ganze psychologische Blabla, das Sie wahrscheinlich seit Monaten hören. Reißen Sie sich endlich am Riemen. Hören Sie auf, sich in Selbstmitleid zu suhlen, schütteln Sie dieses Trauma mit Ihrer Schwester ab und besinnen Sie sich auf Ihre besonderen Fähigkeiten, die Sie, verdammt nochmal, geradezu dazu verpflichten, sich für den Schutz unschuldiger, wehrloser Menschen wie dem armen Kind dort draußen einzusetzen. Und wenn Sie das nicht möchten oder nicht können …« Er hob die Hand und deutete mit dem ausgestreckten Zeigefinger auf Max' Brust. »Dann verkriechen Sie sich hinter Ihren Lehrbüchern und verschwenden nicht länger meine Zeit.«

Stille legte sich wie eine schwere Decke über das Wageninnere. Max hörte nicht nur seinen, sondern auch Menkhoffs Atem, während er verblüffenderweise weder Wut noch Kampfbereitschaft spürte, noch nicht einmal den Wunsch, Menkhoff etwas entgegenzusetzen. Er empfand lediglich diese Art von innerer Taubheit, die sich immer dann in ihm ausbreitete, wenn er eine empfindliche Niederlage einstecken musste. Dabei war das, was gerade geschah, keine Niederlage im eigentlichen Sinn, sondern schlimmer. Es war die bestürzende Erkenntnis, dass Menkhoff, der persönlich erst zweimal kurz mit ihm zu tun gehabt hatte und den sein Umfeld sicher nicht mit einer Kompetenz wie Empathie in Verbindung bringen würde, ihn in diesem Moment besser beurteilen konnte als er sich selbst.

»Sie haben recht«, sagte Max und merkte erst an Menkhoffs fragendem Blick, dass er fast tonlos geflüstert hatte. Also wiederholte er lauter: »Ich sagte, dass Sie recht haben mit Ihrer Einschätzung.«

»Und?«

»Und was?«

»Was werden Sie jetzt tun?«

Max öffnete die Beifahrertür. »Nachdenken.«

Damit verließ er Menkhoffs Wagen, ging die paar Meter zu seinem Fahrzeug und fuhr kurz darauf los.

Als er zu Hause ankam, konnte er sich nur vage an den Weg erinnern, den er gerade zurückgelegt hatte, denn seine Gedanken waren unentwegt um das gekreist, was Menkhoff gesagt hatte.

Er nahm sich ein Glas Wasser, öffnete im Wohnzimmer den Rollladen und betrat den großzügigen Balkon. Die Unterarme auf dem Rand des Geländers abgestützt, betrachtete er den Horizont. Über den Dächern der umliegenden

Häuser waren bereits die ersten Vorboten der Dämmerung zu sehen.

Hören Sie auf, sich in Selbstmitleid zu suhlen, hatte Menkhoff gesagt. Max fragte sich, ob es tatsächlich Selbstmitleid war, das ihn hemmte und seine Instinkte und sein analytisches Denken so sehr blockierte, dass er keine Idee hatte, wie er in diesem Fall weiter vorgehen sollte. Und sogar auf diese Frage fand er keine Antwort. Ihm war zum Heulen und gleichzeitig zum Schreien zumute, ebenfalls nichts anderes als ein Ausdruck von Selbstmitleid. Ein Teufelskreis, in dem er sich befand und von dem er nicht wusste, wie er ihm entkommen sollte.

Einen kurzen Moment dachte er darüber nach, Kirsten anzurufen und ihr zu erzählen, was ihn beschäftigte. Er wusste, dass er das jederzeit konnte, und hätte es wahrscheinlich auch getan, doch wegen ihres fragilen seelischen Zustands konnte er sie unmöglich damit belasten.

Aber dennoch – er *musste* mit jemandem reden, wenn er auch nur die geringste Chance haben wollte, aus diesem Dilemma herauszukommen.

Er griff nach seinem Handy, ging zurück ins Wohnzimmer und tippte auf eine Nummer seines Adressbuches.

»Darf ich dich mal etwas fragen?«, knurrte Böhmer, nachdem er nach mindestens zehnmaligem Klingeln endlich ans Telefon gegangen war und Max sich mit einer Entschuldigung gemeldet hatte.

»Ja, das darfst du.« Max brauchte nicht lange zu überlegen, was das wohl sein konnte.

»Hast du eigentlich vollkommen den Verstand verloren? Es ist kurz nach fünf, also vier Stunden, nachdem ich ins

Bett gegangen bin, und zwei, bevor ich wieder aufstehen muss. Du hast mich gerade aus meiner Tiefschlafphase geholt und damit dafür gesorgt, dass der Tag heute ein Horrortrip wird und mir gegen Mittag vor Müdigkeit die Augen zufallen werden.«

»Es tut mir leid, aber ich weiß mir keinen Rat mehr und muss unbedingt mit jemandem reden.«

»Und ich dachte schon, ich bleibe nach deinem Ausscheiden bei der Polizei zukünftig von deinen nächtlichen Anrufen verschont! Ist es schon wieder so weit? Bist du wieder besessen von dem Drang, diesen Kerl zu fassen?«

»Darum geht es gerade nicht, Horst«, entgegnete Max mit ruhiger Stimme. »Es geht um mich.«

Als Böhmer nichts darauf erwiderte, begann Max zu erzählen.

»Lass mich noch mal aus meiner Sicht und mit meinen Worten zusammenfassen, was du mir gerade erzählt hast«, sagte Böhmer, nachdem Max etwa zehn Minuten ununterbrochen geredet hatte.

»Zuerst einmal – es geht natürlich nicht nur um dich, sondern um dich in dieser besonderen Situation. Du nimmst ein paar Monate nach einem traumatischen Erlebnis, an dem du noch immer zu kauen hast und das zu deinem Ausscheiden bei der Polizei geführt hat, privat einen Fall an, in dem insgesamt fünf kleine Mädchen verschwunden sind. Und dann wirst du gleich zu Anfang mit der Leiche eines misshandelten Kindes konfrontiert, was dich bezüglich eines anderen, heftigen Erlebnisses mit einem toten Kind triggert. Zudem bist du in diesem Fall gezwungen, mit einem Ermittler zusammenzuarbeiten, der wahrscheinlich schon eine ganze Hundertschaft Kolleginnen und Kollegen dazu getrieben hat, sich entweder versetzen zu lassen oder den Polizeiberuf gleich ganz aufzugeben. Und bei alledem fragst du dich, was mit dir los ist und warum du nicht funktionierst wie früher.«

»Ja«, antwortete Max ruhig, »das trifft es ganz gut. Mit deinen Worten.«

Böhmer schnaufte deutlich hörbar. »Okay, dann beantworte mir eine Frage: In der Vergangenheit habe ich mehrfach erlebt, dass du dich verblüffend erfolgreich in die Denkweise der Dreckskerle versetzt hast, hinter denen wir her waren. So sehr, dass du verstanden hast, wie sie ticken, und manchmal sogar voraussagen konntest, welche Schritte sie als Nächstes tun. Wie hast du das geschafft?«

»Du weißt, dass das nicht so einfach ist, wie du es gerade darstellst.«

»Dann erklär's mir.«

»Horst, ich habe dich nicht angerufen, um …«

»Bitte.«

Max überlegte, ob er das Gespräch beenden sollte. Vielleicht war es doch keine gute Idee gewesen, seinen ehemaligen Partner um diese Uhrzeit aus dem Bett zu klingeln. Andererseits hatte Böhmer dieses Thema während ihrer gemeinsamen Dienstzeit meist weit von sich gewiesen, und es war tatsächlich das erste Mal, dass er ihn so konkret danach fragte.

»Also gut. Die Voraussetzung ist, dass ich möglichst viele Fakten kenne. Ich brauche objektive Falldaten, Informationen zum Opfer, erkennbare soziale Interaktionen des

Täters. Welche Kriterien waren für die Opfer-, Tatzeit- und Tatortauswahl maßgeblich? Gab es besondere, vielleicht sogar außergewöhnliche Charakteristika im Fall …«

»Ja, schon gut. Und wenn du genügend Fakten hast? Was dann?«

»Dann brauche ich Zeit, um aufbauend auf diesen Informationen Schlussfolgerungen bezüglich des Täters treffen zu können. Ich muss diese Einzelheiten in psychologische Strukturen …«

»Stopp!«

Max hielt perplex inne. »Wie, stopp? Du wolltest doch, dass ich dir das erkläre. Warum fällst du mir dann bei jedem Satz ins Wort?«

»Weil ich genug gehört habe. Ich habe eine weitere Frage an dich, Max: Was wäre, wenn du die Möglichkeit hättest, alles über einen Täter zu erfahren, was er selbst über sich weiß? Was würde das für dich bedeuten?«

Max stieß ein zischendes Geräusch aus. »Was ist das denn für eine blödsinnige Frage? Dann könnte ich natürlich …«

Er stockte mitten im Satz, als er erkannte, worauf Böhmer hinauswollte.

»Dann könntest du natürlich genau analysieren, was mit diesem Kerl los ist? Ist es das, was du sagen wolltest?«

»Du meinst, ich soll dieses Verfahren bei mir selbst anwenden?«

»Ja, zum Teufel. Das muss doch ein Leichtes sein. Über wen weißt du mehr als über dich?«

»Das … nein, das wird nicht funktionieren, weil jeder Mensch dazu neigt, in der Selbstanalyse unangenehme Dinge zu beschönigen.«

»Du befürchtest also, dass du dir selbst gegenüber nicht ehrlich bist?«

»So ist es. Ich kann mich nicht selbst analysieren, Horst.«

»Versuch es wenigstens. Was hast du zu verlieren?«

Max dachte darüber nach. In einem Punkt hatte Böhmer recht: Was konnte er verlieren außer ein paar Stunden seiner Zeit? Und auch, wenn er sich nicht unmittelbar mit sich selbst beschäftigen würde, war es sicher richtig, dass er sich endlich wieder auf seine Stärke besann.

»Ich danke dir«, sagte er, und das war keine Phrase. »Und entschuldige bitte, dass ich dich geweckt habe.«

Böhmer stieß ein bellendes Lachen aus. »Ich habe Max Bischoff zum Nachdenken gebracht. Das war es mir wert. Mein Tag ist gerettet.«

Wenige Minuten, nachdem sie das Gespräch beendet hatten, saß Max am Esstisch. Vor sich Block, Stift und eine Packung Notizzettel.

Er schloss die Augen und konzentrierte sich eine Weile auf seinen Atem. Dann begann sein Verstand zu arbeiten:

Vor sechs Jahren habe ich drei Mädchen entführt …

22

Sie hält das Smartphone auf Brusthöhe vor sich und starrt auf die reißerische Überschrift des Artikels.

Entführte Sofia (9) tot im Wald gefunden!
Tagelang missbraucht!

Sie ignoriert die Tränen, die ihr über die Wangen laufen, ebenso wie den Drang, all ihren Schmerz hinauszuschreien, ihre Wut. Ihren Hass.

Sie lässt die Hand mit dem Handy sinken, während ihr Blick gläsern wird. Für einen kurzen Moment wird ihr schwindlig, sie hat das Gefühl, zur Seite zu kippen, dann ist es, als zöge sie jemand im Bruchteil einer Sekunde fort, an einen anderen Ort …

Und plötzlich läuft sie, hektisch schreiend, durch ein Waldstück. Hinter ihr liegt die Hütte, aus der sie gerade geflohen ist. Deutlich hört sie Schritte hinter sich. Stampfend, schnell. Unaufhaltsam. Jemand verfolgt sie, und er ist schon so nahe, dass sein keuchender Atem ihren Nacken streift und als eiskalter Schauder über ihren Rücken läuft. Sie wagt nicht, sich umzudrehen, aber sie weiß ja, wer ihr Verfolger ist.

Laufen, sie muss laufen, ihre ganzen Kraftreserven mobilisieren. Ihre Oberschenkel beginnen zu brennen, und dennoch weiß sie, sie ist zu langsam. Alles ist irreal, bizarr. Sie kämpft, sie weint. In der nächsten Sekunde wird er sie packen. Sie schreit ihre Angst heraus und die Wut über ihre Hilflosigkeit. Weiter, nur weiter. Sie bietet alle Energie auf, wirft ihren Körper mit der ganzen Kraft ihrer Verzweiflung gegen den unsichtbaren Widerstand, der verhindert, dass sie noch schneller wird. Und spürt dennoch, dass sie ihm nicht entkommen kann, egal wie sehr sie sich bemüht. Aber schlimmer noch als das Gefühl, jeden Moment seine Hand auf ihrer Schulter zu spüren, ist die Gewissheit darüber, was er dann mit ihr machen wird.

Ein harter Schlag in den Rücken lässt sie straucheln, sie kippt vornüber und stürzt in einer scheinbar unendlich langsamen Bewegung zu Boden. Noch während sie sich auf den Rücken dreht, schiebt sich ein gewaltiger Schatten über sie. Ein Gesicht kommt näher, keuchend, ächzend, und wird zu einer übernatürlich großen, hässlichen Fratze, die sie gemein angrinst. Doch da ist noch etwas anderes, gleich hinter der Fratze, eine helle, ovale Fläche …

Sie starrt wieder in die kalten Augen, die noch näher gekommen sind, kämpft dagegen an, von ihnen hypnotisiert zu werden, und schafft es schließlich, ihren Blick loszureißen. Sie heftet ihn stattdessen auf den Speichelfaden, der sich an seiner hängenden Unterlippe gebildet hat und sich nun pendelnd ihrem Gesicht nähert.

Der Ekel droht, ihr den Hals zuzuschnüren, ihr Puls hämmert wild gegen die Schläfen. Aber es ist nicht nur Angst, die in diesem Moment ihren Körper beherrscht, es ist auch Hass. Als das Gesicht sich noch näher auf sie herabsenkt, als der von Alkohol geschwängerte, keuchende Atem sie trifft, öffnet sie den Mund zu einem nicht enden wollenden Schrei …

Sie reißt die Augen auf, sieht sich um und erkennt, wo sie ist. Ihr wild klopfendes Herz beruhigt sich ganz langsam wieder.

Ihre Hand streicht über die nasse Stirn und wischt den kalten Schweiß ab. Die Vergangenheit. Sie hat sie erneut eingeholt. Wie so oft. Die wahnsinnige Panik, der Ekel ... mit jeder Sekunde verlieren sie die Intensität, die sie gerade noch so real erscheinen ließen. Sie weiß, in wenigen Minuten hat sie sich wieder beruhigt. So ist es jedes Mal. Dann kehrt die Kälte zurück, die sie beschützt.

Sie greift nach dem Smartphone, das ihr aus der Hand gefallen ist, aktiviert das Display und starrt erneut auf die fettgedruckten Worte.

Sie weiß, wie jedes Mal wird etwas bleiben. Der Hass.

Und doch ist es dieses Mal anders.

Dieses Mal ist er unbändig.

23

Um kurz vor neun Uhr atmete Max tief durch und ließ sich mit geschlossenen Augen gegen das Rückenpolster der Couch fallen. Er war innerlich aufgewühlt wie lange nicht mehr.

In der Zeit seit dem Telefonat mit Böhmer hatte er viel nachgedacht und sich eine Menge Notizen gemacht. Gedankenfetzen zu bekannten Verhaltensweisen von Triebtätern und Pädophilen, zu den Aussagen von Benz und Hannah und über seine Gespräche mit Menkhoff. Aber auch über sich selbst.

Er hatte gedanklich seinen Weg der letzten Monate zurückverfolgt, beginnend mit der Kündigung bei der Polizei, über das Gespräch mit seinem ehemaligen Mentor Professor Bormann wenige Wochen danach, das dazu geführt hatte, dass Max seitdem als Dozent an der Uni tätig war, bis hin zu dem aktuellen Entschluss, Robert Benz zu helfen.

Natürlich gelang es ihm nicht – und er versuchte es auch nicht –, sich selbst zu analysieren. Dennoch war ihm in den vergangenen Stunden wieder einiges über sich klar geworden, das er in den letzten Monaten verdrängt hatte.

Dass er schon seit seiner Kindheit den brennenden Wunsch gehabt hatte, zur Polizei zu gehen, weil er das Unrecht, das

Menschen durch andere Menschen erleiden mussten, nicht ertragen konnte.

Weil ihn der Gedanke verrückt machte, dass Täter nicht gefasst wurden und das Gleiche wieder tun würden und wieder und wieder. So lange, bis jemand kam, der alles in seiner Macht Stehende unternahm und weder Anstrengung noch Gefahr scheute, bis er diese Täter aus dem Verkehr gezogen hatte.

Weil er sich schon als Kind vorgestellt hatte, was man fühlen musste angesichts der Gewissheit, Leben gerettet und Menschen davor bewahrt zu haben, die nächsten Opfer zu sein. Aber genau da lag auch das Problem, das letztendlich zu seinem Aus geführt hatte.

Als er neun Monate zuvor seinen Dienst bei der Kripo quittierte, hatte er das nicht aus Angst davor getan, selbst verletzt zu werden. Auch nicht, weil er nichts mehr mit dem Beruf zu tun haben wollte oder weil sich seine Einstellung geändert hatte. Wären das die Gründe gewesen, hätte er sicher nicht wenige Wochen später als Dozent seinen Teil dazu beigetragen, dass junge Polizistinnen und Polizisten möglichst viel Wissen an die Hand bekamen, um sie für den erfolgreichen Kampf gegen Verbrechen aller Art zu rüsten.

Nein, es waren andere Umstände, die ihn zu dem Schritt veranlasst hatten. Da war natürlich die Sorge um seine Schwester, die Angst davor, dass einer dieser Irren ihr wieder Leid zufügte. Aber der Hauptgrund für ihn, die Polizei zu verlassen, lag im System.

Natürlich war ihm von Anfang an klar gewesen, dass er als Polizeibeamter den Tätern gegenüber grundsätzlich im Hintertreffen war, weil er sich im Gegensatz zu ihnen an

Dienstvorschriften halten musste. Das hatte er akzeptiert, da er der Meinung war, dass diese Vorschriften sein mussten, allein schon, um einen Missbrauch der Befugnisse, die Polizeibeamte hatten, von vornherein zu verhindern. Zudem wurde dieser Nachteil zumindest ein Stück weit dadurch wieder ausgeglichen, dass ihm als Ermittler ein riesiges Netzwerk und modernste Technik zur Verfügung standen.

Womit er allerdings nicht gerechnet hatte und was ihn anfangs verblüffte und später immer wütender machte, waren Politikerinnen und Politiker, denen populistische Erfolge in bestimmten Bevölkerungsschichten und damit die Chance der Wiederwahl offenbar wichtiger waren als ein fairer und gerechter Umgang mit ihren Polizeibeamten. Denen das Rückgrat fehlte, sich vor ihre Beamtinnen und Beamten und damit vielleicht gegen gerade moderne politische Strömungen zu stellen, und die den Ermittlern die Ausübung ihres Berufes durch offen ausgesprochenen Mangel an Vertrauen und immer weltfremdere und verrücktere Vorschriften noch zusätzlich erschwerten. Ebenso wenig hatte er mit Richterinnen und Richtern gerechnet, die Täter auf freien Fuß setzten oder mit lächerlichen Bewährungsstrafen belegten, nachdem sie Kinder oder Frauen sexuell belästigt oder gar vergewaltigt hatten. Die sich vor Verständnis für die Täter fast überschlugen und deren Hauptsorge allem Anschein nach nicht dem Schutz und der Sorge um die Zukunft der Opfer, sondern der Täter lag.

Und das, nachdem Ermittler wie Max sie in wochen- oder manchmal auch monatelanger akribischer Arbeit endlich gefasst hatten. Täter, die sich nicht selten gleich nach ihrer Freilassung das nächste Opfer suchten.

Das waren die Hauptgründe für ihn gewesen, die Polizei zu verlassen, nicht die Angst um sich, und noch nicht einmal die Angst um Kirsten, auch wenn er das lange geglaubt hatte.

Nun hatte er als Privatmann einen Fall angenommen, an dem die offiziellen Ermittler sich bisher die Zähne ausgebissen hatten. An der oft katastrophal laschen Auslegung bestehender Gesetze konnte er nichts ändern, aber um die immer engeren Fesseln der Dienstvorschriften brauchte er sich nicht mehr zu kümmern.

Max hatte also einerseits die Fähigkeiten sowie fast alle Möglichkeiten, die seine ehemaligen Kollegen auch hatten, musste sich andererseits aber nicht an deren Spielregeln halten. Zumindest nicht an alle.

Gute Voraussetzungen, um diesen Fall zu lösen. Und genau das hatte er vor.

Es war Zeit, damit anzufangen.

Er nahm sein Handy und wählte die Nummer des Dekanat-Sekretariats der Uni. Als sich kurz darauf eine der Sekretärinnen meldete, erklärte er ihr, dass er die beiden Vorlesungen, die in den kommenden Tagen anstanden, nicht halten könne und man bitte einen Kollegen als Vertretung einsetzen solle.

Anschließend warf er einen Blick auf seine Notizen, auf drei Sätze, die er aufgeschrieben und dann eingekreist hatte. Menkhoff hatte sie bei ihrem ersten Gespräch fallenlassen.

Sie wissen sicher, dass wir wieder zwei Fälle von Kindesentführungen haben. Wieder zwei Mädchen, wieder nach der Schule. Genau wie vor sechs Jahren. Damals hörte die Serie nach Lenis Verschwinden auf.

Damals hörte die Serie nach Lenis Verschwinden auf …

Seit dem Vortag schon hatte er immer wieder darüber nachgedacht, warum der Täter sechs Jahre zuvor plötzlich aufgehört hatte. Das war ungewöhnlich und widersprach dem typischen Verhaltensmuster von pädophilen Triebtätern, zumindest solange es keine Verdachtsmomente gegen sie gab. Warum war Leni das letzte bekannte Opfer? Zufall?

War es ebenso ein Zufall, dass ihr Schulrucksack bei Benz auftauchte, kurz nachdem wieder zwei Mädchen entführt worden waren?

Er musste sich noch mal mit Lenis Vater unterhalten, und zwar persönlich. Er wollte ihm in die Augen sehen, wenn er ihm seine Fragen stellte. Robert Benz schien nicht sehr abgebrüht zu sein, so dass Max die Hoffnung hatte, ihm anzusehen, wenn er nicht die Wahrheit sagte.

Natürlich konnte er sich in dem Mann täuschen, aber er traute sich zu, bald zumindest ein Stück weit hinter Benz' Fassade blicken zu können.

Kurz dachte er darüber nach, ihn anzurufen, um sicherzustellen, dass er zu Hause war, verzichtete dann aber darauf. Besser, er überraschte ihn.

24

Sie hat den Motor der 125er ein Stück vor dem Haus ausgemacht und schiebt die Maschine das letzte Stück. Den Helm hat sie abgenommen und über einen der Spiegel gehängt. Ein Mann und eine Frau begegnen ihr auf ihrem Weg. Es ist ihr egal. Sie grüßt sie und geht unbeirrt weiter. Unwahrscheinlich, dass jemand sie erkennen wird.

Als sie ihr Ziel erreicht, fällt ihr Blick auf den Wagen, der schräg vor dem Haus am Straßenrand geparkt ist. Sie kennt ihn. Der Anblick löst etwas in ihr aus, doch nur für einen kurzen Moment, dann ist die Kälte wieder da und begräbt jedes Gefühl unter einer frostigen Schicht.

Sie blickt sich schnell um und schiebt die Maschine dann durch eine Lücke zwischen den Büschen, die schräg gegenüber dem Haus am Rand des unbebauten Grundstückes stehen. Hinter einem der Büsche ist das Gras niedergetrampelt. Dort stellt sie die 125er ab und setzt sich auf das Gras. Wenn sie sich ein wenig zur Seite beugt, kann sie an den Zweigen vorbei den Eingangsbereich sehen.

Sie wird warten, bis er das Haus verlässt. Wie ohne ihr Zutun gleitet ihre Hand in die Hosentasche und umschließt den einzelnen Schlüssel darin, der vor wenigen Tagen zum ersten Mal seit sechs Jahren wieder benutzt worden ist.

Sie weiß, dass sie sich konzentrieren muss, um nicht wieder in die Vergangenheit abzugleiten, während sie sich ihrem Hass hingibt. Dieses intensive Gefühl und die Erinnerungen sind so eng miteinander verknüpft, dass sie meist nichts dagegen tun kann, dass die Bilder plötzlich vor ihr auftauchen und sie in ihren teuflischen Bann ziehen. Deshalb hat sie drei Tage zuvor den Moment verpasst, in dem er das Haus verlassen hat. Sie hat ihre Umgebung erst wieder wahrgenommen, als er mit seinem Wagen losgefahren ist. Bis sie die Maschine durch die Büsche geschoben und den Helm aufgesetzt hatte, war er schon verschwunden.

Heute wird sie besser aufpassen.

Sie muss nicht lange warten. Es vergehen etwa zwanzig Minuten, bis mehrere Dinge gleichzeitig geschehen.

25

Max parkte den Wagen gerade am Straßenrand vor Benz' Haus, als die Tür aufging und zwei Männer aus dem Haus kamen.

Er kannte beide. Es handelte sich um Robert Benz und seinen Geschäftspartner, Hannahs Vater.

Als Max aus dem Wagen stieg und sein Blick dabei unbeabsichtigt auf das leerstehende Grundstück gegenüber fiel, glaubte er für einen kurzen Augenblick, neben einem Busch einen blonden Schopf zu sehen, der aber im nächsten Moment schon wieder verschwunden war. Kurz spielte er mit dem Gedanken, hinüberzugehen und nachzusehen, wurde aber von Thomas Reinhard abgelenkt, der ihm zurief: »Guten Morgen, Herr Bischoff.«

Max wandte sich den beiden Männern zu, die noch immer vor dem Hauseingang standen und ihm entgegensahen. Nach einem letzten Blick zu dem Busch, bei dem er feststellte, dass das, was er für blonde Haare gehalten hatte, wahrscheinlich nur eine Ansammlung gelber Blüten gewesen war, ging er schließlich zu ihnen. Er fühlte sich übernächtigt und sah vielleicht deshalb Dinge, die nicht da waren.

Als er die beiden Männer erreicht hatte, nickte er ihnen zu. »Guten Morgen. Ich hoffe, ich störe nicht?«

»Nein, ich wollte sowieso gerade gehen«, sagte Reinhard und deutete dabei vom Haus weg. »Ich habe nur mal nachgesehen, wie es meinem Partner geht.« Dabei versuchte er ein Lächeln, das aber nicht sehr überzeugend wirkte.

Max nickte und wandte sich an Benz. »Haben Sie es schon gelesen?«

»Ja.« Benz tauschte einen Blick mit Reinhard. »In Wahrheit ist das der Grund, warum Thomas bei mir war.«

Max bemerkte, wie sich Reinhards Gesichtszüge verhärteten, während Benz sich direkt an seinen Partner wandte.

»Es ist rücksichtsvoll von dir, dass du das Thema nicht erwähnen wolltest.« Er nickte seinem Partner zu, bevor er seine Aufmerksamkeit wieder auf Max richtete. »Thomas ist hergekommen, nachdem er es im Internet gelesen hat. Er hat sich gedacht, dass die Nachricht für mich ein Horror ist.«

»Ja, das kann ich mir vorstellen«, versicherte Max. »Das ist auch der Grund, warum ich hier bin.«

»Dann will ich nicht länger stören. Außerdem wartet eine Menge Arbeit auf mich.« Reinhard legte Benz die Hand auf die Schulter. »Nimm dir alle Zeit, die du brauchst. Mir wird es im Büro sicher nicht langweilig, aber ich komme klar.«

Gemeinsam sahen sie Reinhard nach, bis er seinen Wagen erreicht hatte, der vor dem Haus geparkt war.

»Bitte«, Benz deutete ins Innere des Hauses, »möchten Sie hereinkommen?«

Im Wohnzimmer setzte Max sich auf einen der Sessel und kam ohne Umschweife zum Thema.

»Warum haben Sie mir nicht gesagt, dass die Polizei Sie

verdächtigt, etwas mit dem Verschwinden der Kinder zu tun zu haben? Auch mit dem Ihrer eigenen Tochter.«

Benz schien überrascht, dass Max davon wusste. »Ich … ich dachte, dann sind Sie vielleicht voreingenommen mir gegenüber.« Er setzte sich auf die Couch und nickte ergeben. »Ja, und ich hatte Angst, dass Sie dann vielleicht ablehnen.«

»Herr Benz, wenn Sie mir Informationen vorenthalten, egal aus welchem Grund, brauche ich erst gar nicht anzufangen, in irgendeine Richtung zu ermitteln, denn dann werde ich ebenso wenig Erfolg haben wie die Polizei. Sie können, nein, Sie *müssen* mir alles sagen, was mit dem Verschwinden Ihrer Tochter und der anderen Mädchen zu tun hat. Kann ich mich ab jetzt darauf verlassen?«

»Ja, das können Sie.«

»Gut, denn wenn sich herausstellen sollte, dass Sie mir noch etwas verheimlichen, bin ich raus.«

Benz hob die Schultern und nickte. »Ich habe verstanden.« Und nach zwei, drei Atemzügen fügte er leise hinzu: »Da gibt es tatsächlich noch etwas.«

Max wartete. »Und?«

»In der vorletzten Nacht war jemand in meinem Haus, und ich glaube, dass es Leni war.«

»Warum glauben Sie das?«

»Sie hat Benny ausgegraben und ins Wohnzimmer gelegt.«

»Benny?«

Benz senkte den Blick. »Das war ihr Hund. Ein Mischling. Er ist gestorben, etwa ein halbes Jahr, bevor sie verschwunden ist. Wir haben ihn damals im Garten begraben.

Vorletzte Nacht habe ich ein Geräusch gehört. Ich bin runtergegangen, und als ich im Flur ankam, ging dieser fürchterliche Singsang los. Dieses verdammte Kinderlied. *Finster, Finster, Finster*.

Als ich im Wohnzimmer ankam, lag so ein MP3-Player auf dem Boden, von dem das Lied in Endlosschleife lief. Gleich daneben waren Bennys Überreste drapiert. Ein paar Knochen und der Schädel. Und ein Zettel. Darauf stand: *Ich bin wieder da*.«

Sein Blick richtete sich erneut auf Max. »Sie ist wieder da, und ich glaube, sie will mich dafür bestrafen, dass ich damals nicht gut genug auf sie aufgepasst habe.«

»Hm …«, brummte Max nachdenklich. »Wie ist die- oder derjenige ins Haus gekommen? Haben Sie irgendwelche Einbruchspuren entdeckt?«

»Nein, alles ist unversehrt, aber … Leni hatte damals einen Hausschlüssel bei sich.«

»Und Sie haben seitdem das Schloss nicht austauschen lassen?«

Benz hob die Schultern. »Nein, warum hätte ich das tun sollen?«

Zum Beispiel weil der Täter den Schlüssel in die Hände bekommen hat, dachte Max, entschied aber, das unausgesprochen zu lassen.

»Und was genau, glauben Sie, möchte sie von Ihnen?«

»Ich glaube, meine Tochter möchte mich umbringen.«

Rein theoretisch hielt Max das für möglich. Wenn Leni damals in die Hände eines organisierten Pädophilenrings gefallen war, konnte es durchaus sein, dass sie in den vergangenen Jahren an die Mitglieder durchgereicht worden war. Max' Magen krampfte sich bei dem Gedanken zusammen, was das Mädchen in diesem Fall hatte erleiden müssen, aber genau das konnte dazu führen, dass sie tatsächlich in ihrem eigenen Vater den Schuldigen sah, weil er aus ihrer Sicht zugelassen hatte, dass diese schrecklichen Dinge mit ihr geschehen waren.

»Ich halte es nach wie vor für unwahrscheinlich, dass Ihre Tochter tatsächlich wieder da ist, muss aber gestehen, dass es im Bereich des Möglichen liegt. Wir sollten die Polizei informieren.«

Benz stieß ein kurzes Lachen aus. »Das habe ich schon getan.«

»Wann?«

»Heute Nacht, als Hauptkommissar Menkhoff mich aus dem Bett geklingelt hat.«

»Menkhoff hat Sie angerufen?«

»Nein, er war hier.«

Menkhoff verlor offensichtlich keine Zeit und war nach wie vor überzeugt, dass Benz der Täter war.

»Worüber haben Sie gesprochen?«

»Er hat mir von dem toten Mädchen erzählt, das gefunden worden ist, und wollte wissen, wo ich gestern gewesen bin.«

»Und? Wo waren Sie?«

»Ich war fast den ganzen Tag hier. Am Nachmittag ging ich kurz zum Einkaufen, aber sonst habe ich das Haus nicht verlassen.«

»Das ist nicht das beste Alibi.«

»Das weiß ich auch«, entgegnete Benz gereizt, und zum ersten Mal wurde er etwas lauter. »Wenn ich gewusst hätte, dass ein Kind ermordet wird und Herr Menkhoff wieder mal mich verdächtigt, hätte ich natürlich dafür gesorgt, dass es genügend Leute gibt, die mich den ganzen Tag beobachten konnten. Leider hat der Killer es versäumt, mich rechtzeitig zu informieren.«

Max hatte Verständnis für diesen kurzen Anfall von Sarkasmus und ignorierte ihn.

»Was haben Sie den ganzen Tag und den ganzen Abend zu Hause gemacht?«

Benz stieß die Luft geräuschvoll durch die Nase aus. »Ich habe versucht zu lesen, dann habe ich den Fernseher eingeschaltet und mich berieseln lassen. Ich wollte mich ablenken, aber das hat nicht funktioniert. Immer wieder musste ich an Leni denken und daran, was sie jetzt wohl vorhat.«

Benz beugte sich nach vorn und sah Max flehend an. »Finden Sie meine Tochter. Finden Sie sie, bevor etwas Schreckliches geschieht.«

»Ich werde es versuchen. Lassen Sie uns noch ein wenig über Leni reden und über die Zeit, als sie verschwunden ist. Können Sie mir Ihre Tochter beschreiben?«

»Beschreiben? Sie hatte lange hellblonde Haare und war …«

»Nicht, wie sie aussah. Ich möchte wissen, was sie für ein Kind war. War sie kontaktfreudig oder eher zurückhaltend?«

»Eher zurückhaltend, würde ich sagen. Sie hat sehr viel gelesen und konnte stundenlang allein in ihrem Zimmer spielen.«

»Ich weiß, das meiste wurden Sie sicher schon von der Polizei gefragt, und mit etwas Glück gewährt man mir unter der Hand Akteneinsicht, aber ich würde Ihnen trotzdem gern einige Standardfragen stellen. Ist das okay?«

Benz nickte mehrmals. »Ja, sicher. Wenn es hilft, Leni zu finden.«

»Hauptkommissar Menkhoff sagte mir, Sie seien an dem Morgen in der Nähe der Schule gesehen worden …«

»Das war ich nicht. Ich weiß, dass mich angeblich zwei Zeugen gesehen haben wollen. Aber ich war nicht dort.« Benz rutschte auf seinem Platz ein Stück weit nach vorn. »Herr Bischoff. Glauben Sie nicht auch, dass ich, wenn ich wirklich etwas mit Lenis Verschwinden zu tun gehabt hätte, mir einen plausiblen Grund hätte einfallen lassen, warum ich in der Nähe der Schule gewesen bin? Warum sollte ich behaupten, ich sei nicht dort gewesen, und mich damit noch verdächtiger machen?«

»Ich weiß es nicht.«

»Eben. Und Herr Menkhoff weiß es auch nicht. Stellen Sie ihm doch mal die Frage, warum ich privat einen der besten Ermittler engagiere, wenn ich selbst schuldig bin.«

»Das habe ich bereits getan, und …«

Das Klingeln seines Smartphones unterbrach Max. Er zog es aus der Tasche und nahm das Gespräch an.

»Menkhoff hier«, meldete sich der Hauptkommissar mit müder Stimme. »Im Zuge des vereinbarten Informationsaustauschs eine erste Info für Sie aus der Rechtsmedizin: Die inneren und äußeren Verletzungen der Kleinen deuten auf mehrfachen und sehr brutalen sexuellen Missbrauch hin. Auch mit Gegenständen. Die Einzelheiten erspare ich Ihnen. Ihr Körper ist post mortem offenbar komplett mit starkem Desinfektionsmittel abgerieben worden, bevor der

Täter sie in die Plastikplane eingewickelt hat. Die Chancen, DNA-Material sicherzustellen, ist äußerst gering. Allerdings wurden unter ihren Nägeln kleine Reste von lehmiger Erde gefunden.«

»Sie brauchen mir die Einzelheiten nicht zu ersparen, Herr Menkhoff. Ich ertrage das schon.«

Der Hauptkommissar schnaufte. »Ja. Sie vielleicht. Ich aber gerade nicht.«

26

Sie hat ihren Plan aufgegeben, nachdem sie die Männer vor dem Haus gesehen hat.

Er hatte seine Chance.

Sie hat gewartet, bis er wieder allein im Haus war, ist noch für ein paar Minuten in ihrem Versteck geblieben und hat sich dann auf den Weg gemacht.

In ihrem Kopf summt und schwirrt es wie in einem Bienenstock. Sie hat Mühe, sich auf den Verkehr zu konzentrieren, während der Hass ihr die Sinne zu rauben droht. Sie will, sie kann *nicht mehr länger warten.*

Sie wird es zu Ende bringen. In der kommenden Nacht.

Sie stellt die 125er am Rand des Parks ab und geht zu Fuß bis zu ihrem versteckten Baum. Als die raue Rinde ihr in den Rücken sticht, beruhigt sie das ein wenig. Aber das genügt noch nicht, um die Kälte in ihr so weit aufzutauen, dass sie das Leben in sich spürt. Doch genau das möchte sie jetzt, um sich auf das einzustimmen, was sie vorhat. Sie muss Leben in sich spüren. Sie öffnet ihre Jeans und streift sie bis zu den Knien nach unten. Dann beugt sie sich ein wenig nach vorn, zieht das Messer aus dem Schaft ihrer knöchelhohen Chucks und klappt es auf, bevor sie die Hose ganz bis zu den Füßen hinunterschiebt.

Langsam spreizt sie die Beine, zögert nur einen kurzen Moment, bevor sie die Klinge an der Innenseite ihres rechten Ober-

schenkels ansetzt, an einer Stelle zwischen den unzähligen Narben, die aussehen wie ein bizarrer Barcode.

Als die Klinge ins Fleisch schneidet, als das Blut warm über die Haut läuft und unter ihr zu Boden tropft, verdreht sie die Augen und stöhnt. Der heiße Schmerz lässt sie spüren, dass sie lebt. Und wofür sie lebt.

27

Nach seinem Telefonat mit Menkhoff verabschiedete sich Max von Robert Benz und machte sich auf den Weg zum Haus der Familie Reinhard. Es waren Ferien, so dass die Chance recht groß war, Hannah anzutreffen. Ihren Vater rief er nicht an, wie dieser verlangt hatte. Im Gegenteil, er war ganz froh, dass Reinhard nicht zu Hause, sondern im Büro war, wo er nach seiner eigenen Aussage genug zu tun hatte. Vielleicht würde sich die Möglichkeit ergeben, mit Hannah allein zu sprechen. Max wurde das Gefühl nicht los, dass die Anwesenheit ihrer Eltern sie daran gehindert hatte, alles zu erzählen, was sie wusste.

Wenig später stellte er den Wagen vor dem Haus der Reinhards ab.

Erst tat sich auf sein Klingeln hin nichts, und er hatte sich schon abgewandt, um wieder zu gehen, als die Tür einen Spalt weit geöffnet wurde und Hannahs Gesicht auftauchte.

»Ah, du bist ja doch da.« Max sah Hannah offen an. »Ich würde mich gern noch mal mit dir unterhalten, wenn das für dich okay ist.«

»Worüber denn? Ich weiß wirklich nichts von Leni.«

»Das glaube ich dir auch. Würdest du trotzdem noch mal mit mir reden? Es geht mir um die Zeit, kurz bevor sie damals verschwunden ist. Ich glaube, niemand hat sie so gut gekannt wie du. Eigentlich ist es nur eine wichtige Frage, die ich dir stellen möchte.«

Max konnte den inneren Kampf, den Hannah austrug, an ihrem Gesicht ablesen. Schließlich trat sie aber einen Schritt zurück und öffnete die Tür ein Stück weiter. »Also gut. Können wir das hier machen? Ich bin allein. Wenn ich Sie ins Haus lasse, rastet mein Vater aus.«

Max nickte. »Das kann ich gut verstehen und finde es auch vollkommen in Ordnung. Es ist gut, dass du so vorsichtig bist.«

»Also, was wollen Sie wissen?«

Max ließ sich noch einen Moment Zeit, in dem er kurz darüber nachdachte, ob er die Frage wirklich stellen sollte, die ihm am meisten unter den Nägeln brannte. Und vor allem, wie er sie am besten formulierte.

Im schlimmsten Fall würde Hannah vollkommen dichtmachen und überhaupt nicht mehr mit ihm reden. Allerdings kam die Gelegenheit, sie allein zu sprechen, vielleicht nicht wieder.

»Die Frage ist dir vielleicht unangenehm, aber sie ist enorm wichtig. Wenn du an die letzten Wochen denkst, bevor Leni verschwunden ist: Hat sie dir gegenüber da jemals erwähnt, dass etwas nicht in Ordnung ist?«

»Wie meinen Sie das?«

»Na, zu Hause zum Beispiel. Hat sie vielleicht mal irgendetwas in Bezug auf ihren Vater gesagt, das dir komisch vorgekommen ist?«

Max sah, wie sich der Gesichtsausdruck des Mädchens für einen kurzen Moment veränderte. Er erinnerte sich daran, beim ersten Gespräch mit ihr eine ähnliche Beobachtung gemacht zu haben. Da war es um Lenis Schulrucksack gegangen und die Frage, wo er hergekommen sein konnte, wenn Leni ihn nicht selbst im Haus ihres Vaters abgestellt hatte.

Zwei Sekunden später war der Moment aber vorüber.

»Nein. So was hat sie nie gesagt.«

»Sicher?«, hakte Max nach.

»Ja, ganz sicher. Ich muss jetzt auch wieder rein.«

Max sah ein, dass es vorbei war. Es war das eingetreten, was er befürchtet hatte, Hannah hatte dichtgemacht. »Also gut«, sagte er. »Schade. Ich hatte gehofft …«

»Nein«, sagte sie, und im nächsten Moment fiel die Tür vor Max ins Schloss.

Ein, zwei Atemzüge lang starrte er an die dunkelgraue Oberfläche, dann wandte er sich ab. Hannah hatte ihm zwar kaum etwas gesagt, ihm aber trotzdem unbewusst weitergeholfen, denn in einem Punkt war er sicher: Bei der letzten Frage hatte sie gelogen.

Er stieg in sein Auto und fuhr los. Er wollte zu der Grundschule, in die eines der beiden vor kurzem entführten Mädchen gegangen waren. In die das *missbrauchte* und *getötete* Mädchen gegangen war, korrigierte er sich in Gedanken selbst.

Auf halbem Weg rief Kirsten an.

»Hallo Bruderherz, wie geht es dir?«, fragte sie auf eine Art, die darauf schließen ließ, dass sie sich aus irgendeinem Grund Sorgen machte.

»Gut geht es mir«, antwortete er und bemühte sich, es so unbeschwert wie möglich klingen zu lassen.

»Bist du sicher?«

»Okay, raus mit der Sprache. Was ist los?«

»Horst hat mich eben angerufen. Er macht sich Sorgen um dich.«

Böhmer! Dieses Plappermaul.

»Na, dem werde ich was erzählen.«

»Nein, das tust du nicht«, entgegnete Kirsten energisch. »Er ist dein Freund, und es ist ihm wichtig, dass es dir gut geht.«

»Ja, ja«, wiegelte Max ab. »Aber mir geht es gut, und Herr Böhmer soll dich gefälligst in Ruhe lassen, das werde ich ihm sagen.«

»Max …« Nun klang Kirstens Stimme wieder sanft, fast mütterlich. »Horst hat mir erzählt, dass er dir genau wie ich dazu geraten hat, diesen Fall anzunehmen, weil wir beide der Meinung sind, dass dir die Ermittlungsarbeit fehlt. Er weiß ebenso wie ich, wie sehr du deinen Beruf geliebt hast. Aber wenn dieser Fall dazu führt, dass du dich schlecht fühlst, dann musst du es sein lassen. Vielleicht habe ich mich ja geirrt. Vielleicht ist es wirklich das Beste, wenn du dich darauf konzentrierst, zukünftige Polizisten auszubilden.«

»Kirsten, hör zu. Ja, es stimmt, ich habe tatsächlich mit mir selbst gehadert, aber das ist vorbei. Ich weiß jetzt, dass es das Richtige ist, was ich gerade tue, und es geht mir wirklich gut.«

»Ehrlich?«

»Ja.«

»Dickstes Ehrenehrenwort?«

Max musste grinsen. Das *dickste Ehrenehrenwort* war in ihrer Kindheit der ultimative Schwur gewesen. Ein Versprechen, das unter allen Umständen eingehalten werden, oder eine Aussage, die absolut der Wahrheit entsprechen musste.

Und tatsächlich hatte nie einer von ihnen dieses Versprechen gebrochen.

Max konnte sich nicht mehr daran erinnern, wann er diesen Ausdruck zum letzten Mal gehört hatte, aber er rief Gefühle in ihm wach, die er schon lange nicht mehr gespürt hatte – Unbeschwertheit und die kindliche Überzeugung, dass am Ende immer alles gut wird.

»Ja, dickstes Ehrenehrenwort«, sagte er sanft, und dabei wurde ihm ein wenig schwer ums Herz.

»Dann ist gut. Dann glaube ich dir. Wann kommst du mal wieder bei mir vorbei?«

»Bald. Ich melde mich, okay?«

»Gut. Bis dann.«

Nachdenklich legte Max auf. Normalerweise freute er sich auf jedes Wiedersehen mit seiner Schwester und nutzte jede sich bietende Gelegenheit, Zeit mit ihr zu verbringen. Im Moment stemmte sich jedoch alles in ihm gegen ein Treffen mit Kirsten, und in diesem Fall funktionierte sogar die Selbstanalyse. Er ahnte, woran das lag. Er wollte unter allen Umständen vermeiden, dass sie auch nur den kleinsten Berührungspunkt mit diesem Fall hatte. So abwegig es auch war, er befürchtete, wenn jemand ihn beobachtete, würde er denjenigen direkt zu Kirsten führen und vielleicht auf die Idee bringen, sie als Druckmittel gegen ihn einzusetzen.

Er stieß ein bitteres Lachen aus, schüttelte den Kopf und sagte laut: »Wenn das mal keine Paranoia ist.«

Seine Gedanken wollten sich selbständig machen und auf eine Reise in die Vergangenheit gehen. *Neun Monate* in die Vergangenheit. Schon tauchten erste Bilder auf, er sah sich selbst mit einem Zettel in der Hand, den er wieder und wieder las …

Mit aller Kraft verdrängte er die Erinnerungen, zwang sich dazu, sich auf die Straße vor sich zu konzentrieren und auf das, was er gleich vorhatte.

Minuten später hatte er den Wagen am Rand des leeren Schulhofs, der von einem hohen Zaun umgeben war, geparkt und sich bequem im Sitz zurückgelehnt. Sein Blick war auf den großen, leeren Platz gerichtet. Es dauerte nicht lange, da erzeugte seine Vorstellungskraft Bilder von herumtobenden, schreienden und lachenden Kindern.

Okay, begann er. *Seit Tagen komme ich in jeder Pause hierher, beobachte von einem versteckten Platz aus die Mädchen auf dem Schulhof …*

28

Etwa eine halbe Stunde saß Max in seinem Auto, völlig in Gedanken versunken, den Blick auf den Schulhof gerichtet oder die Umgebung nach Stellen absuchend, an denen sich jemand unbeobachtet aufhalten konnte und dennoch einen guten Blickwinkel hatte. Ab und zu machte er sich ein paar Notizen, um gleich darauf wieder in diese andere Gedankenwelt abzutauchen.

Schließlich richtete er sich auf, startete den Motor und fuhr los. Ihm fiel auf, dass er noch nichts gegessen hatte und sich ein flaues Gefühl in seinem Magen ausbreitete. Oder kam es vielleicht gar nicht von Unterzuckerung, sondern rührte von den Gedanken der letzten halben Stunde her?

Wie auch immer – er machte sich auf den Weg nach Hause, wo er sich etwas zu essen zubereiten würde.

Kurz vor Leverkusen geriet er auf der A3 in einen Stau. Nachdem er in den ersten zehn Minuten höchstens fünfhundert Meter vorangekommen war, entschied er sich dafür, ein offenes Gespräch mit Menkhoff zu führen, und rief nicht im Büro, sondern gleich auf dem Handy des Hauptkommissars an.

»Störe ich?«, begann Max das Gespräch, woraufhin Menkhoff einen Zischlaut von sich gab. »Wenn Sie Neuigkeiten haben, die uns weiterbringen, nicht.«

»Ich habe mich eben mit Hannah Reinhard unterhalten.«

»Und? Hat ihre überbehütende Mutter jede Frage beantwortet, die Sie Hannah gestellt haben?«

»Das war tatsächlich beim ersten Gespräch der Fall, aber bei dem Gespräch gerade war Hannah allein.«

»Ach.« Menkhoff schien wirklich überrascht. »Wie haben Sie das denn angestellt?«

»Richtiges Timing«, erwiderte Max und verspürte dabei einen Hauch von Genugtuung.

»Nun reden Sie schon. Was ist dabei herausgekommen? Und wenn Sie jetzt sagen *nichts*, dann hoffe ich für Sie, dass Sie auch gleich eine gute Erklärung parat haben, warum Sie meine Zeit verschwenden.«

»Gesagt hat sie tatsächlich so gut wie nichts, aber die kurze Unterhaltung hat trotzdem etwas gebracht. Ich habe sie gefragt, ob Leni vor ihrem Verschwinden irgendwann etwas über ihren Vater gesagt hat, das merkwürdig klang.«

»Und?«

»Sie sagte *nein*.«

Nach einigen Sekunden des Schweigens erwiderte Menkhoff: »Jetzt sagen Sie schon, dass da noch etwas kommt, Bischoff.«

»Es kommt noch was. Ich bin sicher, dass sie gelogen hat.«

»Ach. Und was macht Sie so sicher?«

»Ein Gefühl, ich konnte es an ihrem Gesicht ablesen.«

»Aha. Das heißt, Sie ziehen mittlerweile also auch in Betracht, dass Benz etwas mit dem Verschwinden seiner Tochter zu tun haben könnte?«

»Zumindest gehe ich davon aus, dass im Elternhaus von Leni Benz etwas seltsam war. Ich muss versuchen, noch mal mit Hannah zu sprechen, vielleicht schaffe ich es ja irgendwie doch noch, dass sie mir sagt, was Leni ihr erzählt hat.«

»Die Chance ist verdammt gering«, sagte Menkhoff, und es klang etwas besänftigt. »Wenn Hannah ihrer Mutter von Ihrem Besuch erzählt und dass Sie allein mit ihr gesprochen haben, können Sie von Glück reden, wenn die kein Kontaktverbot gegen Sie erwirkt.«

»Ich denke, sie wird ihren Eltern nichts davon erzählen«, entgegnete Max.

»Und warum nicht?«

»Weil sie nach meiner Überzeugung nicht das Vertrauensverhältnis zu ihnen hat, das die mich glauben lassen wollten.«

»Kompliment, da liegen Sie wohl richtig. Das ist in etwa der gleiche Schluss, zu dem die beiden Psychologen vor sechs Jahren gekommen sind, nachdem sie sich mehrmals mit ihr unterhalten hatten. Nach Lenis Verschwinden hat Hannah sich eingeigelt, um die Erinnerungen an ihre Freundin für sich allein zu haben. Sie glaubt, wenn sie mit jemandem über Leni spricht und dabei alles erzählt, was sie weiß, hebt sie denjenigen damit auf das gleiche Niveau, das sie selbst Leni gegenüber hat. Das will sie aber nicht.«

»Sie ist eifersüchtig.«

»Das ist sogar exakt das Wort, das die Psycho-Heinis benutzt haben. Deshalb hat sie auch erst nichts von Lenis anderer Freundin erzählt, Alina.«

»Alina?«, fragte Max verwundert. »Den Namen höre ich zum ersten Mal.«

»Ach, hat Hannah sie Ihnen gegenüber also auch verschwiegen.«

»Offensichtlich. Wer ist dieses Mädchen, und was wissen Sie über sie?«

»Sie heißt Alina Bohrens und war mit den anderen beiden zusammen in einer Klasse. Leni stand ihr wohl nicht ganz so nahe wie Hannah, aber wenn sie nicht mit Hannah zusammen war, dann mit Alina. Zu dritt haben sie nur selten Zeit zusammen verbracht, offensichtlich mag Hannah Alina nicht sonderlich.«

»Deshalb hat sie sie also nicht erwähnt.«

»Ja, wie Sie schon bemerkten, da ist wohl so etwas wie Eifersucht im Spiel.«

»Es klingt danach.«

»Was werden Sie als Nächstes tun?«

»Ich fahre nach Hause und mache mir etwas zu essen.«

»Gut.«

»Und dann möchte ich mich mit dieser Alina unterhalten. Können Sie mir ihre Adresse geben?«

»Sie ist mit ihren Eltern etwa ein halbes Jahr nach Lenis Verschwinden umgezogen. Ich schicke Ihnen die neue Anschrift gleich aufs Handy.«

»Danke. Und würden Sie noch mal versuchen, etwas über den Aufenthaltsort von Lenis Mutter herauszufinden?«

»Das haben wir zwar schon, aber ja, ich gehe das noch mal an. Ich befürchte nur, um sie zu finden, werden wir graben müssen.«

»Das kann natürlich sein. Aber wenn wir sie befragen könnten …«

»Ja, wir werden sehen. Ach, Bischoff, eines noch …«

»Ja?«

»Ich gehe in zweieinhalb Monaten in den Ruhestand. Bis dahin will ich diesen Fall gelöst haben.«

»Verstehe.«

»Dann stellen Sie sich mal auf die Hinterbeine und helfen mir gefälligst.«

Max musste schmunzeln. »Das tue ich. Und, Menkhoff, eines auch noch von mir …«

»Was?«

»Danke für das Kompliment.«

»Welches Kompliment?«

»Sie wollen, dass ich Ihnen helfe. Das ist aus Ihrem Mund ein Kompliment.«

»Nun bilden Sie sich mal bloß nichts ein. Ich schicke gleich die Adresse.« Ein gleichmäßiges Tuten zeigte an, dass Menkhoff aufgelegt hatte.

Schon während des Gesprächs war es auf der Straße langsam weitergegangen, und nachdem Max ein paar Minuten später an einer Baustelle vorbeikam, hatte er wieder halbwegs freie Fahrt. Als die Nachricht von Menkhoff mit der Adresse des Mädchens auf seinem Handy eintraf, warf er einen Blick darauf und sah, dass sie mit ihren Eltern in Rath-Heumar wohnte. Kurzentschlossen verließ er bei der nächsten Abfahrt die Autobahn und fuhr bei der Gegenrichtung wieder auf.

Fünfundzwanzig Minuten später parkte er in der Einfahrt neben einem modernen, recht großen Einfamilienhaus. Max überlegte, dass man gut verdienen musste, um sich ein solches Domizil leisten zu können.

Der Mann, der auf sein Klingeln hin öffnete, war etwa

einen Meter neunzig groß und brachte mindestens dreißig Kilo zu viel auf die Waage. Max fühlte sich ihm gegenüber unweigerlich klein und schmächtig.

»Herr Bischoff?«, fragte er zu Max' Verblüffung.

»Ja, der bin ich. Und Sie müssen Herr Bohrens sein. Aber woher wissen Sie …«

»Herr Menkhoff von der Kriminalpolizei hat angerufen und uns gesagt, dass Sie sich bei uns melden werden. Er hat uns gebeten, mit Ihnen zu sprechen, obwohl Sie kein Polizist sind.«

Seine Stimme hatte einen wohlwollenden Klang und machte ihn sympathisch.

»Sind Sie Privatdetektiv?«

Max lächelte. »Nein, nicht im eigentlichen Sinn. Ich war früher Kriminalbeamter und unterrichte jetzt an der Uni.«

»Ah, interessant. Und warum möchten Sie mit Alina reden? Es geht doch sicher um die Entführungen vor sechs Jahren.«

»Ja, genau. Herr Benz hat mich um Hilfe bei der Aufklärung der Entführung seiner Tochter gebeten. Temporär bin ich also wohl doch so etwas wie ein Privatdetektiv.«

»Ach, Benz …« Die Art, wie Bohrens den Namen aussprach, klang nicht danach, als ob die beiden gute Freunde wären.

»Sie mögen ihn nicht?«

»Nein, aber das spielt keine Rolle. Es geht ja nicht um ihn.«

»Genau. Ist Ihre Tochter denn zu Hause?«

»Ja.« Er trat zur Seite. »Bitte, kommen Sie doch rein.«

Im großzügigen, hellen Eingangsbereich des Hauses, der

einen Blick ins offene Wohnzimmer und auf die darüberliegende Galerie erlaubte, wandte sich Bohrens an Max.

»Bevor Sie mit Alina reden, müssen Sie etwas wissen. Leni war ihre Freundin. Alina hat ihr Verschwinden nie ganz überwunden. Seitdem ist sie ... nicht immer ganz einfach. Bitte sehen Sie es ihr nach, wenn sie vielleicht seltsam auf Fragen nach Leni reagiert. Es ist ihre Art, das zu verarbeiten, was geschehen ist.«

Max nickte. »Ja, natürlich, das verstehe ich.«

Die Kreise, die die Taten von Sexualstraftätern zogen, und die Leben, die sie zusätzlich zu denen ihrer Opfer zerstörten, machten Max immer wieder fassungslos.

»Gut, dann nehmen Sie doch bitte dort im Wohnzimmer Platz. Ich hole Alina.«

Max ging auf die graue Wohnlandschaft zu, die in der Mitte des großen, weiß gefliesten Raums stand und diesen dominierte, ließ sich auf einen bequemen Sessel nieder, und sah sich um.

Das Weiß der Wände hätte zusammen mit dem Boden steril gewirkt, wäre es nicht von mehreren bunten Bildern unterbrochen worden. Einige davon waren gerahmt, zwei großflächige, abstrakte Malereien nur auf Keilrahmen gespannt. Max erkannte drei Werke von Udo Lindenberg, die, wie er wusste, der Sänger mit verschiedenfarbigen Likören gemalt hatte. Diese Art von Kunst war sicher Geschmackssache, aber für Sammler vielleicht eine gute Investition.

»So«, sagte Bohrens hinter ihm, und Max wandte sich um. »Das ist meine Tochter Alina. Alina, das ist Herr Bischoff. Du erinnerst dich sicher an Hauptkommissar Menkhoff.

Der hat Herrn Bischof zu uns geschickt, damit er sich mit dir unterhalten kann.«

Alina hatte die Gene ihres Vaters mitbekommen, zumindest, was die Größe anging. Max schätzte sie auf einen Meter achtzig, beachtlich für ein siebzehnjähriges Mädchen. Anders als ihr Vater war sie schlank, die hellblonden Haare hatte sie zu einem Zopf geflochten, der ihr bis über die Brust reichte.

Alina grüßte Max mit einem Kopfnicken und setzte sich auf einen Sessel ihm gegenüber.

Max rutschte ein Stück nach vorn und sah das Mädchen an. Sie wich seinem Blick aus und schaute an ihm vorbei. »Alina, ich habe ein paar Fragen zu Leni. Ist das in Ordnung?«

»Sind Sie Psychiater?«

»Nein, ich bin ehemaliger Polizist und unterstütze Herrn Menkhoff in diesem Fall. Darf ich Du sagen?«

Alina nickte kaum merklich.

»Okay. Kannst du mir sagen, wie dein Verhältnis zu Leni war?«

»Sie war meine Freundin.« Alinas Stimme klang monoton, als würde sie einen langweiligen Text vorlesen.

»Kannst du mir etwas über sie sagen? Wie war sie so?«

»Sie war traurig. Immer.«

»Weißt du, warum sie traurig war?«

Nun richtete sich ihr Blick wieder auf Max. »Wissen Sie das nicht?«

»Nein.«

»Wenn sie bei mir war, wollte sie nie nach Hause. Reicht das?«

Max warf einen Blick zu Alinas Vater, der mit den Schultern zuckte, als wollte er sagen: *Ich habe Sie gewarnt.*

»Nein, Alina, das reicht mir ehrlich gesagt noch nicht. Was war der Grund, warum sie nicht nach Hause wollte?«

Alinas Gesicht blieb ausdruckslos, als sie erwiderte: »Vielleicht, weil ihr Vater ein Arschloch ist.«

Max zog überrascht die Brauen hoch. »Das sind harte Worte. Warum glaubst du, dass Herr Benz ein Arschloch ist?«

»Das ist eben so.«

»Es würde mir sehr weiterhelfen, wenn du das ein bisschen näher beschreiben könntest.«

Erneut blickte Alina an Max vorbei. »Das ist Ihr Problem.«

Max tauschte einen weiteren Blick mit Alinas Vater, der wieder nur mit den Schultern zuckte. Der Mann hatte mit seiner Warnung hinsichtlich seiner Tochter nicht übertrieben.

»Alina, ist es dir denn egal, ob Lenis Verschwinden aufgeklärt wird oder nicht?«

»Da gibt es nichts aufzuklären.«

»Wie meinst du das?«

»So, wie ich es gesagt habe.«

»Gut, lass es uns mal anders angehen. Gibt es etwas, das du mir sagen kannst, das mir vielleicht dabei helfen könnte, ihr Verschwinden aufzuklären?«

Ihr Blick richtete sich direkt auf seine Augen. »Ja, verdammt. Sie ist wieder da. Ich habe sie gesehen.«

29

»Was?«, stieß Bohrens überrascht aus und erhob sich mit einer für seine Körperfülle beachtlichen Geschwindigkeit. »Wann hast du sie gesehen? Und wo? Und warum hast du nichts davon gesagt?«

»Vorgestern Nacht, sie hat vor dem Haus gestanden. Reicht das?«

»Wie bist du auf sie aufmerksam geworden?« Max konnte eine gewisse Aufregung nicht verleugnen. Die blonden Haare waren ihm wieder eingefallen, die er glaubte, im Gebüsch gegenüber von Benz' Haus gesehen zu haben.

»Ist doch egal.« Mit einem Ruck stand Alina auf. »Sie hat Steine gegen mein Fenster geworfen. Ich hab rausgeschaut, und da stand sie und hat zu mir hochgesehen. Reicht das jetzt?«

Sie wollte schon losgehen, doch Max fragte schnell: »Hast du sie deutlich erkannt?«

»Was weiß ich denn, wie sie jetzt aussieht? Aber sie war es.« Mit schnellen Schritten verließ sie das Wohnzimmer. Kurz darauf knallte oben eine Tür.

»Es tut mir leid«, sagte Bohrens, als er Max zur Tür begleitete. »Davon habe ich gerade auch zum ersten Mal gehört, sonst hätte ich sofort Herrn Menkhoff angerufen. Bestimmt hat sie das nur geträumt und glaubt jetzt, es wäre real gewesen. Wo soll Leni sechs Jahre nach ihrem Verschwinden denn herkommen?«

»Ich weiß es nicht, Herr Bohrens.« Max streckte dem großen Mann die Hand entgegen. »Danke jedenfalls, dass ich mich mit Alina unterhalten durfte. Es kann sein, dass ich sie noch einmal sprechen muss.«

Bohrens nickte. »Ich hoffe, sie spielt dann mit. Das weiß man bei ihr nie.«

»Ich versuche es einfach«, erwiderte Max zuversichtlicher, als er sich fühlte. »Bis bald.«

Auf dem Weg nach Hause rief Max erneut bei Menkhoff an und berichtete ihm von seinem Gespräch mit Alina.

»Hm«, brummte Menkhoff. »Ich könnte mir vorstellen, dass Alinas Vater recht hat. Wahrscheinlich haben die neuen Entführungen einiges in ihr wieder aufgewühlt und sie hatte Albträume.«

»Aber ist es nicht ein seltsamer Zufall, dass sie diesen speziellen Traum gerade dann hat, wenn Benz die Sachen seiner Tochter findet und auch glaubt, dass sie wieder da ist?«

»Ich gebe zu, das ist wirklich seltsam, aber trotzdem … Wir sollten uns auf die Fakten konzentrieren.«

»Ja, mal sehen. Ich werde jedenfalls noch mal mit ihr reden.«

»Tun Sie das. Solange sie und ihre Eltern mitspielen.«

»Was ist eigentlich mit ihrer Mutter? Die habe ich nicht gesehen.«

»Seien Sie froh. Die war wohl noch in ihrem Laden. Sie hat ein Juweliergeschäft in der Innenstadt.«

Als Max zu Hause ankam, hatte er schon wieder vergessen, dass er eigentlich etwas hatte essen wollen. Stattdessen ging er ins Schlafzimmer, zog sein Whiteboard hinter dem Schrank hervor und nahm es mit ins Wohnzimmer. Er hatte sich die zwei Meter breite und eineinhalb Meter hohe weiße Tafel während seiner aktiven Zeit zugelegt, um auch zu Hause Fakten aktueller Fälle visualisieren zu können. Im Wohnzimmer räumte er eine Holzschale und ein Foto, auf dem er gemeinsam mit seinen Eltern und Kirsten zu sehen war, vom Sideboard und stellte das Whiteboard darauf ab. So konnte er im Stehen daran arbeiten und Stifte, Magnete, und was er sonst an Arbeitsmaterialien brauchte, davor ablegen.

Nachdem er alles vor dem Whiteboard angeordnet hatte, trat er zwei Schritte zurück und betrachtete die Tafel. Dabei fühlte er sich fast so, als hätte es das letzte Jahr nicht gegeben. Fehlte nur noch, dass es an der Wohnungstür klopfte und Böhmer draußen auf ihn wartete.

Max begann, seine Notizen zu sortieren und sie mit kleinen Magneten an verschiedenen Stellen der Tafel anzubringen, wobei er sie nach Personengruppen und dem Datum unterteilte. Auf die linke Seite kam alles, was mit den Fällen sechs Jahre zuvor zu tun hatte, die Mitte war ausschließlich für Informationen reserviert, die mit Leni zu tun hatten, der Platz rechts galt den aktuellen Fällen von Lea und der ermordeten Sofia. Als er alle Notizen angebracht hatte, setzte er sich an sein Notebook und druckte die Fotos aller vermissten Mädchen aus, die er anschließend über den dazugehörenden Notizen auf dem Whiteboard anbrachte, wo er einen dreißig Zentimeter breiten Streifen freigelassen hatte. Von Hannah und Alina fand er keine Fotos, deswegen schrieb er ihre Namen nebeneinander unter Lenis Foto und umrahmte sie.

Max vergaß die Zeit, während er mit schwarzen und roten Stiften Verbindungslinien zwischen einzelnen Notizen zog, Stichworte notierte, markierte und miteinander verband und in einem separaten Feld in der oberen rechten Ecke allgemeine Fragen notierte, die alle Fälle betrafen.

Zwischendurch setzte er sich immer wieder an sein Notebook, um Einzelheiten zu den Geschehnissen damals und zu den aktuellen Fällen zu recherchieren.

Als er irgendwann erschöpft auf seine Couch sank und sein Werk betrachtete, sah das Whiteboard ganz ähnlich aus wie während seiner aktiven Zeit bei der Kripo.

Sein knurrender Magen erinnerte Max daran, dass er den ganzen Tag noch nichts gegessen hatte. Er stemmte sich hoch, ging in die Küche und öffnete den Kühlschrank. Nachdem er den Inhalt eine Weile betrachtet hatte, entschied er sich für eine Hackfleisch-Gemüse-Pfanne und begann mit der Zubereitung.

Eine halbe Stunde später stellte er den Teller mit dem dampfenden Gericht so auf dem Esstisch ab, dass er beim Essen die große Tafel im Blick hatte, dann ging er wieder in die Küche und kehrte kurz darauf mit einem halb gefüllten Weinglas zurück.

Während des Essens betrachtete er immer wieder die Tafel, suchte nach Zusammenhängen und dem roten Faden, der alles miteinander verband.

Als er das Besteck schließlich auf dem leeren Teller ablegte, stellte er zwei Dinge fest:

Erstens – er war sehr müde.

Zweitens – im Fall Leni Benz stand er noch immer am Anfang.

30

Er sitzt vor seinem Computer und starrt auf den Monitor. Sein Mund ist leicht geöffnet, während er die Szenen betrachtet, die sich in dem Videoclip abspielen. Es ist einer von Hunderten Filmchen auf der geheimen Festplatte, die er aus dem Versteck geholt und an den Computer angeschlossen hat.

Er atmet in kurzen, schnellen Stößen, als hätte er gerade einen anstrengenden Lauf hinter sich, während seine Hand sich über der geöffneten Hose immer schneller bewegt.

Er stöhnt, verfolgt mit aufgerissenen Augen wie hypnotisiert das Geschehen auf dem Monitor und spürt das Ziehen in seinen Lenden, dieses Versprechen, dass die Erfüllung ganz nahe ist.

Während die Bewegungen des Protagonisten schneller werden, bewegt sich auch seine Hand in einem hektischen, nicht mehr kontrollierbaren Rhythmus. Aus dem Stöhnen ist wollüstiges Brummen geworden, die Beine hat er wie im Krampf unter dem Tisch ausgestreckt. Dann endlich zieht sich sein Unterleib zusammen, und die Lust explodiert in kurzen, heftigen Stößen, während der Darsteller im Film noch immer mit dem Objekt seiner Begierde beschäftigt ist.

Ermattet lässt er sich in den Bürostuhl zurückfallen. Sein Körper erschlafft, die Schweißperlen auf seiner Stirn laufen ihm jetzt über die Wangen.

Sein Blick ist noch immer auf den Monitor gerichtet, doch sein

Interesse daran ist fast vollkommen erloschen. Der Film, der nur noch wenige Minuten dauern wird, wie er weiß, erregt ihn jetzt nicht mehr. Dennoch kann er nicht anders, als ihn sich bis zum Ende anzuschauen, während seine Hand noch immer auf dem weichen, kümmerlichen Rest dessen liegt, was eben noch groß und hart war.

Zwei, drei Minuten dauert es noch, dann ist das Ende des Films erreicht. Bevor das Bild schwarz wird, beugt er sich nach vorn und hält den Clip an einer Stelle an, an der der Protagonist lächelnd in die Kamera blickt.

Er betrachtet die Gesichtszüge, die glatte Stirn, die kurzen rotblonden Haare, den schlanken, nackten Körper, und er stellt fest, dass er sich seit der Zeit, in der er das Video aufgenommen hat, kaum verändert hat.

Minuten später trennt er die Festplatte vom Computer und nimmt sie mit in die Küche. Dort stellt er sich auf einen Stuhl, tastet einige der Deckenpaneelen ab und drückt vorsichtig gegen eine bestimmte Stelle, woraufhin sich zwei der Paneelen zur Seite schieben lassen. Nachdem er die Festplatte durch den Spalt gesteckt und ein Stück zur Seite geschoben hat, hebt er die Paneelen wieder an ihren Platz und vergewissert sich, dass keine Lücke sichtbar ist und auch sonst nichts auf das Versteck hindeutet. Dann steigt er vom Stuhl und geht ins Bad, um sich zu waschen.

Er fühlt sich auf eine zufriedene Art ermattet und überlegt, dass er den Abend auf der Couch verbringen wird.

Als er wenig später die Küche mit einem belegten Toastbrot in der einen und einer Flasche Bier in der anderen Hand verlässt, ist draußen die Dämmerung schon so weit fortgeschritten, dass das Wohnzimmer dunkel ist, als er es betritt. Er versucht, mit der

Hand, in der er die Flasche hält, den Lichtschalter zu betätigen, doch es will ihm nicht gelingen. Mit einem Fluch tastet er sich zum Couchtisch vor, stellt den Teller mit dem Toast auf den Tisch, die Flasche daneben und geht zurück zur Tür. Er betätigt den Lichtschalter, doch der Raum bleibt dunkel. Auch ein zweiter und dritter Versuch ändern nichts daran. Gerade will er sich abwenden, um nach den Sicherungen zu sehen, als ein irrer Singsang ihn erstarren lässt.

»Finster, finster, finster, finster,
nur der Glühwurm glüht im Ginster
und der Uhu ruft im Grunde,
Geisterstunde.
Schwarze Raben krächzen
und Gespenster ächzen:
ui, ui, uii.«

»Leni«, stößt er aus. »Leni, mein Schatz, bist du das?«

Er versucht, mit halb zusammengekniffenen Augen die Dunkelheit zu durchdringen, doch er kann nichts erkennen. Allerdings wagt er auch nicht, sich zu bewegen.

»Willst du mit mir spielen, Papsi?«, antwortet die gekünstelte, irre klingende Mädchenstimme.

»Leni, ich …«, setzt er an, stockt aber, als er eine Bewegung auf der anderen Seite des Wohnzimmers wahrnimmt. Eine Gestalt schält sich unendlich langsam aus der Dunkelheit.

»Ja? Spielst du mit mir, Papsi? So wie früher?«

Die Stelle, an der das Gesicht der Gestalt sein muss, ist eine im Vergleich zum Hintergrund nur unwesentlich hellere, konturlose Fläche. Aber er kann Haare erkennen, die bis weit über die Schultern fallen. Blonde Haare. »Leni«, stöhnt er heiser auf. »Du bist es wirklich. Mein kleiner Engel.«

»Mach deine Hose auf, Papsi«, sagt die Kinderstimme und jagt ihm einen eiskalten Schauder über den Rücken. »So wie früher.«

»Leni, ich … Du verstehst das nicht, ich …«

»Los, mach deine Hose auf und zieh sie runter«, knurrt die Stimme nun dunkel und hört sich nicht mehr wie die eines kleinen Mädchens, sondern eher wie die einer wahnsinnigen Frau an. »Nimm dein kleines, schmutziges Ding heraus, damit wir spielen können. Papsi. Zeig es mir und frag mich, ob es mir gefällt.«

Jetzt erkennt er, dass die blonde Gestalt einen Arm erhoben hat und etwas hält, das eine Waffe sein kann.

»Leni, bitte, was tust du denn da?« Seine Stimme klingt weinerlich, doch das ist ihm egal. Er hat Angst wie noch nie zuvor in seinem Leben. »Ich bin es doch, dein … Papsi. Ich liebe dich doch.«

»Finster, finster, finster, finster, nur der Glühwurm glüht im Ginster. Los, zeig mir deinen alten, verschrumpelten Glühwurm, Papsi.«

Als er nicht reagiert, hört er ein Klicken und weiß definitiv, dass sie eine geladene Waffe in der Hand hält.

»Runter mit der Hose – raus mit dem Wurm«, singt die Gestalt nun wieder mit Kleinmädchenstimme.

Mit zitternden Händen nestelt er an seiner Gürtelschnalle herum, schafft es schließlich, sie zu öffnen, während die Gestalt weiterhin regungslos dasteht.

»Leni, ich habe das damals doch nur getan, weil ich dich so sehr liebe, ich …«

»Los jetzt!«

Er öffnet den Knopf, den Reißverschluss, dann fällt die Hose auf die Knöchel, und er steht nur in Unterhose da.

»Raus mit dem Wurm«, befiehlt die Frauenstimme.

Mittlerweile halb verrückt vor Angst, schiebt er die Unterhose auf seine zitternden Knie.

»Nein, er gefällt mir nicht«, sagt die Stimme. »Ich finde ihn zum Kotzen ekelhaft. Und jetzt – umdrehen, Papsi.« Er kommt der Aufforderung nach und kehrt ihr den Rücken zu. Er starrt auf die geöffnete Wohnzimmertür, sein Puls rast. Keine Chance zur Flucht.

Er denkt fieberhaft darüber nach, was sie vorhaben könnte, als plötzlich ein Arm auf Hüfthöhe vor ihm auftaucht und ein Körper sich gegen seinen Rücken drückt. Im nächsten Moment spürt er einen stechenden Schmerz an seinem Penis und stößt einen spitzen Schrei aus.

»Psssst, Papsi«, haucht die Stimme direkt neben seinem Ohr, und er nimmt ihren warmen Atem wahr. »Jetzt spielen wir ein anderes Spiel. Ich stelle dir eine Frage. Wenn du richtig antwortest, bin ich gleich wieder weg und warte, ob du zu deiner Antwort stehst. Gefällt dir das Spiel?«

Als er nicht gleich antwortet, weil die Angst ihm die Kehle zuschnürt, zuckt ihre Hand kurz, und das Stechen wird zu einem heißen Schmerz.

»O Gott, bitte nicht. Tu das nicht, Leni, ich wollte doch …«

»Sag mir, gefällt dir das Spiel? Erinnerst du dich, dass das immer deine Frage war, wenn du mit mir … gespielt hast? Also, ich frage dich zum letzten Mal: Gefällt dir das Spiel?«

»Nein«, sagt er leise, und als ihre Hand daraufhin wieder zuckt und ihm Schmerzen zufügt, wiederholt er laut: »Nein, nein, das Spiel gefällt mir nicht. Bitte hör auf damit. Bitte!«

»Oh, das waren ja genau meine Worte. Damals. Du hast sie dir gut gemerkt. Und jetzt kommt die eigentliche Frage, Papsi:

Wirst du morgen früh zur Polizei gehen und ihnen alles erzählen?«

»Was? Aber ich …« Glühende Pfeile schießen von seinem Unterleib aus durch seinen Bauch, er krümmt sich zusammen und hat Mühe, sich auf den Beinen zu halten.

»Ein letztes Mal, dann ist der Wurm ab: Wirst du zur Polizei gehen und ihnen alles erzählen? Alles?«

31

Als das Telefon ihn aus dem Schlaf riss, hatte Max das Gefühl eines Déjà-vu-Erlebnisses. Gleich darauf erkannte er jedoch, dass es – anders als beim Anruf in der vergangenen Nacht – schon hell war. Noch während er nach dem Telefon griff, erinnerte er sich, dass er am Abend zwei Gläser Wein vor dem Whiteboard getrunken hatte und dann vollkommen erledigt ins Bett gegangen war.

Der Anrufer war allerdings derselbe wie in der Nacht zuvor.

»Herr Menkhoff!«, sagte Max mit rauer Stimme. »Was kann ich für Sie tun?«

»Haben Sie um diese Zeit etwa noch geschlafen? Es ist halb acht. Sie können Ihren schmalen Hintern aus dem Bett schieben, sich anziehen und dann zum Haus von Robert Benz kommen.«

»Haben Sie Benz etwa verhaftet? Haben Sie etwas gegen ihn in der Hand?«

»Zweimal nein. Benz ist tot.«

»Scheiße!« Max' Gedanken überschlugen sich. »Wie?«

»Kopfschuss. Und mit seinem Schniedel hat sich der Täter auch beschäftigt. Nicht schön. Wenn Sie herkommen wollen, sollten Sie sich beeilen.«

»Ich mache mich sofort auf den Weg.«

Nach einer hastigen Katzenwäsche schlüpfte Max in Jeans und Shirt und saß Minuten später im Auto.

Benz war mit einem Kopfschuss getötet und – wenn Max das richtig verstanden hatte – an den Genitalien verstümmelt worden. Das deutete möglicherweise auf die Rache eines Opfers hin. Oder es sollte so aussehen. Max wusste nicht, wie er darauf kam, aber ihm fiel wieder seine Beobachtung vor Benz' Haus ein, als er glaubte, auf der gegenüberliegenden Seite hinter einem Busch blonde Haare gesehen zu haben. Er schalt sich einen Narren, dass er in diesem Moment nicht sofort hinübergegangen war und nachgesehen hatte.

Vor dem Haus parkten mehrere Einsatzfahrzeuge, so dass Max seinen Wagen vor dem Nachbargrundstück abstellen musste. Eine Frau um die sechzig lehnte im Erdgeschoss aus dem Fenster und beobachtete ihn. Als er ausstieg, sagte sie: »Gehören Sie auch zu denen?« Mit *denen* meinte sie wohl die Einsatzkräfte in Benz' Haus. »Die waren schon hier und haben mir Fragen gestellt. Aber ich habe nichts gesehen. Habe Besseres zu tun, als Tag und Nacht am Fenster zu hängen.«

Max ignorierte sie und ging los. Die Haustür von Benz' Haus stand offen. Als er den Vorgarten betreten wollte, wurde er von einem jungen Uniformierten aufgehalten, der sich ihm in den Weg stellte. »Sie können hier nicht rein.«

»Mein Name ist Max Bischoff. Würden Sie bitte Hauptkommissar Menkhoff sagen, dass ich hier bin?«

»Das ist nicht nötig«, rief ein Mann aus dem Flur, den Max als Menkhoff erkannte. »Lassen Sie ihn durch.«

Der Polizist trat zur Seite und deutete zur geöffneten Tür. »Bitte.«

Menkhoff wartete im Flur. Als Max auf ihn zuging, sagte er: »Ich pfeife auf Dienstgrade, aber wenn Sie ihn schon erwähnen, dann tun Sie das gefälligst richtig. Ich bin Erster Kriminalhauptkommissar. Und jetzt kommen Sie.«

Robert Benz lag in seinem Wohnzimmer verkrümmt auf dem Rücken, um den Kopf herum hatte sich eine große, bereits eingetrocknete Blutlache gebildet, die an einer Stelle am Rand verschmiert war. Dort war das Blut ein Stück weit über den Holzfußboden verteilt worden, was so aussah, als hätte jemand mit einem Lappen darüber gewischt. Das rechte Auge war nicht mehr vorhanden, stattdessen klaffte dort eine Austrittswunde etwa so groß wie ein Tischtennisball. Benz war also von hinten erschossen worden.

Die Hose war bis zu den Knöcheln heruntergezogen. Das linke Bein ein Stück weit angewinkelt, beide Oberschenkel waren blutverschmiert. Max sah sofort die Verletzungen am Penis des Mannes. Es waren mehrere Schnittwunden. Sicher schmerzhaft und, wie Menkhoff es ausgedrückt hatte, tatsächlich *nicht schön*, aber auch ohne die Einschätzung des Rechtsmediziners, der neben der Leiche in die Hocke gegangen war und Benz' Kopf zur Seite gedreht hatte, wusste Max, das diese Schnittwunden allein nicht tödlich gewesen wären.

Menkhoff deutete mit dem Kinn zu Benz hin. »Für Ihr Honorar sehe ich schwarz. Sieht für mich nach einer Abrechnung aus, was meinen Sie?«

»Ja, so sieht es tatsächlich aus. Oder es *soll* so aussehen.«

»Der junge Mann vom Brötchenlieferdienst hat bemerkt, dass die Haustür offen stand, als er gegen Viertel nach sechs hier eintraf. Er hat geklingelt, und als niemand sich regte, kam ihm das seltsam vor. Er hat die Eins-Eins-Null gewählt, und die von der Einsatzzentrale haben zwei Kollegen hergeschickt. Die haben Benz dann gefunden.«

Der Arzt erhob sich und wandte sich an Menkhoff. »Auf den ersten Blick tippe ich auf einen relativen Nahschuss mit einer Handfeuerwaffe. Sieht aus wie eine Hinrichtung, aber nageln Sie mich nicht fest, Genaueres kann ich erst nach der Obduktion sagen.« Der Arzt sprach etwas nasal, was seinen Worten einen Hauch von Überheblichkeit verlieh.

Menkhoff nickte ihm zu. »Danke. Wann kann ich mit dem Bericht rechnen?«

»Sobald ich fertig bin. Es ist Wochenende.«

»Könnten Sie sich trotzdem beeilen?«

Der Arzt blickte ihn ungerührt an. »Ich wiederhole: Es ist Wochenende.«

Max bemerkte noch, wie sich Menkhoffs Oberkörper straffte, dann polterte der Hauptkommissar los. »Wir haben zwei entführte kleine Mädchen. Eines davon haben wir gerade aufgefunden, brutal missbraucht und ermordet. Das zweite Kind – sie ist übrigens sieben Jahre alt – wird vielleicht noch irgendwo da draußen gefangen gehalten. Obwohl ich davon ausgehe, dass der Entführer hier vor uns auf dem Boden liegt, ist es doch möglich, dass sein Mörder vielleicht auch etwas damit zu tun hat. Wenn wir ihn fassen, können wir das Kind vielleicht noch retten. Erzählen Sie mir also jetzt nichts von Wochenende und bewegen Sie gefälligst Ihren Hintern hier raus und tragen Ihren Teil dazu bei, dass dieses Kind eine Chance hat zu überleben!«

Der Arzt starrte Menkhoff fassungslos an, während seine

Wangen eine dunkelrote Farbe annahmen. Als er es endlich schaffte, den Blick von seinem Gegenüber zu lösen, nickte er hastig und drückte sich an Menkhoff vorbei nach draußen.

Max kam nicht umhin, für Menkhoff trotz seiner polternden und oft unausstehlichen Art eine gewisse Sympathie zu empfinden. Sein Blick fiel wieder auf Benz' Genitalien. »Seltsam ist das schon.«

»Was meinen Sie?«

»Diese Verletzungen an seinem Penis. Sie deuten darauf hin, dass der Täter offenbar annimmt, Benz habe jemanden sexuell missbraucht. Wenn ein Missbrauchsopfer sich aber an ihm rächen wollte oder – was ich für wahrscheinlicher halte – jemand das als Vergeltung *für* ein Opfer getan hat, warum sind die Verletzungen im Genitalbereich dann verhältnismäßig harmlos?«

»Sie meinen, dieser Jemand hätte ihm sein Ding eher abgeschnitten?«

»Ja. Weil es dieses *Ding* war, mit dem er die vermeintlichen Taten begangen hätte.«

»Das heißt, Sie glauben, dass der Täter nur einen Racheakt vortäuschen wollte?«

»Das halte ich zumindest für gut möglich. Wahrscheinlicher jedenfalls, als dass jemand aus Rache ein bisschen mit dem Messer rumschnippelt, ihn dann aber mit einem Kopfschuss tötet.«

»Tja, warten wir mal ab, ob bei dem, was die Spurensicherung bisher hat, vielleicht etwas Verwertbares dabei ist und was der Schnösel von der Rechtsmedizin bei der Obduktion herausfindet.«

»Was mag das am Rand der Blutlache wohl sein?«

»Keine Ahnung, schauen wir mal, was die Kollegen dazu sagen. Vielleicht ist der Täter aus Versehen da reingetreten und hat dann den Fußabdruck verwischt, den er hinterlassen hat.«

»Dann müsste es weitere Spuren auf dem Boden geben. Das werden Ihre Kollegen ja mit Luminol feststellen. Wie auch immer, Sie haben eben etwas zu dem Arzt gesagt, was mir keine Ruhe lässt. Das zweite entführte Mädchen, Lea, wird vielleicht noch irgendwo da draußen gefangen gehalten.«

»Ich weiß. Vielleicht …«

»Wir sollten auf jeden Fall davon ausgehen und alles unternehmen, um sie zu finden.«

»Das tun wir selbstverständlich …«

»Da fällt mir ein«, unterbrach Max ihn, »was ist eigentlich bei der Untersuchung von Lenis Rucksack und den anderen Sachen herausgekommen?«

Menkhoff schüttelte den Kopf. »Wie zu befürchten war, nichts, was uns weiterbringt. Hauptsächlich Abdrücke von Benz und einem gewissen Herrn Bischoff. Ansonsten nur …« Menkhoff stockte, weil Max' Handy klingelte, und nickte zum Zeichen, dass er das Gespräch annehmen sollte. Die Nummer auf dem Display war Max unbekannt.

»Herr Bischoff?« Eine Mädchenstimme.

»Ja, wer spricht da? Hannah?«

»Ja, hier ist Hannah. Sie sagten, ich soll Sie anrufen, wenn etwas wäre.«

»Ja, sicher.« Max sah Menkhoff an und hob die Brauen. »Danke, dass du dich meldest. Worum geht es?«

»Ich habe … Ich glaube, ich habe heute Nacht jemanden in unserem Garten gesehen. Ein Mädchen. Sie hatte lange blonde Haare.«

»Was?«, sprudelte es aus Max heraus. Erneut dachte er an seine Beobachtung an den Büschen gegenüber von Benz' Haus. »Bist du sicher?«

»Nein, aber … doch, ziemlich sicher. Denken Sie, das könnte Leni gewesen sein?«

»Ich weiß es nicht. Sind deine Eltern zu Hause?«

»Ja.«

»Hast du ihnen davon erzählt?«

»Ja, mein Vater sagte, ich soll Sie anrufen. Aber das hätte ich sowieso getan.«

»Gut, ich komme gleich zu dir, okay?«

»Ja, ist gut.« Damit legte sie auf.

Max ließ das Telefon sinken und sah Menkhoff an. »Hannah hat heute Nacht jemanden mit langen blonden Haaren im Garten gesehen.«

Auf Menkhoffs Stirn zeigten sich Falten. »Da bin ich aber mal gespannt. Ich denke, ich werde gleich mitkommen.«

»Das halte ich für keine gute Idee«, widersprach Max. »Nehmen Sie es mir nicht übel, aber ich befürchte, auf jemanden wie Hannah könnten Sie ein wenig Furcht einflößend wirken.«

Den Blick, mit dem der Hauptkommissar ihn bedachte, konnte Max nicht einordnen, doch schließlich grinste Menkhoff. »Da haben Sie wohl recht. Damals durfte ich nur im Beisein einer Kinderpsychologin mit ihr reden, aber da war sie auch erst elf. Also gut, ich bin auf Ihren Bericht gespannt.«

Nun musste Max lächeln. »Die Zeiten, in denen ich Berichte geschrieben habe, sind Gott sei Dank vorbei, aber ich werde Sie natürlich gleich nach meinem Gespräch mit Hannah anrufen und Ihnen davon *berichten*.«

»Nun verschwinden Sie schon, Sie impertinenter Kerl.«

Mit einem Blick auf den toten Robert Benz sagte Max: »Nichts lieber als das. Ach, und noch etwas: Schicken Sie bitte jemanden auf die andere Seite zu dem unbebauten Grundstück. Ich glaube, ich habe bei meinem letzten Besuch dort jemanden kauern sehen. Jemanden mit langen blonden Haaren.«

»Was? Und warum haben Sie …«

»Ja, tut mir leid, das war ein Fehler. Ich war mir nicht sicher.«

Die Nachbarin schaute noch immer aus dem Fenster, als Max auf sein Auto zuging. »Da sind Sie ja schon wieder. Wollen Sie mir jetzt etwa auch Fragen stellen? Ich habe Ihren Kollegen doch schon gesagt, dass ich nichts gesehen habe.«

»Einen schönen Tag noch«, sagte Max und stieg in seinen Wagen.

32

Hannah saß an derselben Stelle wie bei seinem letzten Besuch, die Beine auf das Polster hochgezogen, und sah sehr blass aus, als Max das Wohnzimmer betrat.

»Hallo, Hannah«, begrüßte er das Mädchen, woraufhin sie mit einem leisen »Hallo« antwortete.

Nach einem Blick zu ihren Eltern, die sich zu beiden Seiten von ihr auf die Couch gesetzt hatten, ließ er sich auf dem Sessel nieder, auf dem er ebenfalls schon mal gesessen hatte.

»Ich möchte nicht lange stören«, begann Max, »deshalb komme ich gleich zur Sache. Vor allem möchte ich dir noch mal danken, dass du mich angerufen hast.«

»Aber ich weiß doch gar nicht, ob da wirklich jemand gewesen ist oder ob ich mir das nur eingebildet habe.«

Max schüttelte den Kopf, während er seinen Notizblock und einen Stift auf dem Tisch vor sich ablegte. »Es war so oder so richtig, mich anzurufen. Lass uns am besten damit beginnen, dass du mir einfach erzählst, was genau geschehen ist.«

»Okay, also … ich bin heute Nacht wach geworden, ich weiß nicht, wovon. Ich wollte mich umdrehen und weiterschlafen, da habe ich draußen etwas gehört. Es war wie …« Sie schien nach Worten zu suchen.

»Du hast gesagt, es hat sich angehört wie ein Ast, der gebrochen ist«, sagte ihre Mutter.

»Ja, genau. Als ob jemand auf einen Ast getreten ist. Ich habe mich aufgesetzt und wusste nicht, was ich tun sollte.« Sie machte eine kurze Pause, die Max nutzte.

»Wo ist dein Zimmer?«

»Oben.«

»Hm ... schläfst du bei offenem Fenster?«

»Ja, sonst hätte ich das ja nicht hören können. Ich habe also gewartet, ob da noch weitere Geräusche kommen. Und ich hatte Angst, dass ich wieder etwas hören würde, weil ich nicht wusste, was ich dann tun sollte. Es hat vielleicht eine Minute gedauert, da hat es draußen wieder geknackt. Ich habe all meinen Mut zusammengenommen und bin aufgestanden.«

»Hast du das Licht angemacht?«

»Nein. Wenn es draußen dunkel ist und in einem Zimmer brennt Licht, dann kann man von draußen doch alles in dem Zimmer sehen. Und wenn man aus einem hellen Zimmer rausschaut, sieht man nur Dunkelheit.«

Max machte sich ein paar Notizen und schürzte dann die Lippen. »Das sind sehr pragmatische Gedanken, die du dir da gemacht hast. Dein Verstand scheint in dieser Situation perfekt funktioniert zu haben.«

»Zweifeln Sie an dem, was meine Tochter sagt?«, fragte Hannahs Mutter mit einer Portion Entrüstung in der Stimme.

Bevor Max antworten konnte, verdrehte Thomas Reinhard die Augen. »Das tut er nicht, für mich klang das eher anerkennend.«

»So ist es«, bestätigte Max. »Aber erzähl doch bitte weiter, Hannah. Was ist dann passiert?«

»Also, ich bin aufgestanden, zum Fenster gegangen und habe rausgeschaut. Und da habe ich sie gesehen. Da war eine Gestalt, ein Mädchen. Sie hat vor der Kirschlorbeerhecke gestanden und … hat zu mir hochgesehen.«

»Konntest du ihr Gesicht erkennen?«

»Nein, dazu war es zu dunkel. Nur die langen blonden Haare habe ich gesehen.«

»Ist dir vielleicht sonst etwas an ihr aufgefallen? War sie eher groß oder klein, schmal oder kräftig? Oder ihre Kleidung … was hatte sie an?«

»Das … nein, ich weiß nicht, wie groß sie war, ich hab sie doch nur von oben gesehen. Und was sie anhatte … irgendwas Dunkles. Keine Ahnung.«

»Können Sie sich nicht vorstellen, dass meine Tochter in diesem Moment andere Sorgen hatte, als auf so etwas zu achten?«, warf Hannahs Mutter ein. Max ignorierte sie und hielt den Blick auf Hannah gerichtet.

»Wenn es so dunkel war, warum glaubst du dann, dass sie zu dir hochgeschaut hat?«

»Ich habe gespürt, dass sie mich angesehen hat. Und …«

Hannah senkte den Kopf und betrachtete ihre Finger, die sie nervös ineinander verknotete.

Max wartete, ob sie weitersprechen würde. Als sie keine Anstalten machte, hakte er vorsichtig nach. »Und?«

Sie hob den Kopf und sah ihn wieder an. »Ich glaube, das war Leni.«

»Hannah«, sagte ihr Vater mit sanfter Stimme, »wenn du doch das Gesicht nicht erkannt hast und …«

»Es war Leni«, beharrte sie trotzig.

Max beugte sich ein wenig nach vorn. »Was genau lässt dich glauben, dass es Leni war?«

»Ich weiß es einfach. Sie war meine beste Freundin. Ich habe gespürt, dass sie da unten gestanden hat.«

»Gut. Gehen wir mal davon aus, es ist Leni gewesen. Was hast du als Nächstes gemacht?«

»Ich bin zu Papa gegangen.«

»Du bist also zu deinen Eltern ins Schlafzimmer gegangen und hast sie geweckt?«

Hannah schüttelte den Kopf. »Nein, ich bin zu Papa gegangen.«

»Wir ... haben getrennte Schlafzimmer«, erklärte Hannahs Vater und warf einen schnellen Blick zu seiner Frau.

Max rügte sich selbst für den Gedanken, dass er den Mann verstehen konnte.

»Es stimmt«, übernahm Thomas Reinhard die weitere Schilderung. »Sie kam zu mir und hat mich geweckt und mir erzählt, was sie draußen gesehen hat. Wir sind dann zusammen in ihr Zimmer gegangen und haben nachgesehen.«

»Und? War sie noch da?«

Hannah schüttelte verzweifelt den Kopf. »Nein, sie war weg. Aber ich schwöre, da hat jemand im Garten gestanden, und ich glaube immer noch, dass es Leni war.«

Als Max Hannahs Vater ansah, zog der kurz die Brauen hoch. Es schien, als wollte er Max auf diese Art sagen: *Das ist natürlich Quatsch, aber was soll ich machen?*

»Papa ist dann zurück in sein Zimmer, und ich bin wieder ins Bett gegangen. Schlafen konnte ich aber nicht mehr.«

»Das verstehe ich gut, das wäre mir nach dem Erlebnis

wahrscheinlich genauso gegangen. Aber da gibt es noch etwas anderes, was ich dich fragen möchte. Ist das okay?«

»Ja, was denn?«

»Warum hast du mir nichts von Alina erzählt?« Max beobachtete Hannahs Gesicht genau, so dass ihm das kurze Zucken ihrer Augen nicht verborgen blieb.

»Weil sie nicht wichtig ist.«

»Aber sie war doch auch Lenis Freundin.«

Hannahs Mundwinkel zogen sich nach unten. »Sie war nie Lenis Freundin. Das hätte Alina vielleicht gern gehabt. Sie war aber lediglich eine Klassenkameradin, mehr nicht. Sie haben sich nur selten gesehen.«

»Hm … ich habe da ein Verständnisproblem, vielleicht kannst du mir helfen. Du sagtest ja schon, dass Leni kaum Kontakt zu anderen hatte, weil sie so … in sich gekehrt war. Wieso legt Alina dann so viel Wert darauf, sie als ihre Freundin auszugeben?«

»Das kann ich Ihnen nicht sagen. Vielleicht findet sie, es macht sie zu etwas Besonderem, wenn sie sich als Freundin von jemandem ausgibt, der verschwunden ist?«

»Das kann natürlich sein. Trotzdem wundere ich mich, dass du sie nicht erwähnt hast.«

»Ich denke, die Erklärung hat sie Ihnen doch gerade gegeben«, schaltete sich wieder Frau Reinhard ein.

»Ja, natürlich.« Max warf einen Blick auf seine Notizen. »Hannah, gibt es sonst noch etwas, das dir aufgefallen ist?«

Erneut kam die Antwort von ihrer Mutter. »Reicht das denn nicht? Immerhin glaubt Robert doch auch, dass Leni wieder da ist. Und dann ihre Sachen …«

Max sah ein, dass er Benz' Ermordung nicht länger verschweigen durfte, zumal Thomas Reinhard dessen Partner war.

»Zu Robert Benz muss ich Ihnen noch etwas sagen.« Er machte eine kleine Pause, in der er sie der Reihe nach ansah. »Er ist heute Morgen in seiner Wohnung tot aufgefunden worden.«

»Was?«, stießen Reinhard und seine Frau gleichzeitig aus, während Hannah Max nur mit offenem Mund ansah und noch blasser zu werden schien.

»Ja. Er ist erschossen worden.«

Reinhard fuhr sich mit der Hand über den Mund und schüttelte unentwegt den Kopf. »Aber wie ist das möglich? Mein Gott! Erst verschwindet seine Tochter, dann verlässt ihn die Frau und jetzt … Hat die Polizei denn schon eine Ahnung, wer das getan haben könnte?«

»Nein, dazu ist es noch zu früh, aber die Ermittlungen sind bereits angelaufen.«

»Leni!« Hannah sagte es so leise, dass Max sie fast nicht gehört hätte. Er blickte zu ihr hinüber. »Was hast du gesagt, Hannah?«

Tränen liefen ihr über die Wangen, als sie Max ansah. »Leni.« Noch immer war es kaum mehr als ein Flüstern.

»Das war Leni.«

33

»Sie müssen es irgendwie schaffen, dass eine Psychologin sich mit Hannah unterhält«, sagte Max beschwörend ins Telefon. Sofort nachdem er ins Auto eingestiegen war, hatte er Menkhoff angerufen und ihm von seiner Unterhaltung mit Hannah und ihren Eltern berichtet. »Und ich möchte bei dem Gespräch dabei sein.«

»Wie stellen Sie sich das denn vor? Ich kann doch nicht einfach so …«

»Es ist nicht einfach so. Hannah glaubt, Leni in der Nacht im Garten gesehen zu haben, und ist außerdem überzeugt davon, dass sie ihren Vater umgebracht hat. Dafür muss es doch einen Grund geben. Und der kann nur sein, dass Leni ihr vor sechs Jahren etwas erzählt hat, das für Hannah Grund genug ist zu glauben, dass Leni jetzt ihren Vater getötet hat. Ich hatte von Anfang an das Gefühl, dass sie mehr weiß, als sie zugibt.«

»Das heißt, Sie glauben tatsächlich, dass Leni wieder da ist?«

»Hannah glaubt das, und darauf kommt es jetzt an.«

Menkhoff schnaubte. »Bischoff! Glauben *Sie*, dass Leni jetzt wieder auftaucht, obwohl sie im Alter von zehn Jahren spurlos verschwand?«

»Ich halte es zumindest für möglich. Sie kann einem Pädophilenring in die Hände gefallen und dort weitergereicht worden sein.«

»Sechs Jahre lang?« In Menkhoffs Stimme schwangen deutliche Zweifel mit. »Und dann kann sie fliehen und kehrt hierher zurück, um ihren Vater umzubringen? Wirklich?«

»Ja, ich weiß, das klingt verrückt. Und …« Max musste schlucken. »Allein die Vorstellung, was sie, falls es so wäre, in diesen Jahren erleiden musste, raubt einem den Verstand, aber … denkbar wäre es.«

»Also gut. Ich will sehen, was ich machen kann. Aber ich brauche Ihre Aussage über das Gespräch mit Hannah schriftlich. Auch wenn Sie keine Berichte mehr schreiben wollen. Sie sind in dem Fall Zeuge.«

»Ja, gut, bekommen Sie. Wie schnell kann das mit der Psychologin gehen?«

»Keine Ahnung, ich hoffe, schnell.«

»Ach, noch etwas. Wir müssen unbedingt mit Hannah allein sprechen. Sobald ihre Eltern dabei sind – besonders ihre Mutter –, werden ihr von ihnen die Antworten in den Mund gelegt, oder sie beantworten die Fragen einfach selbst.«

»Okay. Ich melde mich.«

Gleich nachdem Max aufgelegt hatte, wählte er Böhmers Nummer.

»Ach, der Herr Privatdetektiv«, meldete sich sein Expartner gutgelaunt. »Guten Morgen!«

»Guten Morgen, Horst. Hast du eine Stunde Zeit?«

»Ähm … ja, klar. Warum?«

»Kann ich zu dir kommen? Ich brauche deine Hilfe.«

»Dann mach dich mal auf den Weg.«

Als Böhmer ihm eine Dreiviertelstunde später die Wohnungstür öffnete, stutzte Max. »Du hast dir den Bart abrasiert?«

Böhmer trug einen kurz gestutzten Bart, seit Max ihn kannte. Ohne dieses Markenzeichen sah er vollkommen verändert aus. Sein Gesicht wirkte rundlicher und hatte im Vergleich zu vorher etwas Weiches, fast Jungenhaftes.

»Ja, ich habe mir gedacht, ich bin jetzt in einem Alter, in dem es nicht schaden kann, das loszuwerden, was einen noch älter aussehen lässt. Wie findest du's?«

»Feminin«, erklärte Max, der entgegen der Mode der letzten Jahre selbst noch nie einen Bart getragen hatte.

Böhmer grinste. »Lass bloß die Finger von mir.« Dann gab er den Eingang frei.

Max merkte, wie gut es ihm tat, sich mit seinem Freund und Expartner zu unterhalten.

»Möchtest du einen Kaffee?«, fragte Böhmer und fügte, ohne eine Antwort abzuwarten, hinzu: »Komm mit in die Küche, dann muss ich die Tassen nicht hin und her tragen.«

Die Küche war recht klein, aber der Platz reichte aus für ein Tischchen mit zwei Stühlen. Max setzte sich, während Böhmer den Kaffeevollautomat einschaltete, eine Tasse darunter stellte und einen der Knöpfe drückte.

»Also, schieß los. Was brennt dir auf der Seele?«

Max wartete, bis das Mahlwerk seine lärmende Arbeit getan hatte. »Du müsstest ein paar Nachforschungen für mich anstellen. Wir haben noch Hoffnung, dass das eine der entführten Mädchen, Lea, vielleicht noch am Leben ist. Wir müssen sie nur schnellstens finden, denn wenn es wirklich

Benz war, der sie entführt hat, dann hat er sie vielleicht irgendwo eingesperrt, wo sie jetzt von niemandem mehr versorgt wird.«

»Okay. Arbeitest du nicht mehr mit Herrn Arschloch zusammen?«

Max musste lachen. »Doch, und ich finde, er ist gar nicht so übel, wie ihm nachgesagt wird. Gewöhnungsbedürftig, aber nicht schlecht.«

Das Mahlwerk lief zum zweiten Mal. Als es fertig war, zuckte Böhmer mit den Schultern. »Da sind wir unterschiedlicher Meinung, aber gut. Warum stellt denn nicht er die Nachforschungen an?«

»Vielleicht tut er es ja von sich aus, aber ich habe ihn schon um einige Dinge gebeten, die uns weiterbringen könnten. Ich möchte nicht, dass er den Eindruck hat, ich würde glauben, er sei kein guter Ermittler. Das könnte er aber denken, wenn ich ihn um jeden Schritt bitte, der eigentlich klar sein sollte.«

Böhmer grinste breit. »Professor Bischoff in Aktion. Möchte den großen Herrn Menkhoff nicht in seiner Ehre kränken, weil er weiß, dass der im Grunde doch ein Arsch ist und ihm keine Informationen mehr gibt, wenn das passiert. Nicht dumm, Max, nicht dumm.«

»Wie auch immer. Hilfst du mir?«

Böhmer stellte eine der heißen Tassen vor Max auf den Tisch und setzte sich zu ihm. »Natürlich helfe ich dir. Aber dazu musst du mir erst mal alles erzählen, was du weißt.«

Max nickte und trank vorsichtig einen Schluck des dampfenden Kaffees. Dann legte er los.

Böhmer hörte ihm geduldig zu und unterbrach ihn kein

einziges Mal. Auch an Stellen, an denen Max eine Pause machen musste, weil ihm das Nachdenken über das, was er gerade berichtete, ziemlich zusetzte, hielt Böhmer sich zurück. Erst als Max sich zurücklehnte und erneut nach seiner Tasse griff, stieß Böhmer prustend die Luft aus. »Das ist heftig. Und du hältst es tatsächlich für möglich, dass die Kleine nach sechs Jahren zurückgekommen ist und den Racheengel spielt?«

»Sehr wahrscheinlich ist es natürlich nicht, aber ja, möglich wäre es.«

»Okay, und was soll ich jetzt für dich recherchieren?«

»Die Standards, Horst. Das Umfeld von Robert Benz, wo hat er sich im Internet herumgetrieben, hat er auf irgendwelchen Portalen etwas gepostet, vor allem auf einschlägig bekannten, und so weiter. Offensichtlich hatte er tatsächlich mit den verschwundenen Kindern zu tun, aber mich stört nach wie vor die Tatsache, dass er mich engagiert hat, um herauszufinden, ob seine Tochter noch lebt und zurückgekommen ist. Er musste doch damit rechnen, dass ich bei der Recherche auf etwas stoße, das ihn verdächtig macht. Und das widerspricht einfach jeglicher Logik.«

»Hm … du weißt, dass ich mit den Kölner Kollegen Ärger bekomme, wenn die herauskriegen, dass ich mit jemandem aus unserer IT in ihrem Fall mitmische.«

»Ja, Menkhoff würde wahrscheinlich aus der Hose springen.«

Zwei, drei Sekunden lang sahen sie sich in die Augen, dann nickte Böhmer grinsend. »Ich helfe dir.«

34

Sie wälzt sich schwitzend hin und her und ahnt, dass sie sich zwischen Traum und Realität befindet.

Wie ein heimlicher Beobachter sieht sie sich selbst, wie sie auf dem Bett liegt und ihn mit angstgeweiteten Augen anstarrt, während er auf sie zukommt. Sie ist noch klein. Gerade einmal zehn Jahre alt.

»Leni, mein Schatz, spielen wir ein Spiel?«

»Nein«, stammelt sie mit dünner Stimme. »Bitte, Papsi, ich möchte das nicht.«

»Aber du liebst mich doch, mein Engel, oder etwa nicht?«

Sie möchte sich selbst befehlen, es zu verneinen, hört sich aber im selben Augenblick sagen: »Doch, Papsi.«

»Na, siehst du. Und große Mädchen zeigen, dass sie jemanden lieben, indem sie schöne Spiele mit ihm spielen. Du bist doch schon ein großes Mädchen.«

Und wieder möchte sie sich befehlen, ihm zu sagen, dass sie nicht groß ist, nicht groß sein will. Niemals. Doch ihr kleines Ich auf dem Bett sagt nichts. Sie presst nur die Oberschenkel fest zusammen, als er sie erreicht hat.

»Nun komm, mein kleiner Schatz, komm zu deinem Papsi in den Arm, und dann zeige ich dir etwas Schönes.«

Er beugt sich über sie und streichelt ihr über den Kopf, während seine Hand über ihren zitternden Körper wandert …

»NEIN!«, schreit sie auf und weiß im nächsten Moment nicht, ob sie sich das nur eingebildet oder wirklich geschrien hat. Sie sitzt aufrecht, ihr Atem geht stoßweise, Haarsträhnen kleben ihr im schweißnassen Gesicht. Mechanisch streicht sie sie weg, starrt benommen vor sich hin.

Noch immer steht sie unter dem Eindruck dessen, was sie gerade erlebt hat. Wieder erlebt hat, wie schon tausendmal zuvor. Diese Situation und andere, aber meistens genau diese Situation.

Sie horcht in sich hinein. Dieses Mal sollte es eigentlich anders sein. Er ist tot. Sie müsste Erleichterung spüren oder Genugtuung, müsste sich frei fühlen …

Nichts davon ist eingetroffen, und sie versteht nicht, warum. Es hat sich kaum etwas an der inneren Kälte geändert, an dieser Taubheit der Gefühle. Sie war gut und nötig für das, was sie tun wollte, aber nun sollte sie weg sein. Das ist sie aber nicht.

Sie muss herausfinden, warum das so ist. Sie spürt, dass sie noch nicht fertig ist. Irgendetwas hat sie offensichtlich vergessen, und sie muss *wissen, was das ist.*

Sie lässt sich zurückfallen, schließt die Augen und hofft, dass die Bilder wiederkommen werden, so schlimm sie auch sind, und sie hofft, dass sie dann erkennt, was ihr bisher entgangen ist.

35

Max war auf dem Rückweg von Böhmers Wohnung, als Menkhoff ihn anrief und zum Mittagessen in eine Pizzeria in der Kölner Innenstadt einlud.

Max war überrascht, der Sinn stand ihm eigentlich nicht danach, aber andererseits konnten sie die Zeit nutzen und über den Fall sprechen. Vielleicht erfuhr er ja etwas Neues, oder es ergaben sich aus ihrer Unterhaltung neue Ansätze.

Er sagte also zu und tippte die Adresse ins Navi ein, die Menkhoff ihm nannte. Ein Parkhaus war gleich um die Ecke der Pizzeria.

Als Max das gutbesuchte Lokal betrat, wartete Menkhoff bereits auf ihn. Er entdeckte ihn an einem Zweiertisch in der Nähe des Eingangs und erklärte dem freundlich lächelnden Kellner, der ihn nach seinen Wünschen fragte, dass er mit dem grauhaarigen Herrn dort drüben verabredet war.

»Danke, dass Sie gekommen sind«, begrüßte Menkhoff ihn und überraschte Max mit der freundlichen Art.

Max setzte sich, schob die kunstvoll gefaltete, rot-weiß karierte Serviette zur Seite und stützte die Ellbogen auf den Tisch. »Gern. Ich hoffe, Sie nehmen mir die Frage nicht übel, aber … stimmt etwas nicht?«

Ein trauriges Lächeln legte sich auf Menkhoffs Lippen,

als er mit dem Kopf wackelte und sagte: »Das kann man so nicht sagen, aber Sie haben schon recht, es hat einen bestimmten Grund, warum ich Sie eingeladen habe. Ich möchte Ihnen etwas erzählen. Etwas sehr Persönliches.«

Der Kellner erschien neben ihrem Tisch, und Max bestellte ein stilles Wasser, das auch der Hauptkommissar vor sich stehen hatte.

Als der junge, schwarzhaarige Mann, der tatsächlich Italiener war, wie man an seinem Akzent hören konnte, sich abgewendet hatte, bemerkte Max, dass Menkhoff ihn ansah.

»Na los«, forderte er ihn auf. »Nun fragen Sie mich schon, was Ihnen auf der Zunge brennt.«

Max zögerte nur kurz. »Wir kennen uns so gut wie gar nicht. Zudem sagt man Ihnen nach, sich recht wenig um die Gefühle anderer zu kümmern und selbst sehr verschlossen zu sein. Da stelle ich mir natürlich die Frage, warum Sie ausgerechnet mir etwas Persönliches von sich erzählen wollen?«

Menkhoff trank einen Schluck und hielt den Blick auf das Glas gerichtet, nachdem er es vor sich abgestellt hatte und weiterhin mit der rechten Hand umschloss.

»Ich kenne meinen Ruf, und ich weiß auch, dass es dafür einen Grund gibt. Es stimmt nicht, dass mich die Gefühle anderer nicht interessieren, aber es stimmt sehr wohl, dass ich der Meinung bin, dass in unserem Beruf Gefühle nur dann relevant sind, wenn sie der Aufklärung eines Falles dienen. Alles andere trübt den neutralen Blick auf Fakten und involvierte Personen, der zur Aufklärung eines Falles aber zwingend erforderlich ist. Während der Dienstzeit zählt für mich nur mein Beruf, alles andere muss zurückstehen. Auch zwischenmenschliches Geplänkel. Ob das nun richtig oder falsch ist, möchte ich nicht beurteilen, denn es ist mir egal. Ich bin, wie ich bin, und kann nicht anders.«

Max kam nicht umhin, Menkhoff in vielem von dem, was er gerade gesagt hatte, beizupflichten. Der Unterschied zwischen ihnen lag darin, dass er selbst die Dinge niemals so schwarz-weiß sah wie der Hauptkommissar.

»Das verstehe ich, und ich gebe Ihnen in vielen Punkten recht. Allerdings beantwortet das nicht die Frage, warum Sie gerade mir etwas Persönliches anvertrauen wollen.«

Nun richtete sich Menkhoffs Blick wieder auf Max. »Ich weiß einiges über Sie, Herr Bischoff, und damit meine ich nicht nur Ihren letzten Fall, in den Ihre Schwester involviert war. Ich weiß auch von der Frau, in die Sie unsterblich verliebt waren.«

Max räusperte sich und rutschte auf seinem Stuhl ein Stück zurück. Dieses Gespräch nahm eine Wendung, die ihm ganz und gar nicht behagte. Er fühlte sich unangenehm berührt.

»Ich dachte, es geht um Ihr Privatleben, nicht um meines?«

Bevor Menkhoff antworten konnte, brachte der Kellner das Wasser und stellte es vor Max ab. Auf seine Frage nach dem Essen bestellten beide Männer eine kleine Pizza.

»Sie brauchen keine Angst zu haben, es geht tatsächlich um mich und nicht um Sie. Ich habe Ihnen das nur erzählt, damit Sie verstehen, wie ernst es mir mit dem ist, was ich gleich sagen werde. Dabei geht es nämlich auch um eine große Liebe, über die ich bis heute nicht hinweggekommen bin, obwohl das Ganze schon zehn Jahre zurückliegt[1]. Und es geht um ein Mädchen, das missbraucht und getötet wurde, womit wir die Parallele zum heutigen Fall haben. Ich konnte den Fall damals klären, aber nur, weil ich es mit den Dienstvorschriften nicht so genau genommen habe.«

Max hob die Brauen. »Und was heißt das?«

Menkhoff ließ sich mit der Antwort Zeit, die Max ihm auch zugestand. Er spürte, dass es für den Hauptkommissar alles andere als leicht war, über dieses Thema zu reden.

Schließlich gab Menkhoff sich einen Ruck und sagte: »Vor rund zehn Jahren habe ich in einem Fall zugelassen, dass ich emotional sehr involviert war. So sehr, dass ich Beweismittel manipuliert habe, um den Täter zu überführen.« Als er sich anschließend zurücklehnte und Max ansah, als erwarte er ein Urteil, stieß der die Luft zwischen den Zähnen aus. »Puh, das ist nicht ohne. Was wäre gewesen, wenn Sie sich geirrt hätten und der vermeintliche Täter unschuldig gewesen wäre?«

»Ich war mir zu einhundert Prozent sicher, aber … Dann hätte ich zugegeben, was ich getan habe. Meine Karriere wäre dann wohl anders verlaufen, aber das habe ich in Kauf genommen.«

»Ich danke Ihnen für Ihr Vertrauen«, erklärte Max. »Aber das widerspricht doch dem, was Sie mir zuvor sagten. Sie haben in diesem Fall vor zehn Jahren sehr viele persönliche Gefühle in die Ermittlung mit eingebracht.«

1 Arno Strobel, *Das Wesen*. Fischer Taschenbuch Verlag, Frankfurt am Main 2010.

»Stimmt, und genau *das* hat mit dafür gesorgt, dass ich heute so denke, wie ich es geschildert habe.«

»Okay, aber ehrlich gesagt verstehe ich immer noch nicht, warum Sie mir das alles erzählen.«

»Liegt das nicht auf der Hand? Ich erwähnte ja schon, dass ich bald in den Ruhestand gehe und es mir eine Herzensangelegenheit ist, unseren aktuellen Fall vorher aufzuklären. Das ist mir vor sechs Jahren im Fall von Leni und den anderen beiden Mädchen nicht gelungen, weil ich immer wieder an die Grenzen der Vorschriften gestoßen bin.«

Max ahnte allmählich, wohin dieses Gespräch führen würde.

Menkhoff beugte sich vor, stützte ebenfalls die Ellbogen auf den Tisch und kam mit dem Kopf so nahe, dass ihre Nasenspitzen nur noch höchstens dreißig Zentimeter voneinander entfernt waren.

»Helfen Sie mir, Bischoff«, sagte er beschwörend leise. »Denken Sie an die kleinen Mädchen, denken Sie an Sofia und daran, was dieses Dreckschwein Benz mit ihr gemacht hat.«

»Aber er ist doch tot«, warf Max ein. »Und falls er es wirklich war – was noch nicht bewiesen ist –, müssen wir erst einmal alles tun, um die kleine Lea zu finden, die vielleicht noch irgendwo eingesperrt ist. Außerdem müssen wir dafür sorgen, dass Benz' Mörder gefunden wird. Oder seine Mörderin.«

»Natürlich müssen wir das, und es gibt zum jetzigen Zeitpunkt nichts Wichtigeres als das Mädchen. Aber ich möchte, ich *muss* auch beweisen, dass Benz seine Tochter umgebracht hat, sonst finde ich keinen Frieden. Also noch einmal, bitte helfen Sie mir, nicht nur die kleine Lea und Benz' Mörder zu finden, sondern auch zu beweisen, dass Robert Benz seine Tochter und wahrscheinlich auch die anderen Mädchen entführt, missbraucht und getötet hat. Ich möchte nicht, dass dieses perverse Schwein als Opfer gesehen wird. Wenn man in Zukunft seinen Namen hört, soll der mit den ekelhaften Taten in Verbindung stehen, die er begangen hat. Und wenn wir dabei ungerade Wege gehen müssen, indem wir die eine oder andere Vorschrift ignorieren, dann gehen Sie bitte mit mir. Sie sind kein Polizist mehr, Sie können das tun.«

»Herr Menkhoff.« Max fühlte sich zwar nicht wohl bei dem Gedanken, doch noch mehr ärgerte er sich über sich selbst. Dass er jetzt, wo dieser Mann genau das hinsichtlich der Vorschriften gesagt hatte, was er selbst dachte, nicht die Eier in der Hose hatte, ihm recht zu geben.

»Ich bin zwar kein Polizist mehr, aber trotzdem an die Gesetze gebunden. Wenn ich daran denke, was Sie vor zehn Jahren getan haben …«

Menkhoffs Hand landete mit einem dumpfen Knall auf dem Tisch, so dass das Paar am Nachbartisch zu ihnen herübersah. »Ich möchte jetzt von Ihnen wissen«, sagte Menkhoff leise, aber mit Nachdruck, »ob Sie mir mit allen – zumindest einigermaßen legalen – Mitteln helfen werden oder nicht?«

Die beiden Männer sahen einander in die Augen, und Max glaubte plötzlich, in Menkhoffs Seele blicken zu können. Es war, als hätte der Hauptkommissar eine Tür geöffnet, durch die Max einen ungehinderten Blick auf dessen

Innerstes erhielt. Er sah Trauer und Verzweiflung, Wut und Trotz.

»Ja«, sagte Max und wunderte sich darüber, wie überzeugt es klang, »ich werde Ihnen helfen.«

Menkhoff erwiderte nichts, sondern nickte nur mehrmals.

»Aber noch einmal – als Erstes müssen wir versuchen, Lea zu finden.«

»Ich lasse Benz bereits komplett durchleuchten. Jetzt darf ich es ja. Komplettes Bewegungsprofil aufgrund seiner Handydaten, alle Nummern, die er angerufen hat und von denen er angerufen wurde, seine Bewegungen im Internet, Kartenzahlungen … das ganze Programm.«

»Das ist gut.« Max entschloss sich dazu, Menkhoff auf die Probe zu stellen.

»Ich weiß, das ist nicht ganz in Ordnung, aber ich habe meinen Exkollegen aus Düsseldorf gebeten, das Gleiche zu tun.«

Menkhoff bedachte ihn mit einem ernsten Blick, so dass Max schon davon ausging, dass im nächsten Moment ein Menkhoff'sches Donnerwetter losbrechen würde, doch dann nickte der Hauptkommissar. »Böhmer ermittelt also unter der Hand in meinem Fall. Das ist eindeutig gegen die Dienstvorschriften.« Er streckte Max die Hand entgegen. »Na also, geht doch. Ich heiße Bernd.«

Max schlug ein. »Max.«

»Übrigens hat die Staatsanwältin zugestimmt, dass sich am Montagvormittag eine Psychologin mit Hannah unterhalten kann. Allerdings darfst du nicht direkt dabei sein, kannst aber die Unterhaltung mit mir vom Nebenzimmer aus verfolgen.«

»Kann ich vorher mit der Psychologin reden? Ihr ein paar Fragen geben, die sie Hannah stellen soll?«

Menkhoff grinste. »Offiziell nicht.«

»Gut. Ich danke dir.«

36

Zwei Stunden nach ihrem Gespräch in der Pizzeria lagen das Ergebnis der Obduktion und die erste Tatortauswertung der KTU vor, was Menkhoff Max auch umgehend telefonisch mitteilte.

Max hatte zu Hause das Whiteboard mit den neuesten Erkenntnissen und Notizen gefüttert, als das Telefon läutete. Erst hörte es sich an, als ob das, was Menkhoff ihm mitzuteilen hatte, kaum Überraschungen barg.

»Ich fange mal mit den Standards an«, begann er. »Wie wir schon wussten, ist Benz von hinten durch den Kopf mit einer Handfeuerwaffe erschossen worden. Die Kugel Kaliber neun Millimeter haben wir in der Kante des Holzschranks gefunden. Der Schusskanal verläuft minimal schräg nach oben, der Täter war also ungefähr genauso groß wie Benz. Die Schnittwunden an seinem Genital sind hoffentlich schmerzhaft gewesen, waren aber nicht so tief, dass er daran verblutet wäre. Es gibt Blutflecke in der Unterhose und der Hose. Vielleicht hat Benz sich also die Hose hochgezogen, als der Täter mit der Schnippelei fertig war. Der Täter hat sie ihm dann wahrscheinlich wieder runtergezogen, nachdem er ihm eine Kugel durch den Schädel gejagt hat, weil er den Anblick so schön fand. Interessant ist, dass der Boden offenbar nach der Tat gesaugt worden ist. Es finden sich kaum verwertbare Spuren, zudem haben die Kollegen am Aufsatz des Staubsaugers Blut gefunden.«

»Daher stammt also der verwischte Rand der Blutlache.«

»Ja. Aber sonst – keine Spuren, die uns weiterbringen würden.«

»Keine blonden Haare?«

»Gar keine Haare.«

»Mist, wäre auch zu einfach gewesen.«

»Ja, aber tröste dich, ich habe das Beste für den Schluss aufgehoben. Die Kollegen von der IT, die Benz' Computer untersuchen, haben eine interessante Entdeckung gemacht. Ich bin kein Experte in diesen Sachen, aber wenn ich das richtig verstanden habe, hinterlassen alle Dateien, die man auf einem Computer öffnet, irgendwelche Spuren. Temporäre Files haben sie das genannt. Die bleiben so lange bestehen, bis der Speicher, der dafür vorgesehen ist, voll ist und überschrieben wird. Selbst gelöschte Dateien hinterlassen somit ihre Spuren.«

»Und auf dem Computer von Benz haben sie was gefunden?«, fragte Max dazwischen, dem diese Erklärung zu lange dauerte.

»Dazu komme ich jetzt. Offenbar sind in der letzten Nacht auf dem Computer mehrere Dateien von einer externen Festplatte aus geöffnet worden. Darunter mindestens zwei Videos. Wir haben aber keine solche Festplatte gefunden.«

»Hm …« Max war ein wenig enttäuscht. »Das kann ja alles Mögliche gewesen sein. Urlaubsfotos und -filme, zum Beispiel.«

»Könnten, wenn da nicht die seltsamen Dateinamen wären.«

Max überlegte, ob Menkhoff sich extra so viel Zeit ließ, um ihn auf die Folter zu spannen. »Nun sag schon, was ist mit den Dateinamen?«

»Es gibt zwei verschiedene Namen, die mehrfach verwendet werden und sich durch Zahlen dahinter unterscheiden. Zum Beispiel gibt es Fotos mit den Dateinamen *Marie2*, *Marie6* und *Marie9*.«

Ein heißer Stich fuhr durch Max' Körper. »Was? Eines der Mädchen, die damals verschwunden sind, hieß doch Marie.«

»Ganz genau. Und willst du wissen, wie der Name des ersten Videos lautet, das geöffnet wurde?«

Max hatte eine Befürchtung, die ihm eine eiserne Faust in den Magen trieb. »Ja.«

»Es hieß *Leni3*.«

»Scheiße!« Mehr brachte Max in diesem Moment nicht heraus.

»Ja. Du weißt, was das wahrscheinlich bedeutet. Vier Kollegen sind dort und drehen das ganze Haus auf links. Ich habe die Ahnung, dass wir, wenn wir diese Festplatte finden, ein ganzes Stück weiter sind.«

In Max' Kopf herrschte mit einem Mal eine eigenartige Leere, die es ihm unmöglich machte, einen klaren Gedanken zu fassen. Erst als Menkhoff nach einer Weile seinen Namen rief, reagierte er mit einem erschrockenen »Ja?«.

»Alles okay?«

»Ja … nein. Ich … ich muss nachdenken. Ich melde mich wieder.«

»Ja, tu das.«

Max legte auf, stützte die Ellbogen auf den Tisch und presste die Stirn gegen die Handballen.

Marie und Leni. Das konnte kein Zufall sein. So, wie es aussah, hatte Menkhoff tatsächlich recht mit seinem Verdacht gegen Lenis Vater. Das ließ die Wahrscheinlichkeit wachsen, dass der Mord an ihm tatsächlich ein Racheakt war.

Noch immer fiel es Max schwer, an die Geschichte mit der wiederaufgetauchten Leni zu glauben. Wo sollte sie die Jahre über gewesen sein? Wie wäre ihr die Flucht gelungen, und wo würde sie sich aufhalten, wo schlafen, wenn sie sich seit über einer Woche in Köln befand?

Max hatte das Gefühl, dass ihm der Kopf schwirrte. Er wandte sich von der weißen Tafel ab. Einem Impuls folgend, wollte er nach dem Telefon greifen und Kirsten anrufen, zog aber die ausgestreckte Hand wieder zurück. Solange er mit diesem Fall beschäftigt war, würde er den Kontakt zu seiner Schwester auf ein Minimum beschränken.

Stattdessen rief er bei Böhmer an.

»Entschuldige, dass ich dich schon wieder belästige«, begann er, als sein Expartner sich meldete.

»Ach, Max, es ist ja nicht so, dass ich nicht noch in guter Erinnerung hätte, wie du tickst, wenn du dich in einen Fall verbissen hast. Eigentlich habe ich schon früher mit deinem Anruf gerechnet.«

»Ich muss dringend mit dir reden«, erklärte Max, dann sprudelte es aus ihm heraus.

»Ui«, sagte Böhmer, als Max geendet hatte, »da hat der Kollege Arsch ja wohl doch den richtigen Riecher gehabt.

Mann, Mann, Mann … die eigene Tochter. Dieses Dreckschwein …«

»Ja, unvorstellbar. Allein der Gedanke daran, dass Benz das womöglich gefilmt und sich dann immer wieder angesehen hat, macht mich so rasend … Was aber gerade wichtiger ist, das ist die Frage, ob die kleine Lea noch lebt, und falls ja, wo er sie versteckt hat. Wenn ich mich in Bezug auf Benz tatsächlich getäuscht habe – und alles deutet darauf hin – und er derjenige war, der die Kinder entführt hat, müssen wir alles tun, um sie zu finden.«

»Max!«

»Was?«

»Wenn Benz Sofia getötet und ihre Leiche weggeschafft hat, wie groß ist da die Wahrscheinlichkeit, dass Lea, die drei Tage vor Sofia verschwunden ist, noch lebt?«

Im Grunde hatte Böhmer genau das ausgesprochen, was auch Max dachte, und dennoch wehrte er sich dagegen, zu akzeptieren, dass die kleine Lea ebenfalls tot sein könnte. Was mit ihr geschehen und *wie* sie zu Tode gekommen war.

»Du weißt, dass wir trotzdem mit Hochdruck nach ihr suchen müssen.«

»Ja, ich wollte dich nur noch mal daran erinnern, dass die Chancen, sie lebend zu finden, gegen null gehen. Immerhin gibt es von den anderen drei Mädchen seit sechs Jahren nicht die geringste Spur.« Nach einer Pause fügte Böhmer hinzu: »Was natürlich auch damit zusammenhängen könnte, dass man sie in der Region gar nicht finden kann, weil sie nicht mehr hier sind.«

»Was meinst du?«

»Na, du hast doch selbst schon mit dem Gedanken gespielt, Leni könnte tatsächlich zurückgekommen sein und ihren Vater getötet haben, weil der sie als Kind missbraucht hat. Wo könnte sie in der Zwischenzeit gewesen sein, und wie ist sie dahin gekommen?«

»Die einzig logische Erklärung wäre, dass Benz sie verkauft hat.«

Max wusste, dass pädophile Täter manchmal in einem Ring organisiert waren, in dem nicht nur Hunderttausende von Kinderpornos kursierten, sondern auch Missbrauchsopfer entweder getauscht oder weiterverkauft wurden. Im Darknet gab es dafür regelrechte Börsen. Allein beim Gedanken daran wurde Max übel.

Oft handelte es sich dabei um Kinder, die entführt worden waren und anschließend nie wieder auftauchten. Manchmal betraf es aber auch die eigenen Kinder dieser unmenschlichen Schweine, die von einem Elternteil – meist dem Vater – oder seltener auch von beiden Eltern eine Weile missbraucht wurden und dann aus Angst, sie könnten irgendwann verraten, was man ihnen angetan hatte, beseitigt, aber nicht umgebracht werden sollten. »Das stimmt, aber worauf … Moment, jetzt verstehe ich. Du denkst, wenn er das mit seiner eigenen Tochter getan hat, warum dann nicht auch mit den anderen Mädchen? Und dass man deshalb nie eine Spur von ihnen gefunden hat?«

»Genau!«

»Aber was ist dann mit Sofia? Er hat sie getötet, in eine Plane gewickelt und durch den Wald transportiert. Spricht das nicht eher dafür, dass er es mit den anderen Mädchen vor sechs Jahren auch so gemacht hat?«

»Tja, das ist der Haken an dieser Theorie.«

»Trotzdem tut es immer wieder gut, mit dir über mögliche Theorien zu reden, Horst. Ich danke dir.«

»Keine Ursache. Sobald ich etwas von Lauer höre, sage ich dir Bescheid.«

»Lauer?«

»Das ist der Kollege aus der IT, der gerade damit beschäftigt ist, Robert Benz' Spuren im Internet zu folgen. Auf allen möglichen offiziellen und inoffiziellen Plattformen. Als er hörte, dass er dir damit einen Gefallen tut, war er sogar bereit, sein Wochenende zu opfern.«

»Danke auch dafür. Menkhoff weiß übrigens Bescheid, und er hat kein Problem damit.«

»Du hast es ihm gesagt? Warum denn das?«

»Ich hatte das Gefühl, dass ich offen zu ihm sein sollte.«

»Ach. Warum denn das?«

»Lange Geschichte, aber wie gesagt, es ist okay.«

»Hm …«, murmelte Böhmer.

»Was?«

»Ein Arsch ist er trotzdem.«

37

Keine halbe Stunde nach dem Gespräch mit Böhmer klingelte Max' Telefon. Die Nummer auf dem Display kannte er nicht. Gespannt nahm er das Gespräch an.

»Hier spricht Alexander Bohrens, der Vater von Alina.«

»Herr Bohrens«, sagte Max und dachte im selben Moment daran, dass er es versäumt hatte, dem Mann seine Visitenkarte zu geben.

»Ich habe Ihre Telefonnummer von Herrn Menkhoff«, erklärte Bohrens, als hätte er Max' Gedanken erraten. »Ich hoffe, es ist in Ordnung, dass er sie mir gegeben hat.«

»Absolut, kein Problem«, versicherte Max ungeduldig. Wenn Bohrens sich die Mühe gemacht hatte, über Menkhoff seine Nummer ausfindig zu machen, musste er dafür einen guten Grund haben.

»Kann sein, dass Herr Menkhoff sauer ist, weil ich ihn in dieser Sache übergehe, aber … er ist recht polternd, und man hat bei Gesprächen mit ihm immer das Gefühl, man wird von ihm für irgendetwas verdächtigt. Außerdem möchte ich vermeiden, dass er sich noch mal mit Alina unterhält.«

Auch wenn Max mittlerweile recht gut mit Menkhoffs Art klarkam, wusste er doch genau, wovon Bohrens redete.

»Ich habe ihm gesagt, ich hätte Ihre Telefonnummer gern für den Fall, dass Alina oder mir noch etwas einfällt.«

»Okay, und was ist nun der Grund für Ihren Anruf?«

»Ich habe von Robert Benz' Ermordung gehört und dachte, jetzt kann ich ...« Er atmete tief durch, als fiele es ihm schwer, weiterzusprechen.

»Ich habe Ihnen ja gesagt, dass ich nicht viel von ihm halte, aber nicht, warum. Ich denke aber, jetzt, wo er tot ist, kann ich das.«

»Dann schießen Sie mal los.«

»Wie bereits gesagt, hat Alina sich verändert, nachdem Leni verschwunden ist. Das stimmt auch, ist aber nur die halbe Wahrheit. Sie verhielt sich schon zuvor plötzlich seltsam.«

»Wie lange ging das schon so?«

»Ich denke, es hat etwa zwei Monate, bevor Leni verschwunden ist, angefangen. Alina war immer ein quirliges und lebensfrohes Kind. Das hat sich plötzlich von einem Tag auf den anderen geändert, nachdem sie den Nachmittag bei Leni zum Spielen verbracht hat. Schon als meine Frau sie abholte, bemerkte sie, dass etwas nicht stimmt. Als sie zu Hause waren, verschwand Alina sofort in ihrem Zimmer, und meine Frau erzählte, dass sie während der Fahrt kein Wort geredet hatte.«

Max ahnte, worauf das Ganze hinauslaufen würde, hoffte aber, dass er sich irrte.

»Ich bin dann zu ihr gegangen und habe versucht herauszufinden, was los war, aber sie hat vollkommen dichtgemacht. In den Tagen danach wurde es wieder etwas besser, aber man merkte ihr immer noch an, dass sie etwas bedrückte. Wir versuchten alles, um herauszufinden, was das war, aber sie sagte es uns nicht. Allerdings fiel uns auf, dass sie von diesem Tag an nicht mehr zu Leni nach Hause wollte. Wann immer es darum ging, dass die beiden Mädchen zusammen spielen wollten, bestand Alina darauf, dass Leni zu uns kam.« Bohrens wartete ein, zwei Atemzüge, bevor er weitersprach. »Das hat sich auch nicht mehr geändert, bis Leni verschwand.«

»Und Sie denken, dass Robert Benz etwas mit der Veränderung Ihrer Tochter zu tun hatte?«

Erneut vergingen einige Sekunden, bevor Bohrens antwortete:

»Ich halte es für möglich, ja. Alina reagierte derart seltsam, wann immer sein Name fiel ...«

»Herr Bohrens, ich frage Sie mal ganz direkt: Glauben Sie, dass Robert Benz Ihrer Tochter in irgendeiner Form zu nahe gekommen ist?«

»Ich halte es für möglich.«

Max schüttelte den Kopf, obwohl es niemand sehen konnte. »Aber warum, zum Teufel, haben Sie das keinem gesagt? Es ging doch um Ihr Kind.«

»Herr Bischoff, ich bin Rechtsanwalt und weiß sehr genau, wie schnell der Ruf eines Menschen dauerhaft beschädigt ist, und zwar unabhängig davon, ob die Vorwürfe gerechtfertigt sind oder nicht. Allein der Verdacht reicht schon aus, jemanden gesellschaftlich ins Abseits zu befördern und ihn sozial zu isolieren. Vom wirtschaftlichen Schaden durch Jobverlust und Ähnlichem ganz zu schweigen. Ja, ich hatte eine Befürchtung, aber keinen Beweis. Wir waren mit Alina bei einer Ärztin, die sie unter einem Vorwand untersucht hat. Sie konnte körperlich nichts finden, was auf einen Missbrauch hingedeutet hätte. Ich glaube nach wie vor, dass er irgendetwas mit Alina angestellt hat, aber ich konnte es leider nicht beweisen.«

Sosehr es Max auch in Rage versetzte, dass das abartige Treiben von Typen wie Benz immer wieder viel zu lange unentdeckt blieb, weil die meist sehr jungen Opfer entweder aus Scham schwiegen oder glaubten, dass das, was ein Erwachsener tat, automatisch richtig sein musste, so sehr konnte er Bohrens' Beweggründe dennoch nachvollziehen. Und trotzdem … es machte ihn unendlich wütend.

»Ich verstehe Sie«, brachte er mühsam beherrscht hervor. »Trotzdem musste Ihnen auch klar sein, dass Ihr Schweigen vielleicht dazu führte, dass er ungestört mit seinen Sauereien weitermachen und noch andere Mädchen belästigen konnte. Oder sogar Schlimmeres.«

»Ja, Herr Bischoff, das war mir klar. Trotzdem konnte ich eine solch ungeheure Beschuldigung nicht ohne Beweise aussprechen. Jetzt kennen Sie auch den Grund, warum ich Hauptkommissar Menkhoff nichts davon erzählt habe. Er ist Polizist und hätte dem nachgehen *müssen*. Ich gehe davon aus, Sie wissen, auf welche Art er das getan hätte. Solange ich nur Vermutungen vorzuweisen hatte, konnte ich das auf keinen Fall verantworten.«

»Ich weiß. Das ist das große Dilemma, das oft genug dazu führt, dass die Täter sich wieder und wieder an kleinen Kindern vergreifen können. Jedenfalls danke ich Ihnen, dass Sie mich angerufen haben.«

»Wenn Sie mit Herrn Menkhoff darüber sprechen möchten, ist das von meiner Seite okay.«

»Ja, das werde ich sicher tun. Wie geht es Ihrer Tochter? Hat sie sich noch einmal dazu geäußert, dass sie glaubt, Leni gesehen zu haben?«

»Nein. Sie spricht nicht mit uns über dieses Thema. In den letzten Jahren hatte sich ihr Leben wieder halbwegs normalisiert, aber seit ein paar Tagen hockt sie erneut nur in ihrem Zimmer, hat die Tür abgeschlossen und die Musik so laut aufgedreht, dass wir unten im Wohnzimmer danach tanzen könnten. Ich habe aber die Hoffnung, dass sich das bald legen wird, jetzt, wo sie weiß, dass Benz tot ist.«

»Vielleicht wäre es eine gute Idee, wenn Alina sich mal mit einer Psychologin unterhält?«

»Das glaube ich nicht. Sie würde auch einer Psychologin gegenüber nichts sagen. Ich bin schon froh, dass sie überhaupt mit Ihnen gesprochen hat.«

Ein akustisches Signal machte Max darauf aufmerksam, dass ein zweiter Anrufer in der Leitung war. Er ahnte, wer das sein konnte, und ein kurzer Blick auf das Display bestätigte seine Vermutung. Menkhoff.

»Also gut, Herr Bohrens«, sagte er, als er das Smartphone wieder am Ohr hatte. »Danke nochmals, dass Sie mich angerufen haben. Wenn Ihnen sonst noch etwas einfällt, melden Sie sich bitte jederzeit, Sie haben ja jetzt meine Nummer.«

»Das mache ich. Bis dann.«

Da Menkhoff es noch immer nicht aufgegeben hatte, nahm Max das Gespräch nun an.

»Na endlich«, polterte der Hauptkommissar sofort los. »Was wollte denn der Bohrens von dir?«

»Ich wünsche dir auch einen schönen Tag.«

»Ja, ja. Wir haben uns doch heute Mittag erst gesehen. Also, was wollte er?«

Max erzählte Menkhoff von dem Gespräch mit Alinas Vater, woraufhin der ein zischendes Geräusch ausstieß. »Das ist mal wieder typisch für diese Rechtsverdreher. Glauben, dass sie die Weisheit mit ganz großen Löffeln gefressen haben. Der hätte mir das schon damals sagen müssen. Ich bin selbst in der Lage zu entscheiden, wann ich eine Verdächtigung gegen jemanden öffentlich aussprechen kann und wann nicht. Im Grunde genommen ist sein Schweigen nichts anderes als eine Behinderung der Strafverfolgung. Den Knaben knöpfe ich mir vor.«

»Ich finde, wir sollten ihn nicht vergraulen. Ändern können wir daran eh nichts mehr, aber vielleicht können er oder seine Tochter Alina uns noch weiterhelfen. Das werden sie jedoch nur tun, wenn du ihm jetzt keine Vorwürfe machst.«

»Dir ist aber schon klar, dass wir dieses Schwein bereits viel früher am Arsch gehabt hätten, wenn der Herr Winkeladvokat damals den Mund aufgemacht hätte. Dann könnte die kleine Sofia vielleicht noch leben. Und Lea auch. Übrigens – wir haben mit einer Hundertschaft das gesamte Gebiet um die Stelle abgesucht, an der Benz die Kleine weggeworfen hat wie einen Müllsack. In alle Richtungen, in einer breiten Kette. Die Kolleginnen und Kollegen haben den ganzen Waldboden mit Stangen durchkämmt. Keine Ahnung, was er mit ihr vorhatte, aber in dem maximalen Bereich, von dem wir glauben, dass er ihn mit der Leiche auf der Schulter durchquert haben könnte, haben wir rein gar nichts gefunden.«

»Mist. Und wie sieht es mit den Nachforschungen zu Lenis Mutter aus? Gibt es da was Neues?«

»Bisher leider Fehlanzeige, aber das Amtshilfegesuch in Andalusien läuft noch.«

»O Mann, uns bleibt keine Zeit mehr.«

»Wenn es nicht schon zu spät ist.«

38

Sie steht an einer Litfaßsäule, mit dem Rücken gegen die zigfach übereinandergeklebten Werbeplakate gelehnt, und beobachtet das Haus. Genauer gesagt, die beiden Fenster der ersten Etage, hinter denen seine Wohnung liegt. Hinter beiden brennt Licht, aber Bewegungen kann sie keine erkennen. Er ist dort oben und wühlt wahrscheinlich weiter in der Sache herum. In ihrer *Sache.*

Sie will, dass er aufhört. Derjenige, der gestoppt werden musste, wurde gestoppt, wenn auch anders, als sie es geplant hat. Er kann jetzt keine seiner ekelhaften Spiele mehr spielen, nie wieder.

Für den da oben gibt es nichts mehr zu tun. Das muss er einsehen.

Kurz denkt sie an Lea, das kleine Mädchen, das noch vermisst wird. Sie glaubt nicht, dass sie noch lebt. Sie weiß, was er tut, wenn er seine Filme gemacht hat und die Lust am Spielen verliert. Sie hat es gesehen. Emotionslos schiebt sie den Gedanken beiseite, als hätte sie gerade über das Wetter nachgedacht, und schaut sich um. Alles ist ruhig, niemand zu sehen.

Sie stößt sich von der Säule ab, überquert die Straße an einer Stelle zwischen zwei Laternen, die nicht so stark ausgeleuchtet ist, und folgt dem gepflasterten Weg, der neben dem Haus vorbeiführt.

Als sie den Rand des Parkplatzes hinter dem Haus erreicht, schaltet ein Bewegungsmelder eine Lampe an. Sie bleibt kurz ste-

hen und verschafft sich einen Überblick. Der Platz ist leer, alles ist ruhig.

Fünf Autos sind hier geparkt, seines steht in der hinteren Reihe.

Sie drückt sich durch die Lücke zwischen einem Mercedes und einem Toyota, geht zu dem Wagen. Ohne zu zögern, nestelt sie in ihrer Hosentasche herum, bis ihre Finger ertasten, was sie sucht, dann geht sie neben der Fahrertür in die Hocke.

39

Nach dem letzten Gespräch mit Menkhoff saß Max erneut lange Zeit vor seinem Whiteboard und betrachtete die dort angebrachten Notizen und Bemerkungen zum x-ten Mal, ohne auch nur einen Schritt weiterzukommen. Jede neue Information bestätigte letztendlich nur seine bisherigen Erkenntnisse.

Am schlimmsten war jedoch diese eine bohrende Frage, die er sich immer und immer wieder stellte und auf die er einfach keine Antwort finden konnte: Warum engagierte ein Mann, der seine Tochter und zwei weitere Mädchen missbraucht und vielleicht sogar getötet hatte, ihn, einen erfolgreichen Ermittler, um herauszufinden, ob besagte Tochter noch lebte? Er musste doch damit rechnen, dass im Laufe dieser Ermittlungen – wie auch geschehen – Fakten zutage treten würden, die auf ihn als Täter hindeuteten. Noch dazu, wo er gerade wieder zwei Mädchen verschleppt hatte, wovon er eines sogar während der neuen Ermittlungen umbrachte?

Sosehr Max sich auch den Kopf zerbrach, letztendlich führten seine Überlegungen immer zum gleichen Schluss: Benz' Verhalten widersprach jeder Logik.

Er versuchte, sich zu erinnern, ob er diese verzweifelten Phasen des Stillstands und des Nichtbegreifens in seiner aktiven Zeit als Ermittler auch durchgemacht hatte, und spürte, dass die Selbstzweifel begannen, an ihm zu nagen. Hatte er die Fähigkeiten verloren, die es ihm in der Vergangenheit möglich gemacht hatten, seine Fälle zu lösen? Oder war er nur aus der Übung? Ein Spruch von Böhmer fiel ihm ein, den dieser am Anfang ihrer Zusammenarbeit einmal gesagt hatte und der in seiner zwingenden Logik so einfach war, dass Max ihn nie wieder vergessen würde.

Wenn etwas aussieht wie eine Orange, sich anfühlt wie eine Orange, riecht wie eine Orange und schmeckt wie eine Orange, kannst du mit an Sicherheit grenzender Wahrscheinlichkeit davon ausgehen, dass es sich um eine Orange handelt. Fällt eine dieser Eigenschaften weg, tust du gut daran, dem Ding mit Skepsis gegenüberzutreten.

Auf diesen Fall angewandt, hieß das, hier sah etwas nach Orange aus und fühlte sich auch so an, aber Geruch und Geschmack passten für Max überhaupt nicht.

Er spürte, dass er sich im Kreis drehte wie ein Hund, der versuchte, seinen eigenen Schwanz zu fangen.

Er musste sich ablenken, sich zwingen, wenigstens für ein, zwei Stunden nicht über den Fall nachzudenken, damit er den Kopf freibekam.

Er ging zur Couch, griff nach der Fernbedienung und schaltete den Fernseher an. Nachdem er durch einige Kanäle gezappt hatte, fand er eine Dokumentation über das Amazonas-Gebiet, die er laufen ließ, von der er allerdings kaum etwas mitbekam.

Eine Weile saß er so da und starrte auf den Bildschirm, bis er einsah, dass das nichts brachte. Er schaltete den Fernseher wieder aus und stand auf. Er würde eine Runde spazieren gehen. Die frische Nachtluft würde ihm den Kopf freipusten. Danach konnte er hoffentlich wieder klar denken.

Er nahm seine dünne Sommerjacke von der Garderobe, steckte den Haustürschlüssel ein, verließ die Wohnung und schlüpfte in die Jacke. Anders als in den letzten drei Jahren wartete dieser Sommer nicht mit übermäßigen Hitzerekorden auf, und die Nachtstunden waren sogar recht frisch.

Er überlegte, welche Richtung er einschlagen sollte, und sah sich um. Wie immer war die Straße zu beiden Seiten mit Anwohnerfahrzeugen zugeparkt. Er konnte heilfroh sein, einen eigenen Parkplatz hinter dem Haus zu haben. Ein überdimensionales Plakat an der Litfaßsäule gegenüber kündigte ein Konzert von Elton John in der Lanxess Arena in Köln an, schräg dahinter hatte jemand sein Motorrad abgestellt.

Max wandte sich nach rechts und wollte gerade losgehen, als er eine Gestalt bemerkte, die aus der seitlichen Zufahrt zum Mieterparkplatz herauskam. Einzelheiten konnte er nicht erkennen, dazu war es zu dunkel, zudem schien die Person einen Hoodie zu tragen, der die Konturen zusätzlich verwischte.

Die Gestalt hatte ihn ebenfalls bemerkt, denn mit einem Ruck schwang sie herum und rannte los.

»Hey!«, rief Max und spurtete hinterher. Wer auch immer das sein mochte, Max folgte der alten Polizistenregel, die lautete: Wer wegläuft, ist verdächtig.

Etwa fünfunddreißig Meter trennte die beiden, aber so, wie Max es einschätzte, verringerte sich der Abstand allmählich.

Die Gestalt bog um die nächste Ecke und rannte dann quer über die Straße. Max ahnte, dass ihr Ziel das kleine Waldstück war, das am Ende der Seitenstraße begann. Wenn sie es bis dorthin schaffte, hatte Max wenig Chancen, sie zu fassen.

Er legte alle Kraft in seine Beine.

Noch dreißig Meter.

Das Ende der Straße war vielleicht hundertfünfzig Meter entfernt, als Max im Licht einer Straßenlaterne bemerkte, dass ihm der eigenartige Laufstil des Flüchtenden bekannt vorkam.

Noch zwanzig Meter. Der Rhythmus ihrer Schritte hallte laut durch die menschenleere Straße.

»Hey … bleib stehen!«, rief Max erneut, doch die Gestalt vor ihm kümmerte sich nicht darum und rannte unbeirrt weiter. Sie kamen dem Waldstück immer näher, aber auch der Abstand verringerte sich mit jedem Meter. Es schien, dass dem Verfolgten die Puste ausging.

Als Max schon bis auf etwa fünfzehn Meter heran war, erreichte die Gestalt das Ende der Straße, hielt sich an der Stange eines Verkehrsschildes fest und schwang daran herum, ließ dann los und wurde wie von einem Katapult auf den Waldrand zugetrieben. Durch den Schwung rutschte die Kapuze ein Stück vom Kopf herunter und gab den Blick auf einen langen blonden Zopf frei. Max stöhnte auf. Im nächsten Moment verschmolz die Gestalt mit der Dunkelheit zwischen den ersten Bäumen.

Max folgte ihr noch ein paar Meter in den Wald hinein, blieb dann aber schwer atmend stehen. In dieser Finsternis hatte es keinen Zweck weiterzulaufen. Er konnte kaum die Hand vor Augen sehen, und die Gefahr, sich ernsthaft zu verletzen, war zu groß. Irgendwo hörte er ein entferntes Knacken und Rascheln, dann herrschte Stille. Der Wald hatte den Flüchtenden verschluckt. *Die Flüchtende*, korrigierte er sich selbst und ging langsam weiter. Er war vielleicht ganz dicht davor, das Rätsel um Leni zu lösen, er musste zumindest versuchen, sie zu finden.

Gute zwanzig Minuten irrte er durch das Waldstück, dann ließ er auf der anderen Seite die letzte Baumreihe hinter sich und stand auf einer Wiese. Nach einem langen Blick wandte er sich enttäuscht ab, ging ein Stück am Waldrand entlang bis zur nächsten Querstraße und schlug den Weg zurück zu seiner Wohnung ein, während er sich den Kopf darüber zerbrach, was die Person vor seinem Haus gewollt hatte.

Als er wieder dort ankam, lief er seitlich vorbei zum Parkplatz im Hof und sah sich um, nachdem sich die Beleuchtung eingeschaltet hatte. Langsam trat er zu seinem Wagen und warf einen Blick auf Vorder- und Hinterreifen der Beifahrerseite. Sie schienen intakt. Er ging vorn um das Fahrzeug herum und überprüfte den zweiten Vorderreifen, dann sah er es.

Mit einem spitzen Gegenstand ungelenk eingeritzt, prangten auf der Fahrertür die Worte:

LASS MICH BITTE IN RUHE. ES IST VORBEI.

40

Ihr kleiner Körper liegt zusammengekrümmt auf dem kalten, feuchten Boden. Sie starrt in die Dunkelheit und friert trotz der eklig stinkenden Decke, die sie über sich gezogen hat.

Sie weint jetzt nicht mehr. Sie hat schon so viel geweint, weil sie Angst hat, dass sie ihre Eltern nie wieder sieht und in diesem dunklen, kalten Loch sterben muss.

Sie hat so große Sehnsucht nach Mama und Papa und Sebastian, ihrem Bruder. Und nach Balu, ihrem Hund. Könnte sie doch jetzt nur bei ihnen sein. Alles, wirklich alles würde sie dafür tun. Sie schwört, dass sie nie wieder unartig wäre und Mama immer gehorchen würde, wenn sie nur nicht mehr allein wäre.

Der Mann hat gesagt, wenn sie alles macht, was er von ihr verlangt, wird er ihr nicht weh tun und sie wieder zu ihren Eltern lassen. Sie glaubt ihm das nicht. Er hat auch gesagt, er hätte einen ganzen Kofferraum voller sprechender Puppen, als sie nach der Schule mit ihm mitgegangen ist. Da hat er auch gelogen. Er ist böse.

Wenn er wiederkommt, wird er noch viel schlimmere Dinge mit ihr machen als bisher, das weiß sie einfach.

Sie versteht noch nicht so viel von den Erwachsenen, aber sie weiß, dass das, was er getan hat, nicht richtig ist. Noch nicht einmal Mama oder Papa haben sie an den Stellen angefasst, wo die großen Hände des Mannes an ihr herumgetatscht haben. Es hat nicht weh getan und war trotzdem schlimm. Und es war verboten, das weiß sie. Sie hat sich sehr geschämt und sich fest vorgenommen, Mama und Papa davon niemals etwas zu erzählen. Die würden sicher denken, sie wäre ein schlechtes Mädchen, weil sie so etwas Schlimmes gemacht hat. Das, was er ihr befohlen hat. Das versteht sie noch weniger. Er hat plötzlich ganz komische Geräusche ausgestoßen, und als sie erschrocken die Hand zurückgezogen hat, wurde er böse und hat gesagt, sie soll sofort weitermachen.

Da hat sie noch größere Angst bekommen und hat getan, was er wollte. Bis irgendwann …

Etwas hindert sie daran, weiterzudenken. Plötzlich ist ihr Kopf leer. Es ist, wie wenn die Lehrerin mit einem Schwamm die Tafel auswischt. Alles schwarz. Gut so.

Ein Geräusch lässt sie zusammenzucken, obwohl es oft irgendwo knackt oder raschelt. Sie rollt sich noch ein wenig enger ein und drückt die beiden Ecken der Stinkedecke vor ihrem Kinn zusammen. Hoffentlich ist er nicht zurückgekommen.

Sie weiß nicht, wie lange es her ist, seit er wieder gegangen ist. Sie weiß auch nicht, wie lange sie schon in diesem dunklen Loch eingesperrt ist. Bestimmt schon viele Stunden.

Er hat ihr eine Tüte mit Keksen mitgebracht und Schokolade und Saft. Sie hat fast alles auf einmal gegessen, weil sie so hungrig war. Danach wurde ihr so furchtbar schlecht, dass sie spucken musste.

Da! Wieder ein Geräusch. Näher und lauter. Sie beginnt zu zittern und zu wimmern. Er ist wieder da. Sie hört seine Schritte über sich, dann das Klacken und direkt darauf das Kreischen der Scharniere, als er die Klappe nach oben aufzieht. »Nein, bitte nicht«, stammelt sie leise, doch es nützt nichts. Sie presst die Augen zusammen. Sie braucht nicht hinzuschauen, sie hört, wie seine riesigen Füße sich auf die Sprossen der Leiter setzen, die unter seinem Gewicht knarzen.

»Hallo, meine Süße«, sagt er, und ihr wird augenblicklich wieder schlecht.

Dann hört sie ein Geräusch, das sie nicht erwartet hat und das ihr für einen kurzen Moment Hoffnung macht. Es ist ein leises Wimmern, und es kommt nicht aus ihrem Mund, da ist sie ganz sicher.

Langsam hebt sie den Kopf und muss blinzeln, weil er eine Lampe in der Hand hält.

Er ist nicht allein.

Sein Gesicht verzieht sich zu einer furchtbaren Fratze.

»Schau mal her, Süße, ich habe dir Gesellschaft mitgebracht.«

41

In seiner Wohnung ließ Max sich auf die Couch fallen und schloss die Augen.

Lass mich bitte in Ruhe. Es ist vorbei.

Wer schlich sich nachts auf einen privaten Parkplatz und zerkratzte ein fremdes Auto mit einer Botschaft, benutzte dabei aber das Wort *bitte*? Das war nicht logisch.

Warum ging jemand das Risiko ein, bei der Beschädigung eines Autos erwischt zu werden, statt die Botschaft auf einen Zettel zu schreiben und ihm in den Briefkasten zu werfen? Und warum bekam ausgerechnet er diese Nachricht und nicht Menkhoff? Oder sonst jemand von der Polizei?

Fragen über Fragen. Max zerbrach sich den Kopf darüber, fand aber keine Antworten darauf. Er dachte an den blonden Zopf, den er gesehen hatte. Leni war auf den Fotos blond gewesen. Aber nicht nur sie.

Irgendwann richtete er sich auf, ging in die Küche und schenkte sich ein Glas Weißwein ein. Zurück im Wohnzimmer, warf er einen Blick auf die Uhrzeit auf dem Display seines Smartphones und rief Menkhoff an.

»Max!«, meldete Menkhoff sich. »Was gibt's?«

Max erzählte ihm, was er erlebt hatte.

»Ist das gerade eben passiert?«

»Nein, vor ungefähr einer Stunde.«

»Scheiße! Warum rufst du mich erst jetzt an?«

Das war eine berechtigte Frage. »Weil ... weil ich erst darüber nachgedacht habe.«

»Und das hat eine Stunde gedauert?«

»Ach, verdammt, das ist doch jetzt egal. Ist das alles, was dich interessiert?«

»Ein blonder Zopf, sagst du?«

»Ja, er ist unter der Kapuze rausgerutscht.«

»Und? Was denkst du?«

Max zögerte einen Moment, doch es nutzte nichts, er musste Menkhoff sagen, was er dachte. »So einen Zopf habe ich vor kurzem erst gesehen, und zwar bei Alina Bohrens.«

»Hm ... als ich sie zuletzt gesehen habe, reichten ihre Haare knapp über die Ohren. Aber das ist auch schon eine ganze Weile her, da war sie noch ein Küken. Tja, dann sollten wir uns die junge Dame mal zur Brust nehmen.«

»Ich weiß nicht, ob das eine gute Idee ist.«

»Was, zum Teufel, ist mit dir los?«, fuhr Menkhoff auf. »Jemand zerkratzt dein Auto mit der Botschaft *lass mich in Ruhe, es ist vorbei*, was ja wohl eindeutig mit dem Fall zu tun hat. Als du sie siehst, rennt sie weg, und du erkennst einen langen blonden Zopf. Und da haben wir Alina Bohrens, die lange blonde Haare hat und in den Fall verwickelt ist. Wo liegt dein Problem?«

»Aber wie sollte sie denn von Köln-Brück aus hierhergekommen sein? Das sind fünfzig Kilometer.«

»Was weiß ich? Mit dem Zug? Dem Bus? Per Anhalter? Möglichkeiten gibt es genug.«

Max wollte ihm sagen, dass er Alina für stark traumatisiert hielt und dass ein blonder Zopf noch nicht viel bewies und es fatal sein konnte, wenn sie das Gefühl bekam, falsch beschuldigt zu werden. Doch dann hörte er wieder Böhmers Worte: *Wenn etwas aussieht wie eine Orange …*

Das sah aus, roch und fühlte sich zumindest an wie eine Orange.

»Also gut. Es ist jetzt halb zwölf. Ich fahre gleich morgen früh hin und rede mit ihr.«

»O nein, wir treffen uns in einer halben Stunde und besuchen die Familie Bohrens zusammen.«

»Bis wir dort sind, ist es nach Mitternacht.«

»Es ist mir scheißegal, wie spät es ist. In diesem verdammten Fall haben wir so wenig Anhaltspunkte, dass wir an dieser Spur dranbleiben, solange sie heiß ist. Also los, schwing deinen Hintern in dein zerkratztes Auto und komm her.«

Max erkannte, dass er Menkhoff nicht umstimmen konnte. Wenn er sich weigerte, würde der Hauptkommissar allein zur Familie Bohrens fahren, was die Sache noch schlimmer machen würde.

»Also gut. Aber du weißt, dass ich mindestens eine Dreiviertelstunde brauche.«

»Ich warte vor dem Haus auf dich.«

Als Max in die Straße einbog, in der das luxuriöse Haus der Familie Bohrens lag, stand Menkhoffs dunkler A6 bereits am Straßenrand.

Noch während Max seinen Wagen abstellte, stieg der Hauptkommissar aus und kam auf ihn zu. Er wartete, bis Max ausgestiegen war, und ging dann los in Richtung Haustür.

»Dann wollen wir der jungen Dame mal auf den Zahn fühlen.«

»Ist es okay, wenn ich das Gespräch führe?«, fragte Max, als bereits die Tür geöffnet wurde und Alexander Bohrens' massige Gestalt im Eingang erschien.

»Was tun Sie denn um diese Zeit hier?«, erkundigte er sich und klang dabei bei weitem nicht so sympathisch wie bei ihrem letzten Gespräch. »Ich habe laute Stimmen gehört, und wahrscheinlich nicht nur ich. Wollen Sie die ganze Straße aufwecken?«

»Wir müssten uns mit Ihrer Tochter unterhalten«, erklärte Menkhoff forsch, bevor Max etwas sagen konnte.

»Mitten in der Nacht? Sie liegt schon lange im Bett und schläft.«

Menkhoff blieb vor dem Mann stehen und sah ihn argwöhnisch an. »Sind Sie da sicher?«

Bohrens lachte bellend auf. »Natürlich bin ich sicher.«

»Herr Bohrens, ich weiß, es ist eine unchristliche Zeit«, übernahm Max, »aber es ist enorm wichtig. Können Sie uns sagen, wann Alina ins Bett gegangen ist?«

»Das weiß ich nicht genau, sie war den ganzen Abend auf ihrem Zimmer.«

»Und Sie sind sicher, dass sie in ihrem Bett liegt und schläft? Obwohl Sie sie den ganzen Abend nicht gesehen haben?«

»Hören Sie«, entgegnete Bohrens, »ich werde jetzt gar nichts mehr sagen, bis Sie mir erklären, was dieser Überfall hier soll.« Sein Blick richtete sich auf Menkhoff. »Wie Ihnen bekannt ist, bin ich Rechtsanwalt, Herr Hauptkommissar, und kenne mich recht gut mit dem Gesetz aus. Gut genug jedenfalls, um zu wissen, dass das, was Sie hier gerade tun, keinerlei rechtliche Grundlage hat.«

»Ich möchte Ihnen etwas zeigen«, lenkte Max die Aufmerksamkeit von Bohrens wieder auf sich, bevor Menkhoff antworten konnte. »Bitte, gleich da vorn, an meinem Auto.«

Als Bohrens zögerte, zog Max sein Smartphone hervor und zeigte ihm ein Foto, das er noch auf dem Parkplatz von der Fahrertür gemacht hatte.

Bohrens betrachtete das Foto eine Weile und blickte Max fragend an. »Was ist das?«

»Das hat mir heute Abend jemand in die Autotür geritzt. Ich habe die Person zufällig entdeckt, als ich aus dem Haus gekommen bin. Sie ist weggerannt, ich hinterher. Kurz bevor ich sie verloren habe, habe ich gesehen, dass sie einen langen blonden Zopf hat.«

Es dauerte zwei, drei Sekunden, bis Bohrens die Augen aufriss.

»Und Sie glauben jetzt, Alina könnte … weil sie blonde Haare hat, wie wahrscheinlich ein Drittel der Frauen in Deutschland? Und warum sollte sie so etwas tun?«

»Das würden wir sie ja gern selbst fragen, wenn Sie uns lassen«, knurrte Menkhoff.

Bohrens schien nachzudenken, bevor er nickte. »Ich werde jetzt hoch in ihr Zimmer gehen und nachsehen, ob sie in ihrem Bett liegt, okay?«

Menkhoff setzte zu einer Antwort an, doch Max hob die Hand und sagte, an Bohrens gewandt: »Okay. Wir warten hier.«

Kaum dass der Mann im Haus verschwunden war, ging Menkhoff, leise etwas vor sich hin grummelnd, hinter Max vorbei zur rechten Hausseite, kletterte über das niedrige Holztörchen und verschwand neben dem Haus.

Es dauerte nur eine halbe Minute, dann war er wieder da.

»Beide Zimmer, die nach hinten rausgehen, haben einen Balkon«, flüsterte er schnell, als aus dem Haus Schritte zu hören waren.

»Es ist, wie ich es Ihnen gesagt habe.« Nun klang Bohrens Stimme wieder so ruhig, wie Max es von ihm kannte. »Sie liegt im Bett und schläft tief und fest. Sie hat das Haus heute Abend nicht verlassen.«

»Das heißt ja noch …«, setzte Menkhoff an, brach den Satz aber ab und fingerte in seinem Sakko herum, bis er schließlich sein vibrierendes Smartphone herauszog, sich abwandte und es sich ans Ohr hielt.

»Ja? Menkhoff hier … Was? … Das kann doch nicht … Seit wann? … Und warum erfahre ich das erst jetzt? … Okay … Ja, ja, ist gut.«

Menkhoff sah Max ernst an.

»So eine verdammte Scheiße.«

»Was ist?«

Er deutete zum Straßenrand. »Was auf deiner Autotür steht, stimmt nicht. Es ist nicht vorbei. Seit heute Abend wird ein neunjähriges Mädchen in Ehrenfeld vermisst.«

42

»Fahr hinter mir her zum Präsidium«, sagte Menkhoff, als sie das Grundstück verließen. »Ich schätze mal, das wird eine schlaflose Nacht.«

Als sie zwanzig Minuten später auf die weitgeöffnete Tür des Besprechungsraums des KK11 im Kölner Polizeipräsidium zugingen, murmelte Menkhoff: »Scheiße, was will die denn hier?«

Bevor Max nachfragen konnte, wen er meinte, hatten sie den Eingang erreicht, und die dort versammelten etwa fünfzehn Frauen und Männer sahen ihnen neugierig entgegen.

»Ihr Gast ist Herr Bischoff?«, wandte sich eine schlanke Frau Anfang fünfzig an Menkhoff. Sie trug einen schwarzen Businessanzug und eine weiße, bis zum Hals zugeknöpfte Bluse. Ihre Gesichtszüge waren leicht maskulin, was ihr im Zusammenspiel mit den streng zurückgekämmten und am Hinterkopf zu einem straffen Dutt zusammengefassten schwarzen Haaren eine Aura verlieh, die Max insgeheim mit der des Fräuleins Rottenmeier aus den Heidi-Filmen seiner Kindheit verglich. Er ahnte, dass sie diejenige war, die Menkhoff gerade gemeint hatte.

»Ja, das ist Max Bischoff, ein ehemaliger Kollege aus Düsseldorf. Er hat dort …«

»Ich weiß, was Herr Bischoff in Düsseldorf gemacht hat«, unterbrach sie ihn.

»Natürlich, Frau Staatsanwältin«, entgegnete Menkhoff bissig. »Alles andere hätte mich auch gewundert. Ebenso wie ich mich wundere, warum Sie dann fragen.«

Sie war also die Staatsanwältin. Max überlegte, ob ihre offen zur Schau gestellte schlechte Laune damit zusammenhing, dass sie Sonntagnacht um ein Uhr ihre Zeit im Präsidium verbringen musste, oder mit der Tatsache, dass wieder ein Kind vermisst wurde.

»Wissen Sie, worüber *ich* mich wundere, Herr Menkhoff?«, fuhr sie fort. »Ich wundere mich, dass mich mitten in der Nacht ein Rechtsanwalt anruft und sich darüber beschwert, dass der Leiter des Kriminalkommissariats elf zusammen mit einem Zivilisten gerade bei ihm vor der Tür gestanden hat und seine siebzehnjährige, tief schlafende Tochter darüber befragen wollte, ob sie die Tür eines Autos zerkratzt hat. Um halb eins nachts!«

»Das hatte seinen Grund«, setzte Max an, doch der Blick, mit dem die Staatsanwältin ihn bedachte, ließ ihn verstummen. »Ich erinnere mich nicht, *Sie* gefragt zu haben, Herr Bischoff.«

»Das vielleicht nicht«, entgegnete Max, in dem mit rasender Geschwindigkeit die Wut hochstieg. »Aber Sie haben mich gerade erwähnt, also erlaube ich mir, mich auch dazu zu äußern. Ich denke, es täte der Sache gut, wenn Sie einen Gang runterschalten und sich erst einmal anhören würden, was wir dazu zu sagen haben, bevor Sie hier präventiv Gift versprühen.«

Er registrierte, dass einige der anwesenden Beamten bemüht waren, ein Grinsen zu unterdrücken. Im Gegensatz zu ihnen musste er keine dienstlichen Konsequenzen befürchten.

»Sie schnüffeln also als selbsternannter Privatermittler in diesem Fall herum. Sehr erfolgreich waren Sie bisher ja offensichtlich nicht.«

Im Gegensatz zu Ihnen, meinen Sie?, lag es Max auf der Zunge, doch damit hätte er auch Menkhoffs Kolleginnen und Kollegen gegen sich aufgebracht, die wahrscheinlich schon genug unter dem mangelnden Erfolg zu leiden hatten.

»Also, Herr Menkhoff, ich höre«, wandte sie sich wieder an den Hauptkommissar.

»Hat der Herr Rechtsanwalt Ihnen auch gesagt, *was* jemand in die Tür von Herrn Bischoffs Auto geritzt hat?«

»Nein, wozu auch?«

»Wozu auch? Weil es dann vielleicht nachvollziehbar ist, warum wir sofort mit Alina Bohrens reden wollten. Dort steht: *Lass mich bitte in Ruhe. Es ist vorbei*. Herr Bischoff hat den Verursacher der Botschaft überrascht und verfolgt. Das war gegen halb elf. Dabei hat er gesehen, dass es eine Verursacher*in* war, weil sie einen langen blonden Zopf trug. So wie Alina Bohrens, die – wie Sie ja hoffentlich wissen – eine Freundin der vor sechs Jahren verschwundenen Leni Benz war, die nun angeblich wieder aufgetaucht ist.«

Die Stille, die daraufhin den Raum erfüllte, war so intensiv, dass nicht einmal Atemgeräusche zu hören waren.

Menkhoff und die Staatsanwältin standen sich im Abstand von etwa drei Metern gegenüber und starrten einander an. Als die Stille fast unerträglich wurde, nickte die

Staatsanwältin und sagte trocken: »Rechtsanwalt Bohrens wird offiziell Beschwerde gegen Sie einlegen, wenn Sie ihn oder seine traumatisierte Tochter noch einmal wegen einer solchen Lappalie belästigen. Sie werden sich der Familie also nicht mehr nähern, ist das klar? Falls es notwendig erscheint, schicke ich jemand anderen hin, wobei ich die Notwendigkeit zurzeit nicht sehe.«

Menkhoff wollte etwas erwidern, doch sie hob die Hand und sagte in deutlich milderem Ton: »Können wir unsere Aufmerksamkeit jetzt vielleicht wieder auf das vermisste neunjährige Mädchen lenken?«

Menkhoffs Kehlkopf hüpfte ein paarmal auf und ab, und es schien, als schluckte er seine Wut hinunter. Mit ruhiger Stimme wandte er sich dann an Max.

»Was du hier siehst, ist die Soko Lea. Wie der Name vermuten lässt, wurde sie gegründet, als vor zweieinhalb Wochen die kleine Lea verschwand.« Er nickte in die Runde. »Okay, dann bringt mich mal auf den aktuellen Stand.«

Ein Mann in Max' Alter griff nach einem Notizblock, der neben ihm auf einem Tisch lag.

»Die neunjährige Klara Seidel ist heute ... sorry, *gestern* Abend nicht wie verabredet vom Spielen bei ihrer Freundin zwei Straßen weiter nach Hause gekommen.«

»Wann war das?«, fragte die Staatsanwältin, deren Namen Max noch immer nicht kannte.

»Sie sollte um halb acht zurück sein. Die Eltern der Freundin haben versichert, dass sie sie wie verabredet um diese Zeit losgeschickt haben.«

»Die lassen ein neunjähriges Mädchen abends allein in der Stadt herumlaufen?«, fragte Menkhoff dazwischen.

»Und das, nachdem gerade zwei Kinder entführt worden sind?«

»Das ist doch nichts Ungewöhnliches«, bemerkte eine Frau Anfang vierzig neben ihm. »Meine Tochter ist acht und geht auch allein zu ihren Freundinnen. Man kann die Kinder doch nicht vierundzwanzig Stunden am Tag überwachen.«

»Jedenfalls sind Klaras Eltern dann erst mal selbst losgegangen und haben ihre Tochter gesucht. Als Klara auf dem Weg, den sie hätte gehen müssen, nicht zu finden war, haben sie bei anderen Freundinnen angerufen, die sie aber auch nicht gesehen hatten. Um kurz vor neun waren sie dann auf der Polizeiwache Ehrenfeld in der Venloer Straße und haben ihre Tochter als vermisst gemeldet.«

»Und warum erfahre ich erst um halb ein Uhr nachts davon?«

»Ach komm, Bernd«, entgegnete der Beamte, der den Bericht abgegeben hatte. »Du weißt doch, wie das läuft. Die Kollegen haben erst mal eine Vermisstenanzeige geschrieben, dann haben sie Streifen losgeschickt, die die Gegend auf der Suche nach dem Mädchen abgefahren sind, und erst als das keinen Erfolg brachte, haben sie den Kriminaldauerdienst informiert. Der diensthabende Kollege dort hat einen Zusammenhang mit dem Fall Lea vermutet und uns informiert. Der normale Ablauf.«

»Was sagen Sie zu der Sache, Herr Menkhoff, nachdem Sie mir doch gerade gestern erst erklärt haben, der Kinderentführer sei tot?«, erkundigte sich die Staatsanwältin.

»Ich sage, ein paar Stunden nachdem das Mädchen vermisst wird, erst einmal gar nichts.«

Sie nickte. »Ja, das habe ich mir gedacht. Okay. Geben Sie das Foto der Kleinen an die Presse. Das Einverständnis der Eltern liegt vor. Es zählt jetzt jede Stunde. Morgen früh will ich einen detaillierten Bericht aller getroffenen Maßnahmen auf dem Schreibtisch haben. Hoffen wir, dass sie bis dahin wieder aufgetaucht ist. Ich wünsche allerseits eine gute Nacht.«

Nach einem letzten, schwer zu deutenden Blick auf Max verließ sie den Raum. Menkhoff wartete noch eine Weile, als wollte er sichergehen, dass sie auch tatsächlich nicht mehr zurückkam, dann wandte er sich an Max. »Ich schätze, du kannst jetzt nach Hause fahren und zusehen, dass du ein paar Stunden Schlaf bekommst.«

Max blickte sich in dem Raum um, wo die Augen aller Anwesenden auf ihn gerichtet waren. Er wäre lieber bei der Besprechung dabei gewesen, wollte sich aber in dieser Situation nicht auf eine Diskussion mit Menkhoff einlassen. Zudem ahnte er, warum dieser ihn nach Hause schickte.

Menkhoff deutete zur Tür. »Ich bringe dich noch nach unten.«

Max nickte den Beamten der Soko Lea zu und verließ hinter dem Hauptkommissar den Raum. Als sie das Treppenhaus erreicht hatten, sagte Menkhoff: »Du hast gehört, was die liebe Frau Staatsanwältin gesagt hat. Ich darf mich dem Herrn Rechtsanwalt und seinem Töchterchen nicht mehr nähern, also musst du das übernehmen. Fahr nach Hause, schlaf ein paar Stunden und sieh morgen früh zu, wie du an Alina Bohrens herankommst.«

Das bestätigte Max' Vermutung, was Menkhoffs Beweggründe anging. »Okay. Morgen ist Montag. Du hast erwähnt, dass Bohrens' Frau ein Juweliergeschäft in der Innenstadt hat …«

Sie erreichten das Erdgeschoss, und Menkhoff hielt Max die Tür auf. »Ja, ein ziemlich großer Laden. Du findest die Adresse unter *Juwelier Kehrmann.* Das ist ihr Mädchenname. Sie hat das Geschäft von ihrem Vater übernommen. Aber ich muss dich vorwarnen. Daniela Bohrens hat Haare auf den Zähnen.«

Max grinste. »Schlimmer als die Frau Staatsanwältin?«

Auch Menkhoffs Mund verzog sich. »In gewisser Weise, ja. Unsere Frau Petermann kann auch recht umgänglich sein. Sie ist im Moment nur so unausstehlich, weil sie selbst Druck von oben bekommt. Politik halt. Die Bohrens hingegen ist von Grund auf eine Hexe, der es einfach Spaß macht zu keifen und kein gutes Haar an anderen zu lassen. Das gilt vor allem für ihre Familie.«

»Ihre Familie? Auch ihre Tochter?«

»Ja, auch die.«

»Na, dann ist sie doch genau die richtige Gesprächspartnerin für mich«, stellte Max fest.

Als sie im Foyer ankamen, wandte Max sich noch einmal Menkhoff zu. »Viel Erfolg bei der Suche nach der kleinen Klara. Vielleicht taucht sie ja wieder auf.«

»Ja, vielleicht. Mein Gefühl sagt mir allerdings etwas anderes.«

43

Am nächsten Morgen um zehn nach neun betrat Max das *Juweliergeschäft Kehrmann* in der Nähe des Heumarktes. Er musste nicht lange suchen, unter den fünf Angestellten, die hinter kleinen, edel aussehenden Theken standen und Kundinnen und Kunden auf flachen, mit schwarzem Samt ausgeschlagenen Tabletts den funkelnden Schmuck präsentierten, stach die blonde Frau Mitte vierzig deutlich heraus. Sie war von einer Aura kühler Unnahbarkeit umgeben und wäre eine Schönheit gewesen, wenn nicht die verkniffenen Mundwinkel ihrem fein geschnittenen Gesicht einen Hauch von Verbitterung verliehen hätten.

Max ging zielstrebig auf das Tischchen zu, an dem sie einer grell geschminkten, älteren Dame verschiedene Broschen zeigte. Als er zwei Meter hinter der Kundin stehen blieb, sah Daniela Bohrens zu ihm auf und hielt den Blick eine Sekunde länger auf ihn gerichtet, als es nötig gewesen wäre, bevor sie ihm ein Lächeln schenkte und sich wieder der Dame widmete.

»Guten Morgen, kann ich Ihnen helfen?« Max sah zur Seite, wo eine junge rothaarige Angestellte stand und ihn anstrahlte.

»Danke, das ist sehr nett«, entgegnete er freundlich. »Ich warte auf Frau Bohrens.«

Das Strahlen verschwand nicht von ihrem Gesicht, aber es verblasste erkennbar. »Ah, ja, gut, wie Sie möchten.«

Erneut bedachte die Chefin ihn mit einem langen Blick und nickte ihm dann zu.

Max musste nur wenige Minuten warten, in denen die Tür des Geschäfts kaum länger als eine Minute nicht geöffnet wurde. Der Laden schien hervorragend zu laufen.

Schließlich verließ die ältere Dame das Geschäft, nachdem sie sich für eine der Broschen entschieden und an der Kasse bezahlt hatte.

Daniela Bohrens kam lächelnd auf Max zu. »Guten Morgen. Ich habe gehört, dass Sie von mir bedient werden möchten. Was kann ich für Sie tun?«

Vielleicht bildete er es sich ein, aber der Blick, mit dem sie ihn musterte, wirkte auf ihn ein wenig anzüglich. Nebenbei stellte er fest, dass diese elegante Frau und der etwas schwerfällig wirkende Alexander Bohrens zumindest äußerlich so unterschiedlich waren, wie ein Paar nur sein konnte.

»Mein Name ist Max Bischoff«, begann Max lächelnd. »Wenn es möglich ist, würde ich mich mit Ihnen gern über Ihren Mann und Ihre Tochter unterhalten.«

Was immer es war, das er zuvor in ihrem Blick gesehen hatte – es war binnen einer Sekunde wie weggewischt.

Ihre rechte Braue hob sich. »Über Alexander und Alina? Wer sind Sie?«

»Wie schon gesagt, mein Name ist Bischoff. Hauptkommissar Menkhoff schickt mich.«

»Polizei«, stellte sie mit deutlich gedämpfter Stimme fest, und Max sah keinen Grund, ihr zu widersprechen. »Wieder einmal. Ich habe mich schon gefragt, wann der Erste von

Ihnen auftaucht, als ich vom Verschwinden der beiden Mädchen und dem Tod dieses armen Geschöpfes gelesen habe. Ich wüsste allerdings nicht, was wir zu bereden hätten.«

Max ließ den Blick demonstrativ durch den großen Laden schweifen und setzte dann sein verführerischstes Lächeln auf. »Hier sicher nichts. Aber ich würde mich sehr freuen, wenn ich Sie auf einen Kaffee einladen dürfte. In der Nähe gibt es doch sicher ein gemütliches Café.«

Erneut wurde er von den hellblauen Augen gemustert, dann spitzte Daniela Bohrens kurz die Lippen und schüttelte mit einem bitteren Lächeln den Kopf. »Sparen Sie sich das Süßholzraspeln. Ich bin um einiges älter als Sie, aber noch nicht senil, ich bilde mir also nicht ein, Sie hätten ernsthaftes Interesse an meiner Person. Kommen Sie, wir haben hier nebenan einen Aufenthaltsraum, da können wir uns unterhalten.«

Mit einem Schmunzeln folgte Max der Frau und stellte dabei fest, dass sich das enge azurblaue Kleid, das sie trug, an einen gut durchtrainierten Körper schmiegte.

Der Aufenthaltsraum war ein sehr geräumiges Nebenzimmer mit einer Küchenzeile und einem Tisch, um den acht Stühle standen. »So«, sagte Daniela Bohrens, nachdem sie sich gesetzt hatten. »Dann legen Sie mal los, Herr … Wie war noch mal Ihr Name?«

»Bischoff. Max Bischoff.«

»Also, Herr Bischoff, worum genau geht es.«

»Eigentlich um eine ganz simple Frage: Waren Sie gestern Abend zu Hause?«

Daniela Bohrens stieß ein gekünsteltes Lachen aus. »Ob ich gestern Abend zu Hause war? Das klingt ja fast so, als wollten Sie mein Alibi überprüfen. Was wird mir denn vorgeworfen?«

»Nichts wird Ihnen vorgeworfen, Frau Bohrens. Waren Sie denn zu Hause?«

»Ja, am späteren Abend schon. Ich war mit einem meiner Großhändler für Eheringe beim Italiener essen. Den Namen kann ich Ihnen geben, wenn Sie das überprüfen wollen. Ich bin dann gegen halb zwölf nach Hause gekommen, kurz vor meinem Mann. Aber warum wollen Sie das wissen?«

»*Vor* Ihrem Mann?«, hakte Max nach, woraufhin sie ihn verwirrt ansah.

»Ja, das sagte ich doch. Was ist daran so ungewöhnlich?«

»Wo war Ihr Mann gestern Abend?«

»In der Kanzlei. Wie jeden zweiten, dritten Abend.« Dieses Mal klang das Lachen nicht gekünstelt, sondern troff vor Verachtung. »Während sogar ein jüngerer Kollege, der nach ihm dort angefangen hat, mittlerweile Partner geworden ist, macht mein Trottel von Mann bis spät in die Nacht die Drecksarbeit für die anderen.«

»So wie gestern.«

»Ja, so wie gestern. Und jetzt raus mit der Sprache. Warum fragen Sie danach? Was war gestern Abend los?«

Während Max noch versuchte, die Tatsache einzuordnen, dass Alexander Bohrens ihn und Menkhoff in der Nacht schamlos angelogen hatte, sagte seine Frau: »Hören Sie, Herr … Bischoff. Die Kölner Oberbürgermeisterin trägt Schmuck von mir, die Frau des Innenministers ist ebenfalls eine gute Kundin, und der Kölner Polizeipräsident gehört zu meinem engeren Freundeskreis. Wenn mein Mann also etwas angestellt hat, sagen Sie es mir besser jetzt sofort, bevor ich mir meine Informationen von einer der gerade genannten Quellen besorgen muss. Also?«

»Sie scheinen keine allzu gute Meinung von Ihrem Mann zu haben«, wich Max aus.

»Wie kommen Sie nur auf diese Idee?« Sie schüttelte den Kopf. »Fachanwalt für Steuerrecht. Können Sie sich etwas Langweiligeres vorstellen? Haben Sie ihn schon kennengelernt?«

Bohrens hatte seiner Frau also nichts von Max' erstem Besuch erzählt. Und ihre Tochter ebenso wenig.

Max nickte. »Ja.«

»Na, dann wissen Sie ja, wovon ich rede. Plump, fett und etwas, das andere Gutmütigkeit nennen. Ich nenne es Dummheit, gepaart mit einem Hang zur Faulheit. Er wird mit sechzig noch nachts in einem Kämmerchen der Kanzlei hocken und irgendwelche dämlichen Akten bearbeiten, während seine Kollegen in einer schicken Bar mit Champagner ihre neuesten Erfolge feiern. So einer ist mein Mann. Sie sehen also, wäre es Ihnen mit Ihrem zugegebenermaßen recht linkischen Flirtversuch eben ernst gewesen, hätten Sie sogar gute Chancen gehabt.«

»Das ist … Ich fühle mich geschmeichelt«, entgegnete Max, und das war zumindest nicht komplett gelogen. Allerdings musste er zugeben, dass er beim Flirten tatsächlich aus der Übung war.

»Das sollten Sie auch.« Für einen kurzen Moment flammte erneut der anzügliche Blick in ihren Augen auf, dann war es wieder vorbei.

»War Ihre Tochter da, als Sie nach Hause gekommen sind?«

»Woher soll ich das wissen? Die hockt doch fast immer in ihrem Zimmer und geht dann irgendwann ins Bett. Sie führt quasi ihr eigenes Leben, von dem wir recht wenig mitbekommen. Und glauben Sie nicht, dass sie zu Hause irgendetwas in die Hand nimmt. Dazu ist sich die junge Dame zu fein.«

»Hm ... so, wie sich das anhört, scheint das Verhältnis zwischen Ihnen und Ihrer Tochter auch nicht das allerbeste zu sein, oder täusche ich mich?«

»Das ist richtig, aber so, wie Sie das *auch* betonen, scheinen Sie davon auszugehen, dass das an mir liegt. Tut es nicht, das kann ich Ihnen versichern. Es liegt einfach daran, dass Alina leider sehr viele Eigenschaften ihres Vaters geerbt hat und so gut wie keine von mir.«

»Hm ...« Max sparte sich jeden weiteren Kommentar und wollte sich kein Urteil erlauben, woran es letztendlich lag, dass das Verhältnis zwischen ihr und Alina nicht das beste war.

»Haben Sie heute Nacht gegen halb eins irgendetwas bemerkt?«

»Um halb eins? Um Gottes willen, da habe ich schon tief und fest geschlafen.«

»Und Sie sind nicht aufgewacht? Durch laute Stimmen oder Geräusche?«

»Nein! Ich trage beim Schlafen eine Maske und Ohropax, weil ich sonst sogar noch durch zwei Wände das Schnarchen dieses Riesenbabys höre, mit dem ich verheiratet bin. Und jetzt will ich auf der Stelle wissen, was diese seltsamen Fragen sollen.«

Max wusste, wenn er die Katze aus dem Sack ließ, würde

Daniela Bohrens ihrem Mann zu Hause die Hölle heißmachen, woraufhin der wieder bei der Staatsanwältin anrufen würde, was für Menkhoff ein unangenehmes Gespräch zur Folge hätte. Das würde dieser zwei Monate vor seiner Pension sicher verkraften, aber schlimmer war: Damit wären alle Chancen, dass Bohrens mit ihnen zusammenarbeitete und ihnen doch noch die Wahrheit über den gestrigen Abend sagte, verspielt.

»Ich war heute Nacht zusammen mit Hauptkommissar Menkhoff an Ihrer Haustür und habe mit Ihrem Mann gesprochen. Wir hatten ein, zwei wichtige Fragen zu Robert Benz, die wir sofort klären mussten.«

»Glauben Sie etwa, mein Mann hat irgendetwas mit dem Mord an ihm zu tun?«

»Nein, das glauben wir nicht.«

»Gut.« Sie stieß ein kehliges Lachen aus. »Ich bin sicher, auch dafür wäre er zu dämlich.«

Als Max kurz darauf das Geschäft verließ, stellte er sich unwillkürlich die Frage, warum Daniela Bohrens überhaupt noch mit ihrem Mann zusammen war. Finanzielle Gründe konnte es kaum haben, sie führte ein gutgehendes Geschäft.

Aber vielleicht würde er den Grund ja bald erfahren.

44

Wieder und wieder liest sie die fette Überschrift und den Artikel. Als hätte sie die Hoffnung, dass sich beim zehnten Mal herausstellen würde, dass sie sich geirrt hat.

Sie ist vollkommen durcheinander, kann keinen klaren Gedanken mehr fassen angesichts der Tatsache, dass das, was da steht, nicht sein kann. Nicht sein darf.

Drittes Entführungsopfer?
Wieder Mädchen aus Köln vermisst.

Sie lässt die Hand mit dem Smartphone sinken und starrt apathisch vor sich hin, als die Bilder erneut vor ihr auftauchen.

Der Schatten über ihr. Das Gesicht, das immer näher kommt, das Keuchen und Stöhnen, während eine Hand sie auf den Boden presst und die andere sich an ihr zu schaffen macht.

Und dann ist da wieder diese andere helle, ovale Fläche gleich dahinter. Sie ist wie ein Rätsel, dessen Lösung sie einmal kannte, die sie aber irgendwann in eine Kiste geschlossen und im hintersten Winkel des Vergessens abgestellt hat.

Anders als sonst nimmt diese Fläche jetzt erste, noch kaum erkennbare Konturen an. Der Artikel über das verschwundene Mädchen hat ein schmutziges, dämmriges Licht in die bisher stockdunkle Kammer des Vergessens geworfen.

Noch kann sie keine Einzelheiten erkennen, aber bereits diese verschwommenen Eindrücke erwecken etwas in ihr zum Leben.

Es ist nicht Ekel und Abscheu, nein, es ist etwas anderes. Was sich da anbahnt, das ist viel, viel schlimmer. Sie ahnt es. Sie weiß *es. Und sie hat panische Angst davor.*

Noch ist es nur ein Zittern, eine Vibration, aber sie spürt, wenn dieses verschwommene Oval Konturen bekommt, dann wird es vielleicht ein Beben in ihr auslösen, von dem sie sich nie mehr erholen wird.

45

»So ein verdammter Mistkerl«, stieß Menkhoff aus, nachdem Max ihm von seiner Unterhaltung mit Daniela Bohrens erzählt hatte. »Dem werde ich seinen fetten Hintern bis zum Nacken aufreißen.«

»Denk an die Staatsanwältin«, mahnte Max. »Die wird dir …«

»Die kann mich mal. Bohrens hat uns nach Strich und Faden belogen. Wir werden ihm jetzt einen Besuch abstatten, und Gnade ihm Gott, wenn er dann nicht mit der Wahrheit rausrückt. Ich bin im Präsidium. Wann kannst du hier sein?«

»In etwa zwanzig Minuten.«

»Gut, ich stehe dann unten vor dem Haupteingang. Hol mich da ab.«

Eine Viertelstunde später stieg er zu Max in den Wagen und hielt ihm einen Zettel hin. »Das ist die Adresse der Kanzlei, in der Bohrens arbeitet. Aber zuerst fahren wir zu ihm nach Hause.«

»Du hoffst, dass Alina zu Hause ist? Allein?«

»Ganz genau.«

»Wenn du ohne das Einverständnis ihrer Eltern mit ihr sprichst, und das nach dem Theater letzte Nacht, wird die gute Frau Petermann dir die Hölle heißmachen.«

Menkhoff nickte zustimmend. »Ich weiß. Deshalb wirst auch du mit ihr reden.«

Das war genau, was Max befürchtet hatte.

Um zwanzig vor elf kamen sie vor dem Haus der Familie Bohrens an, drei Minuten später stieg Max jedoch schon wieder ins Auto. »Niemand da.«

»Mist. Wäre auch zu schön gewesen. Allerdings würde mich mal interessieren, wo sich die junge Dame gerade herumtreibt.«

Das erfuhr er knappe zwei Minuten später.

Als sie am Ende der Straße nach links abgebogen und etwa zweihundert Meter gefahren waren, sagte Menkhoff: »Mach mal langsam!«

Max nahm den Fuß vom Gaspedal und blickte sich um.

»Da vorn, auf der linken Seite. Siehst du das?«

Max entdeckte das Fahrzeug, aus dem gerade Alina Bohrens ausgestiegen war. Nun stand sie vor der geöffneten Beifahrertür und schien sich mit dem Fahrer zu unterhalten. »Wer, zum Teufel, ist das in dem Wagen?«

»Keine Ahnung.« Max kniff die Augen zusammen, doch das reflektierende Sonnenlicht machte es unmöglich, auch nur einen Schemen hinter der Windschutzscheibe des schon in die Jahre gekommenen, schmutzigen Opels zu erkennen. Menkhoff zog einen Stift aus der Sakkotasche und notierte das Kennzeichen. »Dann lass uns doch mal nachsehen. Fahr ein Stück näher ran.«

Etwa zwanzig Meter vor dem Fahrzeug lenkte Max seinen Wagen in eine große Lücke zwischen zwei Autos, und Menkhoff stieg aus. Max tat es ihm gleich und folgte ihm quer über die Straße.

Als sie auf zehn Meter herangekommen waren, entdeckte Alina sie, beugte sich hastig vor, sagte etwas ins Wageninnere und schlug die Tür zu. In der nächsten Sekunde heulte der Motor kurz auf, dann schoss der Wagen auf Max und Menkhoff zu und so knapp an ihnen vorbei, dass beide erschrocken einen Satz zur Seite machten. Max registrierte noch, dass ein schon etwas älterer Mann mit Halbglatze hinter dem Steuer saß, dann bog das Fahrzeug um die Ecke und verschwand aus ihrem Blickfeld.

Alina wollte losrennen, doch Max rief ihr zu: »Alina, lass das. Bleib stehen, es ist sinnlos, wegzulaufen.«

Sie blieb tatsächlich stehen und verschränkte die Arme vor der Brust.

»Wer war das?«, wollte Menkhoff wissen, als sie sie erreicht hatten.

»Niemand.«

»Ah, okay. Das war also niemand.« Er nickte, die Unterlippe vorgeschoben. »Auch gut. Zum Glück habe ich mir das Kennzeichen von Herrn Niemand notiert. Wir werden seine Adresse ermitteln, und dann schicke ich einen Streifenwagen zu ihm, der ihn zu Hause abholt und zu mir aufs Präsidium bringt, wo ich ihn dann fragen werde, warum du aus seinem Auto ausgestiegen bist und wo ihr gerade hergekommen seid. Und damit du ihn nicht warnen kannst, nehmen wir dir dein Smartphone weg, und du kommst auch mit aufs Präsidium. Da seid ihr dann wieder zusammen, und deine Mutter kann Herrn Niemand auch gleich kennenlernen, wenn sie dich später einsammeln kommt.«

Menkhoff nutzte ohne Hemmungen die offensichtlichen

Spannungen zwischen Alina und ihrer Mutter gnadenlos aus, aber Max gestand sich ein, dass er es genauso gemacht hätte. Während Menkhoff sein Smartphone nahm, eine Nummer wählte und das Kennzeichen zur Haltshould be ermittlung durchgab, wandte Alina sich an Max.

»Ich möchte nicht mit Ihnen mitkommen. Sie können mich nicht zwingen, ich habe nichts verbrochen. Mein Vater ist Rechtsanwalt.«

Max sah zu Menkhoff hinüber, und als der ihm zunickte, sagte er wie beiläufig: »Es stimmt, du hast nichts verbrochen, aber dein Freund hat gerade versucht, uns mit seinem Auto zu überfahren. Das ist ein Mordversuch, und da du uns seine Identität verschweigst, machst du dich der Beihilfe schuldig. Daran wird auch dein Vater nichts ändern können. Steig also bitte ein und gib uns dein Smartphone.«

»Aber er …« Alinas Augen füllten sich mit Tränen, die ihr im nächsten Moment über die Wangen liefen.

Max sah die Verzweiflung in ihrem Gesicht, und sie tat ihm leid, aber er wusste, dass er sich davon nicht beeinflussen lassen durfte.

»Ist dieser Mann ein Bekannter oder Freund deiner Eltern?«

»Nein.«

»Sondern?«

»Wenn ich Ihnen sage, wer er ist, lassen Sie ihn dann in Ruhe?«

»Das hängt ganz davon ab, wo ihr beiden herkommt und was ihr gemacht habt«, entgegnete Menkhoff.

»Wir haben gar nichts gemacht, uns nur unterhalten, das schwöre ich. Das ist doch nicht verboten.« Alina wischte sich mit dem Unterarm über die Augen, während ihre Schultern zuckten.

Menkhoff zeigte sich unbeeindruckt. »Wer ist der Kerl?«

»Er … er heißt Karl.«

»Karl was?«

»Das weiß ich nicht.«

Max zog die Stirn kraus. »Du bist gerade aus dem Auto eines Mannes gestiegen, der mindestens vierzig Jahre alt ist, und kennst nur seinen Vornamen?«

»Ja, verdammt«, gab Alina zickig zurück. »Es ist doch scheißegal, wie er mit Nachnamen heißt und wer er ist. Das interessiert mich null. Er versteht mich.«

»Wo seid ihr hergekommen?«

»Wir waren nicht weit. Am Friedhofsparkplatz.«

»Ihr wart auf dem Friedhof?«, fragte Menkhoff ungläubig nach.

»Nein, ich sagte, wir waren auf dem Friedhofsparkplatz, haben Sie was mit den Ohren?«

Max sah, wie sich die Gesichtsfarbe des Hauptkommissars veränderte. Ein deutlich erkennbarer rötlicher Schimmer legte sich auf seine Wangen.

»Sei vorsichtig, junge Dame«, presste Menkhoff, sichtlich um Fassung bemüht, zwischen den Zähnen hervor. »Sonst findest du dich ganz schnell auf dem Präsidium wieder. Also, was wolltet ihr am frühen Morgen am Friedhof?«

Alina schien zu begreifen, dass es besser war, Menkhoff nicht weiter zu reizen. Als sie antwortete, lag ein Hauch Verzweiflung in ihrer Stimme. »Auf dem Parkplatz dort hat man einfach seine Ruhe.«

»Ruhe wofür?«, hakte Max nach.

»Na, zum Quatschen. Wir haben die ganze Zeit geredet.«

»Worüber?«

»Über allen möglichen Scheiß.«

»Alina«, übernahm Max wieder mit ruhiger Stimme, »jetzt erklär uns mal, woher du Karl kennst und warum du dich morgens zu ihm ins Auto setzt und mit ihm zum Friedhofsparkplatz fährst.«

»Ich habe ihn im Internet kennengelernt.«

»Wann?«

»Vor ungefähr zwei Wochen.«

Max und Menkhoff tauschten einen Blick, bevor Menkhoff fragte: »*Wie* habt ihr euch im Internet kennengelernt?«

»Über Instagram. Ich habe da ein paar düstere Fotos reingestellt, so mit schwarzen Krähen, die Augen aushacken, und explodierenden Köpfen und so was. Und ich hab dazugeschrieben, dass die Welt ein riesiger Scheißhaufen ist und dass ich schon morgens kotzen könnte, weil das Leben so kacke ist. Da hat er mich angeschrieben und wollte wissen, warum ich so mies drauf bin. Ich hab ihm zurückgeschrieben, dass ihn das einen Scheiß angeht, aber er hat nicht lockergelassen. Er hat mir seine Handynummer gegeben und gemeint, ich könnte ihn jederzeit anrufen, wenn ich alles doof fände. Er war so … lieb. Als ich dann abends im Bett lag, habe ich ihn angerufen und ihm alles erzählt. Dass ich immer Zoff mit meinen Eltern habe, besonders mit meiner Mutter, der dämlichen Kuh. Und …« Alina senkte den Blick.

»Und?«, hakte Max vorsichtig nach.

»Und dass ich ständig an die Sache damals mit Leni denken musste, weil doch gerade wieder ein Mädchen entführt wurde.«

Max schüttelte verständnislos den Kopf. »Verstehe ich das richtig? Da schreibt dich ein wildfremder Kerl, der dein Vater sein könnte, im Internet an und gibt dir seine Handynummer, und du rufst ihn tatsächlich an und schüttest ihm dein Herz aus? Einfach so? Und das, obwohl gerade wieder ein kleines Mädchen verschwunden ist? Und obwohl du vor sechs Jahren hautnah miterlebt hast, was für kranke Typen es gibt? Ich fass es nicht.«

»Schau mich mal an, Alina«, sagte Menkhoff mit einer Therapeutenstimme, die überhaupt nicht zu ihm passte. Tatsächlich hob Alina den Kopf und blickte Menkhoff fest in die Augen.

»Hat Karl dich irgendwann einmal angefasst? Sei ehrlich.«

»Nein!«, entgegnete sie entsetzt. »Denkt ihr Bullen immer nur in eine Richtung? So was würde Karl nie tun. Der ist nicht so wie …« Sie brach den Satz abrupt ab und senkte den Blick.

»So wie wer?«

Als sie nicht antwortete, wiederholte Menkhoff: »Wie wer, Alina?« Doch sie würde den Satz nicht mehr beenden, das erkannte Max in ihren Augen.

»Sie können das nicht verstehen«, fuhr sie mit leiser Stimme fort. »Karl ist der Erste, der mir zuhört und mich tröstet. Er würde nie etwas tun, das ich nicht möchte.«

Erneut empfand Max tiefes Mitgefühl mit diesem Mädchen, aber das durfte ihn natürlich nicht darüber hinwegtäuschen, dass es da noch eine andere Sache gab.

Als hätte Menkhoff seine Gedanken gelesen, fragte er: »Okay. Wo warst du gestern Abend?«

Alina blickte ihn fragend an. »Was … warum wollen Sie denn das jetzt wissen? Ich habe mich gestern Abend nicht mit Karl getroffen.«

»Das beantwortet meine Frage nicht. Ich möchte wissen, wo du gestern Abend warst.«

»Zu Hause, wo denn sonst?«

»Haben deine Eltern dich gesehen?«, bohrte er weiter, obwohl er genau wusste, dass beide nicht zu Hause gewesen waren.

»Keine Ahnung. Nein. Ich war mal unten und hab mir was zu essen geholt, da war niemand.«

»Wann war das?«

»Um zehn oder so.«

»Du warst gestern Abend also nicht in Düsseldorf?«

»Was? In Düsseldorf? Sind Sie bescheuert? Was soll ich denn abends in Düsseldorf? Wenn ich ausgehen will, dann mach ich das in Köln.«

Entweder war dieses Mädchen eine ganz hervorragende Schauspielerin, oder die Fassungslosigkeit in ihrem Gesicht war echt und sie sagte die Wahrheit.

»Nun, wie wir eben sehen konnten, gibt es ja jemanden, der dich vermutlich fahren würde, wenn du ihn fragst.«

»Ich war zu Hause, Ende. Kann ich jetzt endlich gehen?«

Menkhoff schien kurz nachzudenken. »Ja. Und wenn du Karl anrufst, sag ihm, er soll nicht versuchen, vor uns abzuhauen. Das würde kein gutes Bild abgeben.«

»Was hältst du davon?«, fragte Max, während er Alina nachsah.

»Ich bin mir nicht sicher. Warten wir mal ab, bis wir uns mit diesem ...« Er entsperrte den Bildschirm seines Telefons und las ab, was man ihm vom Präsidium geschickt hatte. »... mit diesem Karl Olschewski unterhalten haben ... Warte mal.«

Er tippte auf dem Display herum, dann hielt er sich das Telefon ans Ohr.

»Menkhoff hier. Erzähl, was ist mit dem Kerl?« Nach einer Weile sagte er: »Scheiße ... ja. Schafft ihn mir sofort aufs Präsidium. Schick vorsichtshalber zwei Wagen hin. Wenn er nicht da ist, gib eine Fahndung nach ihm raus ... Das ist mir scheißegal ... Nein, natürlich können wir deshalb nicht nach ihm fahnden ... Lasst euch halt was einfallen, von mir aus wegen Mordversuchs. Er war mit einer Minderjährigen unterwegs und hat uns fast über den Haufen gefahren, als er vor uns abgehauen ist ... Ja und, soll sie. Die lässt es doch sowieso jedes Mal an uns aus, wenn ihr ein Furz quersitzt.«

Nachdem er aufgelegt hatte, deutete er grimmig mit dem Kinn nach vorn. »Bohrens muss noch ein wenig warten. Unser Karl hatte schon zweimal Ärger mit Eltern, deren Töchter er über das Internet so lange bequatscht hat, bis sie sich mit ihm getroffen haben.«

Max fuhr los. »Wie alt waren die Mädchen?«

»Zwölf und vierzehn.«

46

Als sie auf dem Präsidium ankamen, war Karl Olschewski zwar noch nicht dort, saß aber bereits in einem Streifenwagen, wie ein Kollege Menkhoff mitteilte. Sie zogen sich aus einem Automaten einen grauenhaft schmeckenden Kaffee, dann folgte Max Menkhoff in den Verhörraum.

Zehn Minuten später wurde Olschewski von einer Beamtin in den Raum gebracht, wo er stehen blieb und Menkhoff und Max unsicher ansah. Wie Max schon gesehen hatte, als er an ihnen vorbeigerast war, hatte er eine Glatze, die von einem dunklen Haarkranz umgeben war. Er war vollschlank und nicht sehr groß, vielleicht knapp über eins siebzig, und hatte weiche, fast feminine Gesichtszüge. Der dunkle Bartschatten bildete dazu einen eigenartigen Kontrast.

Er trug ein buntes Shirt und eine Jeans, die nicht nur zu lang, sondern auch mindestens eine Nummer zu groß war und unter dem Bauchansatz von einem abgewetzten Gürtel gehalten wurde.

»Herr Olschewski«, begrüßte Menkhoff ihn mit lauter Stimme, woraufhin der Mann zusammenzuckte. »Nehmen Sie Platz.«

Statt der Aufforderung nachzukommen, blieb Olschewski stehen und sagte: »Warum hat man mich hergebracht?«

»Das werden wir Ihnen gleich erzählen. Bitte.« Menkhoff zeigte auf den Stuhl gegenüber, woraufhin Olschewski sich schließlich doch setzte.

Menkhoff wartete, bis er sich den Stuhl umständlich zurechtgerückt hatte.

»Ich denke, Sie erkennen uns wieder?«

»Nein.«

»Nein? Mein Name ist Menkhoff. Ich bin der Leiter der Mordkommission hier, und das ist Max Bischoff, ein ehemaliger Kollege und jetzt Berater. Sie haben uns eben in Brück fast über den Haufen gefahren. Klingelt da was bei Ihnen?«

Das tat es, wie Max an Olschewskis Gesichtsausdruck erkennen konnte.

»Oh, das waren Sie? Es tut mir leid, das … war nicht meine Absicht. Ich bin ein wenig in Panik geraten, nachdem Alina mir zugerufen hat, ich solle sofort verschwinden.«

»Warum?«, schaltete Max sich in das Gespräch ein.

»Warum? Ich dachte, da kommt vielleicht ihr Vater mit einem Freund und möchte mich verprügeln.«

»Warum sollte Alinas Vater das tun? Hätte er einen Grund dafür?«

Olschewski schüttelte den Kopf. »Nein, überhaupt nicht.«

»Das verstehe ich nicht. Warum dachten Sie das dann?«

Der Mann senkte den Blick und ließ sich mit der Antwort Zeit, bis Menkhoff sagte: »Herr Olschewski?«

»Weil ich … ich bin schon einmal von einem Vater verprügelt worden, der nicht wollte, dass ich mich mit seiner Tochter treffe.«

Menkhoff tat überrascht. »Ah, verstehe! Welchen Grund

hatte dieser Vater, wütend auf Sie zu sein? Wie alt war denn das Mädchen?«

»Sie war fünfzehn und hatte Stress mit ihren Eltern. Wir haben uns ein paarmal getroffen, weil sie sich bei mir ausheulen konnte.«

»Und die beiden Elternpaare, die Sie angezeigt haben, weil Sie sich mit ihren gerade mal zwölf- und vierzehnjährigen Töchtern *getroffen* haben, haben ihren Töchtern wahrscheinlich ebenfalls Stress gemacht.«

»Ja, genau. Die Anzeigen gegen mich wurden fallengelassen, weil ich ja nichts anderes getan habe, als mit den Girls zu reden, und das ist schließlich nicht strafbar.«

»Girls?«, wiederholte Max. Das Wort klang aus dem Mund dieses Mannes mehr als unpassend, wenn man bedachte, wen er damit meinte.

Olschewski lächelte verlegen. »Ja, so nenne ich sie immer, das gefällt Mädchen in diesem Alter.«

»Sagen Sie mal, Herr Olschewski, wollen Sie uns auf den Arm nehmen?«, fragte Menkhoff hörbar genervt. »Sie plaudern hier über wiederholte *Treffen* mit Kindern, die Sie *Girls* nennen, als wäre es die selbstverständlichste Sache der Welt.«

Olschewski sah Menkhoff mit unschuldigem Blick an. »Ist es das denn nicht? Ich hatte auch Eltern, die mich nicht verstanden haben, weil sie mir nie zuhörten. Ich weiß, wie schlimm das ist und wie gut es mir getan hätte, wenn ich jemanden zum Quatschen gehabt hätte.«

»Dazu sind im Allgemeinen gleichaltrige Freunde und Freundinnen da«, warf Max ein, woraufhin Olschewski die Schultern zuckte.

Menkhoffs Hand landete geräuschvoll auf der Tischplatte. Olschewski ließ sich aber nicht aus der Ruhe bringen.

»Was wollen Sie von Alina?«

»Ich höre ihr zu.«

»Und warum tun Sie das?«

»Weil sie jemanden zum Reden braucht.«

»Und Sie sind der Samariter, der sich vollkommen uneigennützig ihre Probleme anhört.«

»Genau.«

»Was tun Sie sonst so, wenn Sie sich nicht mit kleinen Mädchen treffen?«, fragte Max gereizt. »Sind Sie verheiratet? Haben Sie selbst Kinder?«

»Beides leider nicht. Ich habe noch nicht die Richtige gefunden.«

Das kann ich mir denken, schoss es Max durch den Kopf.

»Was machen Sie beruflich?«

»Ich bin Versicherungsfachangestellter. Also, ich war. Im Moment bin ich auf Arbeitssuche.«

»Und spielen nebenbei den Seelentröster für kleine Mädchen.«

»Genau.«

»Haben Sie Alina oder eines der anderen Mädchen je angefasst?«

Max war sich nicht sicher, ob er Olschewski den fast schon lächerlich dumm-naiven Blick abnehmen konnte, mit dem er Menkhoff und ihn abwechselnd ansah. Ganz sicher hingegen war er, dass Olschewski damit und mit dem offenstehenden Mund Aggressionen in ihm weckte, die er nur schwer unterdrücken konnte.

»Ja, schon. Wenn die Girls traurig sind und weinen, dann

nehme ich sie natürlich auch mal in den Arm und streichle ihnen über den Kopf. Trost eben.«

Max sah, dass es Menkhoff ähnlich zu gehen schien wie ihm. Im Gesicht des Hauptkommissars zeigte sich wieder der rote Schimmer, der nach Max' bisherigen Erfahrungen der Vorbote eines Menkhoff'schen Ausbruchs war.

»Verdammt nochmal«, fuhr Menkhoff Olschewski auch prompt an.

Der zuckte zusammen und zog den Kopf zwischen die Schultern. So, wie man es in Filmen bei Schauspielern sah, die ängstliche Menschen spielten.

»Haben Sie mit einem dieser Mädchen – zum Beispiel mit Alina – irgendwelche sexuellen Handlungen begangen?«

Die Augen des Mannes wurden riesengroß.

»Sex? Nein! Ich würde doch nie etwas tun, was die Girls nicht wollen.«

Im Bruchteil einer Sekunde explodierte die Wut in Max, so dass sie sofort ein Ventil brauchte. »Hören Sie gefälligst auf, diese Kinder *Girls* zu nennen!«, fuhr er Olschewski an und erntete dafür einen überraschten Blick von Menkhoff. »Das sind keine *Girls*, sondern naive Mädchen, die nicht merken, dass Sie sich mit Ihrer Versteher-Masche ihr Vertrauen erschleichen, um sich dann an ihrer Anwesenheit oder ihren Umarmungen oder woran auch immer aufzugeilen. Ist es nicht so?«

»N… nein.« Olschewskis Augen begannen, feucht zu schimmern. »Ich möchte doch nur für sie da sein.«

»Sie sagten, Sie würden nie etwas tun, was die Mädchen nicht wollen. Und wie wäre es, wenn Sie das Gefühl hätten, *dass* sie es wollten?«

In einer traurigen Geste zog Olschewski die Schultern hoch. »Schauen Sie mich doch mal an. Glauben Sie vielleicht, so ein junges Ding wollte etwas von einem Kerl wie mir?«

»Wenn bei jungen Mädchen in diesem Alter die richtigen Knöpfe gedrückt werden, spielt das Aussehen und das Alter des Kerls, der sie umarmt, nur noch eine untergeordnete Rolle«, informierte Max mit scharfer Stimme. »Und obwohl Sie uns hier den naiven Kindertröster vorspielen wollen, werde ich das Gefühl nicht los, dass Sie das ganz genau wissen, Herr Olschewski.«

Einige Sekunden lang starrten sie sich an, und in dieser Zeit blitzte etwas Kaltes in den Augen des Mannes auf. Höchstens für eine Sekunde, doch Max war überzeugt, in diesem kurzen Moment den wahren Karl Olschewski gesehen zu haben.

»Wo waren Sie gestern Abend?« Menkhoff schoss die Frage regelrecht ab.

»Gestern? Ich … Ich war zu Hause und habe ferngesehen.«

»Kann das jemand bestätigen?«

»Nein, wie ich schon sagte, ich lebe allein und … Warten Sie, ich habe mit meiner Mutter telefoniert. Sie wohnt in Wuppertal.«

»Wann war das?«

»So gegen neun?«

»Wo waren Sie am Zweiten und Elften dieses Monats?«

»Das … weiß ich nicht.«

»Dann denken Sie gefälligst nach. Der Elfte ist noch nicht lange her. Das war Freitag vorletzte Woche.«

Olschewski senkte den Blick und kaute dabei auf seiner Unterlippe herum. »Hm … warten Sie … Freitag … da war ich auch zu Hause.«

»Den ganzen Tag? Und den Abend auch?«

»Es ging mir nicht so gut an dem Tag. Ich habe den ganzen Tag und den Abend auf der Couch gelegen.«

Max tauschte mit Menkhoff einen Blick, bevor er sich wieder an Olschewski wandte. »Und am Zweiten? Das war der Mittwoch in der Woche davor. Waren Sie da auch zu Hause und hatten den Fernseher an?«

»Das weiß ich nicht mehr. Ist zu lange her.«

»Dann sollten Sie intensiv nachdenken«, sagte Menkhoff und stand auf. »Das war's erst einmal. Sie können gehen. Aber halten Sie sich zu unserer Verfügung. Das bedeutet, Sie bleiben in Köln, so dass wir Sie jederzeit erreichen können.«

Auch Olschewski erhob sich. »Was werfen Sie mir eigentlich vor? Soweit ich weiß, ist es nicht strafbar, sich mit einer Siebzehnjährigen zu unterhalten.«

»Das werden wir noch herausfinden, nachdem wir mit den Eltern der anderen Mädchen gesprochen haben«, sagte Menkhoff.

»Tun Sie das, ich habe mir nichts vorzuwerfen.«

Menkhoff deutete zur Tür. »Gehen wir. Ein Kollege bringt Sie nach unten.«

»Warum wollen Sie denn wissen, wo ich gestern Abend und an den anderen Tagen war?«

»Das wissen Sie nicht?« Max konnte sich nicht vorstellen, dass jemand wie Karl Olschewski nichts vom Verschwinden der Mädchen mitbekommen hatte.

»Nein, warum sollte ich sonst fragen?«

»Weil an diesen Tagen mindestens zwei Mädchen entführt wurden«, sagte Menkhoff in einem Ton, der keine Zweifel daran ließ, dass das Gespräch damit beendet war. »Eines dieser Mädchen haben wir mittlerweile gefunden. Sie wurde missbraucht und ermordet. Und jetzt raus hier.«

47

Nachdem einer von Menkhoffs Kollegen Olschewski übernommen hatte, folgte Max dem Hauptkommissar in dessen Büro.

Menkhoff ließ sich auf seinen Stuhl fallen und verschränkte die Hände im Nacken. »Und? Was denkst du?«

»Er hat uns was vorgespielt. Er ist lange nicht so naiv, wie er uns glauben machen wollte, und ich bin überzeugt davon, dass er seine Treffen mit den Mädchen dazu benutzt, sich auf irgendeine Art an ihnen aufzugeilen. Allerdings scheint er sehr sicher zu sein, dass ihm nichts passieren kann. Deshalb glaube ich nicht, dass es zu offenen sexuellen Handlungen gekommen ist, denn dann müsste er damit rechnen, dass eines der Mädchen sich verplappert. Es ist etwas anderes, das ihn reizt.«

Menkhoff nickte. »Glaubst du, er ist unser Mann?«

»Wie definieren wir denn *unseren Mann*? Derjenige, der bereits vor sechs Jahren für das Verschwinden der drei Mädchen verantwortlich war? Der Entführer von Lea und Sofia? Und Klara? Oder alles zusammen?«

»Du weißt, wer meiner Meinung nach für die Fälle vor sechs Jahren verantwortlich war. Daran hat sich nichts geändert.«

Max nickte. »Ja, ich weiß. Und unabhängig davon, ob

Benz die drei Mädchen inklusive seiner eigenen Tochter entführt und missbraucht hat, ist klar, dass wir es jetzt mit einem anderen Täter zu tun haben. Und wenn das so ist, befürchte ich das Schlimmste für die kleine Klara.«

Mit einem Ruck erhob sich Menkhoff von seinem Stuhl. »Dann sollten wir zusehen, dass wir vorankommen. Statten wir also dem Herrn Rechtsanwalt einen Besuch ab. Ich fahre.«

Alexander Bohrens' Miene schien einzufrieren, als er den Besprechungsraum in der ersten Etage des mehrstöckigen Geschäftshauses betrat, in den der junge Mann am Empfang Max und Menkhoff gebracht hatte. Max hatte sich als Peter Klein vorgestellt und als Inhaber einer Firma ausgegeben, der Probleme mit dem Finanzamt hatte.

»Sie?«, stieß Bohrens aus, während er Menkhoff anstarrte wie einen Geist. »Ich glaub's nicht. Also gut, ich werde jetzt Staatsanwältin Petermann anrufen und eine offizielle Beschwerde gegen Sie einreichen.«

Bohrens wollte sich schon umdrehen, um den Raum wieder zu verlassen, als Menkhoff ihm zurief: »Dann erklären Sie der Staatsanwältin auch gleich, wo Sie gestern Abend wirklich waren, bevor Sie kurz vor Mitternacht nach Hause kamen. *Nach* Ihrer Frau.«

Bohrens verharrte in der Bewegung, wandte sich ihnen wieder zu und schloss die Tür hinter sich.

»Sie haben mit meiner Frau gesprochen? Das wird ja immer schöner.«

»Lenken Sie nicht vom Thema ab, Herr Bohrens«, schaltete Max sich ein. »Wir möchten von Ihnen wissen, wo Sie gestern Abend waren und warum Sie uns angelogen haben.«

»Und bevor Sie jetzt wieder mit irgendwelchen Paragraphen kommen und was wir dürfen und was nicht, denken Sie daran, dass wir Sie in der letzten Nacht als Zeuge befragt und Sie uns schamlos angelogen haben. Sie mögen vielleicht gute Beziehungen zu Frau Petermann haben, aber ich kenne auch einige Leute, zum Beispiel von der Anwaltskammer. Die werden von einem Anwalt, der die Polizei anlügt, sicher begeistert sein.«

Bohrens schien eine Weile nachzudenken, dann zog er sich einen der Stühle heran und setzte sich Max und Menkhoff gegenüber.

»Also gut, ich war den ganzen Abend hier in der Kanzlei. Ich habe Ihnen gesagt, ich sei zu Hause gewesen, weil ich Alina schützen wollte.«

»War sie in ihrem Zimmer, als Sie nach Hause kamen?«, fragte Max.

»Das weiß ich nicht. Erst als Sie vor der Tür standen, habe ich nachgesehen. Da lag sie wirklich in ihrem Bett. Hören Sie ...« Bohrens stützte die Arme auf den Tisch. »Alina macht eine schwere Zeit durch. Sie entgleitet uns. Um ehrlich zu sein, ist das schon vor ein paar Jahren passiert. Wir haben immer Rücksicht auf sie genommen, wegen der schlimmen Geschichte damals.« Er atmete tief durch und ließ sich gegen die lederne Rückenlehne des Stuhls sinken. »Vielleicht hätten wir irgendwann durchgreifen müssen. Aber wenn Sie sehen, wie Ihr Kind leidet, können Sie einfach nicht streng zu ihm sein.«

»Herr Bohrens.« Max bemühte sich, seiner Stimme einen verständnisvollen Klang zu geben, obwohl er in Bohrens Erklärungen nur den armseligen Versuch sah, das eigene Versagen zu rechtfertigen. »Diese Sache mit meiner Autotür … trauen Sie Alina das zu?«

Bohrens schüttelte den Kopf. »Ich weiß es ehrlich nicht. Ich weiß schon lange nicht mehr, was sie denkt oder fühlt.«

»Dann sollten Sie mal Karl Olschewski fragen«, schlug Menkhoff trocken vor. »Der wird Ihnen da vielleicht Auskunft geben können.«

»Wen?« Bohrens sah Menkhoff verwirrt an. »Den Namen habe ich noch nie gehört. Wer ist das? Ein Schulfreund?«

»Eher nicht. Olschewski ist ein Kerl Mitte vierzig, der sich seit einigen Wochen mit Ihrer Tochter trifft, um sie in den Arm zu nehmen und zu trösten, wie er selbst sagt.«

Bohrens spannte sich sichtbar an. »Was? Sie trifft sich mit einem Mann, der dreimal so alt ist wie sie? Hat sie etwa mit dem Kerl …«

»Das glauben wir nicht«, beruhigte Max ihn. »Aber vielleicht klären Sie das mit Ihrer Tochter. Sie dürfte jetzt zu Hause sein und ist sicher angenehm überrascht, wenn Sie sich plötzlich dafür interessieren, wie es ihr geht und wo und mit wem sie ihre Zeit verbringt.«

Bohrens schob den Stuhl zurück und stand auf. »Das werde ich sicher tun.«

»Bei der Gelegenheit fragen Sie sie doch auch gleich, ob sie gestern den ganzen Abend zu Hause war.«

Ohne darauf zu antworten, verließ Bohrens das Zimmer. Vor der Rezeption drehte er sich noch einmal um, sagte:

»Auf Wiedersehen«, und verschwand dann durch eine der Türen in dem sich anschließenden Flur.

Als sie schon im Begriff waren zu gehen, wandte Max sich spontan an den jungen Mann hinter dem Empfangstresen. »Sagen Sie, wie viele der Anwälte hier sind noch bis spät in der Nacht im Büro?«

Der Mann zuckte mit den Schultern. »Das ist unterschiedlich. Es kommt schon mal vor, dass der eine oder andere bis acht oder neun im Büro ist.«

»Und bis fast Mitternacht, so wie Herr Bohrens gestern Abend und schon mehrmals davor?«

Der Mann zog die Brauen hoch. »Bis Mitternacht? Ich wüsste nicht, dass jemand so lange im Büro gewesen ist.«

»Ach. Auch gestern Abend nicht?«

»Das weiß ich nicht. Ich habe gestern das Büro um halb sechs verlassen. Wer danach noch bis wann da war, kann ich nicht sagen, aber bis Mitternacht, das kommt mir extrem lange vor.«

»Gibt es denn keine Aufzeichnungen, wer wie viele Stunden am Tag gearbeitet hat?«

»Nur, wenn die Anwälte explizit für einen Kunden tätig sind, so dass sie ihm die Stunden in Rechnung stellen können.«

»Und das war gestern Abend also nicht der Fall?«

»Nicht, dass ich wüsste.«

»Haben Sie hier ein Zeiterfassungssystem?«

Der Mann lächelte nachsichtig. »Das ist nicht nötig. Die Damen und Herren Rechtsanwälte kontrollieren nicht gegenseitig ihre Anwesenheitszeiten.«

»Wenn ich das richtig verstehe, heißt das also, sofern

Herr Bohrens gestern Abend nicht explizit für einen Kunden gearbeitet hat, gibt es keinen Nachweis darüber, wie lange er tatsächlich im Büro war.«

Nach kurzem Nachdenken antwortete der junge Mann: »Ähm, also … ich denke, das sollten Sie mit Herrn Bohrens selbst klären. Entschuldigen Sie mich jetzt bitte, ich habe noch einiges zu tun.«

»Gehen wir«, sagte Menkhoff, der am Ausgang wartete.

Als sie im Treppenhaus standen und die Tür der Kanzlei hinter sich geschlossen hatten, wandte Max sich noch einmal um und betrachtete den Eingangsbereich, bevor er Menkhoff zur Treppe folgte.

»Und? Was sagst du zu unserem Herrn Bohrens?«, erkundigte sich Menkhoff, als sie im Erdgeschoss ins Freie traten.

»Ich bin mir noch nicht sicher, was ich von ihm halten soll. Dass er seine Tochter schützen möchte, ist eine Sache, aber was seine Überstunden betrifft …« Erneut wandte Max sich um und betrachtete den Eingangsbereich des Gebäudes. »Dem sollten wir auf den Grund gehen, und zwar damit.«

Menkhoffs Blick folgte Max' Zeigefinger, dann nickte der Hauptkommissar zufrieden, als er die Kamera über der Tür entdeckte.

48

Sie ist verwirrt.

So sehr, dass sie nicht mehr denken kann. Sie sitzt an ihrem versteckten Baum und bemerkt nicht, dass sie den Oberkörper wie das Pendel einer Uhr hin und her bewegt, wobei ihr Rücken über die rissige Rinde schabt.

Rechts … links … rechts …

In einem Areal ihres Gehirns registriert sie den Schmerz, aber sie ist sich weder bewusst, woher er rührt, noch, wo genau das Zentrum dieses Schmerzes liegt. Das ist ihr auch egal, denn dieser äußere Schmerz steht in Konkurrenz mit einer inneren Qual, die schlimmer ist, als jede Verletzung es sein könnte. Sie muss verhindern, dass diese Qual den Schmerz überdeckt.

Seit sie dort sitzt, hat sie dieses Bild vor Augen. Die Fratze über ihr, das teuflische Grinsen, der Speichelfaden, der von dem Mundwinkel herabhängt, immer länger wird und sich ihrem Gesicht nähert, so dass er sie bald berühren wird. Es ist kein Film, der vor ihr abläuft. Nur ein Bild. Und dennoch verändert es sich in einem kleinen Bereich, zeigt ihr von Minute zu Minute deutlicher diese helle, ovale Fläche, die ein Gesicht ist – das weiß sie mittlerweile. Noch sind die Konturen nicht scharf genug, dass sie sie erkennen könnte, aber dennoch beginnt ein Teil ihres Verstandes ihr mit wispernder Stimme zu soufflieren, zu wem dieses Gesicht gehört und wen sie bald erkennen wird.

Die Worte dringen noch nicht in ihr Bewusstsein, aber im Unterbewussten haben sie bereits mit ihrer zersetzenden Arbeit begonnen.

Sie hat Angst, so sehr, dass ihr Körper bebt und sie den Rücken unwillkürlich fester gegen den Baum drückt und die Haut zwischen den Schultern stärker abschabt. Es ist ihr egal, denn der Schmerz hält dieses andere zumindest für den Moment noch zurück.

Sie weiß nicht, wie viel Zeit vergeht zwischen diesem Gedanken und dem Ruck, der in dem Moment durch ihren Körper fährt, als aus dem hellen Oval mit einem Schlag ein deutlich erkennbares Gesicht wird. Es ist wie ein Blitz, der in ihrem Kopf eine Spur der Verwüstung hinterlässt.

Sie drückt sich vom Boden ab und steht auf. Dass ihr Shirt am Rücken von Blut durchtränkt ist, bemerkt sie nicht. Und es wäre ihr auch egal.

49

»Ich werde eine Genehmigung brauchen, um mir die Videobänder ansehen zu können«, erklärte Menkhoff, während er und Max zur Kamera hochsahen.

Max nickte. »Ja, ich weiß. Und? Wirst du sie bekommen?«

Menkhoff lachte bellend. »Es geht hier um einen Rechtsanwalt, gegen den noch nicht einmal ein konkreter Verdacht besteht und bei dem wir nur *das Gefühl* haben, er könnte im Hinblick auf seine Überstunden nicht ganz die Wahrheit gesagt haben. Muss ich dem noch etwas hinzufügen?«

»Die Richterin oder der Richter wird dich auslachen.«

»Genau.«

Max musste nicht lange überlegen. »Okay. Setz dich schon mal ins Auto. Ich muss noch was erledigen.«

Sie grinsten einander an, dann wandte Menkhoff sich ab und murmelte: »Viel Glück.«

Max betrat erneut das Gebäude und blieb vor den an der Wand auf der linken Seite angebrachten Tafeln stehen, auf denen alle Büros, Kanzleien und Praxen aufgelistet waren, die sich im Gebäude befanden. Am unteren Rand stand:

FACILITY MANAGEMENT – E11

Die Tür mit der Beschriftung E11 befand sich am hinteren Ende des Erdgeschosses und führte zu einer Wohnung, an deren Klingel der Name *Kerner* stand.

Es dauerte eine Weile, bis ein Mann um die sechzig die Tür öffnete und Max abweisend ansah.

»Guten Tag«, sagte Max mit einem freundlichen Lächeln. »Mein Name ist Max Bischoff, hätten Sie einen Moment Zeit für mich?«

»Wozu?«, wollte Kerner wissen, doch bevor Max antworten konnte, hörte er eine schrille Frauenstimme aus der Wohnung. »Wer ist das denn schon wieder?«

Kerner verdrehte die Augen, stieß einen leisen Fluch aus und rief zurück: »Ein Mann.«

»Ein Mann? Was für ein Mann? Sieh zu, dass du fertig wirst, und komm rein.«

»Ja, ja, ja, verdammt«, murmelte Kerner, sagte aber laut: »Ich komme gleich«, und wandte sich wieder Max zu.

»Also?«

»Ich möchte mit offenen Karten spielen«, begann Max, machte einen kleinen Schritt auf den Hausmeister zu und raunte verschwörerisch: »Ich bin Privatdetektiv und von einem armen Kerl engagiert worden, der befürchtet, dass seine Frau ihn seit langem schamlos ausnutzt und betrügt. Sie ist eine der reichen Tanten hier aus dem Gebäude und erzählt ihm alle paar Tage, dass sie Überstunden machen muss. Er glaubt aber, dass sie ihm in der Zeit Hörner aufsetzt und sich mit ihrem Liebhaber trifft.«

Die Veränderung, die im Gesicht des Mannes vor sich ging, ließ Max hoffen, dass er mit seiner Geschichte ins Schwarze getroffen hatte.

Kerner nickte wissend. »Arme Sau.«

»Kann man so sagen. Ich habe gesehen, dass es über dem Eingang eine Überwachungskamera gibt, und dachte mir, ich frage den verantwortlichen Manager hier einfach mal, ob ich vielleicht kurz einen Blick auf die Aufnahmen von gestern Abend werfen dürfte.« Während er redete, zog Max sein kleines Portemonnaie aus dem Sakko, nahm zwei gefaltete Fünfzigeuroscheine heraus und hielt sie dem Hausmeister entgegen. »Natürlich gegen eine kleine Aufwandsentschädigung.«

Als er sah, mit welchem Blick Kerner die Scheine betrachtete, war Max klar, dass er gewonnen hatte. Einhundert Euro, von denen seine Frau nichts wusste, waren für ihn wahrscheinlich ein Vielfaches wert.

Mit einem schnellen Griff wanderte das Geld aus Max' Hand in Kerners Hosentasche. »Okay, aber Sie halten den Mund und lassen mich reden, wenn es nötig ist, klar?«

»Selbstverständlich.«

Der Flur war lang und schmal und endete an einer geschlossenen Tür, hinter der Max das Wohnzimmer vermutete, da gedämpfte Geräusche zu hören waren, die darauf hindeuteten, dass ein Fernseher lief.

Entgegen seinen Befürchtungen mussten sie dort nicht durch, sondern betraten einen kleinen Raum, der hinter einer Tür auf der rechten Seite lag und vollgestopft war mit Werkzeugschränken, Reinigungsmitteln und Regalen mit allerlei Kabeln, Glühbirnen und sonstigen Utensilien, die in einem solchen Haus immer wieder mal gebraucht wurden. An der hinteren Wand stand ein Schreibtisch mit einem großen Flachbildmonitor, auf dessen achtfach geteiltem Bild verschiedene Areale des Gebäudes zu sehen waren. Eines davon zeigte den Bereich vor der Tür.

»Gestern Abend, sagten Sie?«

»Ja, so ab fünf wäre prima.«

Kerner setzte sich auf den zerschlissenen Bürostuhl vor dem Schreibtisch, zog eine Tastatur zu sich heran und drückte auf eine Taste, woraufhin die Videoaufnahmen verschwanden und ein Verzeichnissystem mit Unterordnern auftauchte.

Eine knappe Minute später zeigte sich auf dem gesamten Monitor das Bild der Außenkamera. Die am oberen, rechten Rand eingeblendete Uhrzeit war 17:06.

»Okay«, sagte Max und beugte sich nach vorn, um die Einzelheiten besser sehen zu können. »Starten Sie jetzt bitte den schnellen Vorlauf. Ich werde sie erkennen.«

Kurz darauf vervierfachte sich die Geschwindigkeit, und als Max auf einen Blick Kerners hin nickte, lief die Aufzeichnung in sechsfachem Tempo ab.

Hier und da kamen Männer und Frauen mit schnellen Schritten auf das Gebäude zu und verschwanden im Bruchteil einer Sekunde darin, doch weitaus mehr Personen verließen es. Max musste nicht lange warten. Die Uhr zeigte 17:38, als er rief: »Stopp!«

Kerner hielt das Band an und ließ es dann auf Max' Bitte hin langsam zurücklaufen, bis der große Schatten, den er gerade beim Verlassen des Gebäudes gesehen hatte, rückwärts wieder darauf zuging. »Und halt.«

Max hatte genug gesehen. Der Mann, dessen Gesicht in dieser Einstellung verhältnismäßig gut erkennbar war, war eindeutig Alexander Bohrens.

»Wie jetzt?«, fragte Kerner überrascht. »Ich dachte, Sie suchen nach einer Frau? Oder ist das der Liebhaber?«

»Nein, ich dachte, er wäre es, aber er ist es nicht. Wieder vorwärts, bitte, gern auch noch etwas schneller als eben.«

Kurz darauf lernte Max Kerners Frau kennen, als sie die Tür aufriss und ihn misstrauisch musterte. Nachdem Kerner ihr erklärt hatte, Max sei ein Techniker, der die Videoanlage überprüfe, zog sie sich grummelnd zurück und schloss die Tür.

Weitere zwanzig Minuten später sprang die Uhr auf 00:00 Uhr, und Max wusste mit Sicherheit, dass Bohrens sie erneut belogen hatte. Wo auch immer er den Abend verbracht hatte, das Büro hatte er um 17:38 verlassen und war danach nicht mehr zurückgekehrt.

Max bedankte sich bei Kerner und verließ dessen Wohnung.

Als er kurz darauf wieder vor dem Gebäude stand, rief er Menkhoff an, der im Auto ein Stück weiter die Straße hinunter saß und auf ihn wartete.

»Ich denke, wir sollten uns noch mal mit Herrn Bohrens unterhalten«, schlug Max vor. »Er hat das Büro gestern Abend um zwanzig vor sechs verlassen und ist danach nicht wieder zurückgekehrt.«

»Dieser Mistkerl. Ich bin gleich da.«

Als der junge Mann an der Rezeption sie sah, verdrehte er die Augen. »Falls Sie wieder zu Herrn Rechtsanwalt Bohrens wollen, tut es mir leid, aber er hat gerade ein wichtiges Gespräch mit einem Mandanten.«

»Schon gut«, erwiderte Menkhoff kurz angebunden, während er auf die Tür zuging, hinter der Bohrens zuvor verschwunden war, und sie, ohne anzuklopfen, öffnete.

Bohrens saß hinter seinem Schreibtisch und sah sie erschrocken an, als Max direkt hinter Menkhoff den Raum betrat. Er war allein.

Nachdem die erste Schrecksekunde vorbei war, sprang er auf und sagte: »Also, jetzt reicht's mir aber. Was glauben Sie eigentlich, was Sie sich noch alles herausnehmen können? Ich werde …«

»Sie werden sich jetzt wieder hinsetzen und uns erzählen, wo Sie gestern Abend gewesen sind«, herrschte Menkhoff ihn an. »Und wenn Sie es noch mal wagen, uns anzulügen, mache ich Ihnen so lange die Hölle heiß, bis man Sie mit Schimpf und Schande aus der Anwaltskammer wirft. Halten Sie uns denn für vollkommen bescheuert? Ich weiß, dass Sie gestern gegen zwanzig vor sechs das Gebäude verlassen haben. Und jetzt, Herr Rechtsanwalt, möchte ich von Ihnen hören, wo Sie den Abend verbracht haben.«

Bohrens war blass geworden.

Stöhnend ließ er sich langsam wieder auf seinen Stuhl sinken.

Nachdem er sich schließlich wieder halbwegs gefangen hatte, nickte er resigniert. »Also gut. Wenn ich Ihnen sage, wo ich war, werden Sie verstehen, warum ich Ihnen die Geschichte von den Überstunden aufgetischt habe.«

»Lassen Sie mich raten«, warf Max ein. »Sie haben eine Affäre, können uns aber nicht sagen, mit wem, um die Dame nicht zu kompromittieren, richtig?«

Sowohl Menkhoff als auch Bohrens sahen ihn mit dem

gleichen überraschten Blick an. »Was zum … Woher wissen Sie das?«, stammelte der Rechtsanwalt.

»Das ist nicht schwierig. Zum einen wissen Sie, dass ich das Vergnügen hatte, Ihre Frau kennenzulernen, die Sie wiederum gut genug kennen, um zu ahnen, wie sie sich über Sie geäußert hat. Also gehen Sie davon aus, dass Sie mit einer Affäre auf Verständnis hoffen können. So *unter Männern*. Zudem hat eine solche Affäre natürlich den Charme, dass Sie, für den Fall, dass Ihre Geliebte ebenfalls verheiratet ist, erneut auf Verständnis hoffen können, dass Sie uns ihren Namen nicht nennen werden.«

»Pustekuchen«, kommentierte Menkhoff, nicht ohne Max zuvor noch einen anerkennenden Blick zugeworfen zu haben. »Das können Sie vergessen. Ich will wissen, wer diese Frau ist. Name, Adresse, Telefonnummer. Alles. Und wehe Ihnen, wenn sie nicht bestätigt, dass Sie gestern den ganzen Abend bei ihr waren.«

Bohrens lehnte sich im Stuhl zurück und betrachtete Menkhoff wie ein seltenes Tier.

»Finden Sie nicht, dass Sie langsam ein bisschen das Gefühl für Verhältnismäßigkeiten verlieren, Herr Hauptkommissar? Letztendlich geht es doch darum, ob ich bestätigen kann, dass meine Tochter gestern Abend zu Hause war oder nicht. Alles andere ist eine Sache zwischen meiner Frau und mir.«

»O nein, Herr Anwalt. Es geht dabei nicht um Ihre Tochter, es geht um eine mögliche Kindesentführung. Zudem geht es um den Mord an Robert Benz. Außerdem bin ich Erster Kriminalhauptkommissar, merken Sie sich das.«

Zum zweiten Mal innerhalb kürzester Zeit wich alle

Farbe aus Bohrens' Gesicht. »Was? Sie … Sie glauben, ich könnte …«

In einer theatralischen Geste legte er sich eine Hand auf die Stirn. »Das kann doch alles nicht wahr sein.«

»Glauben Sie mir, es ist wahr«, entgegnete Menkhoff ungerührt.

»Aber Benz ist doch vorgestern Nacht ermordet worden, oder nicht? Da war ich auf jeden Fall zu Hause«, fügte Bohrens hinzu.

»Ach wirklich?«, stieß Max aus. »Und wer kann das bestätigen? Ihre Frau, die mit Augenbinde und Ohrstöpseln zwei Zimmer weiter nicht mal aufwacht, wenn vor Ihrem Haus mitten in der Nacht ein riesiges Theater mit lauten Diskussionen stattfindet? Oder Ihre Tochter, die entweder nicht aus ihrem Zimmer kommt, wenn Sie zu Hause sind, oder schlicht und ergreifend nicht zu Hause ist, was Ihnen wiederum nicht auffallen würde.«

»Sie haben uns mehrfach angelogen«, übernahm Menkhoff wieder. »Damit ist jetzt Schluss. Also: Wer ist die Frau?«

Max hatte das Gefühl, dass Minuten vergingen, bis Bohrens sich wieder so weit gefasst hatte, dass er Menkhoff antworten konnte.

»Ich kann Ihnen ihren Namen nicht sagen. Das hätte fatale Konsequenzen für sie und ihre Familie. Von meiner ganz zu schweigen. Herr Menkhoff, anzunehmen, ich hätte ein Mädchen entführt oder Robert Benz ermordet, ist so absurd, dass ich noch immer nicht glauben kann, dass Sie das wirklich in Betracht ziehen. Aber bevor Sie wegen dieser irrsinnigen Annahme zwei Familien zerstören, bedenken Sie bitte, in welchem Zustand sich meine Tochter befindet. Sie ist noch immer traumatisiert und höchst labil. Wollen Sie wirklich die Verantwortung dafür übernehmen, wenn sie jetzt auch noch den letzten Halt verliert, den sie noch hat?«

Menkhoff beugte sich nach vorn und sah Bohrens tief in die Augen. »Das hätten Sie sich überlegen sollen, bevor Sie Ihr Ding in eine verheiratete Frau gesteckt haben, Herr Rechtsanwalt. Ich gebe Ihnen zwei Stunden Zeit, damit Sie die Möglichkeit haben, die Dame vorzuwarnen. Wenn ich bis dahin nicht weiß, wer Ihre Affäre ist, werde ich selbst nach ihr suchen. Beginnen werde ich damit, dass ich Ihre Frau und Ihre Tochter nach der ominösen Unbekannten befrage, anschließend kommen Ihre Kolleginnen und Kollegen hier in der Kanzlei dran.«

Max bemerkte, dass Bohrens bei der Erwähnung seiner Kolleginnen und Kollegen entsetzter dreinsah als bei der seiner Frau.

»Zwei Stunden!«, wiederholte Menkhoff, dann verließen Max und er das Büro.

50

»Ich schätze, seine Geliebte hat irgendetwas mit der Kanzlei zu tun«, dachte Max laut nach, als sie aus dem Gebäude getreten waren.

»Wenn es sie tatsächlich gibt«, gab Menkhoff zu bedenken.

»Glaubst du ernsthaft, Bohrens könnte etwas mit der Ermordung von Benz zu tun haben?«, fragte Max.

Sie hatten Menkhoffs Auto erreicht und stiegen ein. »Ausschließen können wir niemanden. Und er ist nicht sonderlich gut auf Benz zu sprechen.«

»Hm, das stimmt natürlich«, bestätigte Max.

Die nächsten Minuten verbrachten sie schweigend, bis Max einfiel, dass er sich bei der Uni melden müsste. Er nahm sein Telefon und erfuhr kurz darauf, dass sein Mentor, Professor Bohrmann, selbst seine Vertretung übernommen hatte und ihm ausrichten ließ, er solle sich alle Zeit nehmen, die er brauche.

Nachdem er das Telefon erleichtert wieder weggesteckt hatte, warf Menkhoff ihm einen schnellen Blick zu. »Bist du zufrieden damit?«

»Als Dozent?«

»Ja.«

»Sicher. Ich verdiene mehr als zuvor bei der Kripo und

kann angehenden Polizistinnen und Polizisten einiges mit auf den Weg geben, das sie in der regulären Ausbildung nicht lernen.«

»Du gehörst auf die Straße, und das weißt du auch.«

»Ja, vielleicht. Aber dieses Gespräch hatten wir ja schon mal und haben beide festgestellt, wie sehr man als Polizist von vielen Seiten gegängelt und eingeschränkt wird. Nein, darauf habe ich einfach keine Lust mehr.«

»Aber diese Geschichte jetzt, diese entführten Kinder, der Mord an Benz … Ich merke doch, wie du dich bei der Ermittlung engagierst und wie scharfsinnig du vorgehst. Das ist dein Ding, Max.«

»Mag sein, aber trotzdem …«

»Und wenn du die Möglichkeit hättest, deinen Job an der Uni beizubehalten und nur ab und zu einen Fall zu übernehmen? Als Privatermittler?«

»Du meinst, so wie jetzt? Wo ich von einem mutmaßlichen Kinderschänder engagiert worden bin und meine Zeit mit dem Lösen eines Fall verbringe, um mir nicht eingestehen zu müssen, dass ich von vorn bis hinten verarscht wurde und tagelang als nutzloser Statist herumgeeiert bin? Und für das Ganze nicht mal ein Honorar sehen werde?«

Menkhoff lachte kurz auf. »Ich habe dir von Anfang an gesagt, dass dieser Benz nicht Opfer, sondern Täter ist.«

»Wo du es erwähnst – dieses Mädchen, das sich als Leni ausgibt. Was denkst du, ist es tatsächlich Alina?«

Erneut stieß Menkhoff ein Lachen aus. »Geschickt abgelenkt. Aber ja, ich halte es zumindest für möglich, dass sie sich als Leni ausgibt. Warum auch immer.«

»Und der Mord an Benz? Käme sie dafür auch in Frage?«

Menkhoff sah kurz zu Max hinüber. »Was denkst du?«

»Ausschließen können wir es nicht, aber ich halte es für eher unwahrscheinlich. Gut möglich, dass Alina mein Auto zerkratzt hat. Vielleicht hat dieser Olschewski ihr dazu geraten, damit sie sich besser fühlt, und sie sogar zu mir gefahren, wer weiß. Aber einen Mord?«

»Gut, kommen wir zurück zu dir. Du hast meine Frage von eben noch nicht beantwortet. Wäre es für dich denkbar, Fälle als Privatermittler zu übernehmen? Vielleicht mit mir gemeinsam?«

»Mit dir gemeinsam?«

»Ja. Ich gehe in zwei Monaten in den Ruhestand, aber ich kann mir nicht vorstellen, zu Hause im Garten zu sitzen und Holzfiguren zu schnitzen und die Abende mit Idiotenfernsehen zu verbringen. Aber ich könnte mir vorstellen, mit dir eine Detektei zu gründen.«

»Das ist … wow!« Max war tatsächlich sprachlos. Der unnahbare, unausstehliche Menkhoff fragte ihn, ob er mit ihm zusammenarbeiten wollte. Unwillkürlich musste Max an Böhmer denken und daran, wie sehr dieser Menkhoff verabscheute. Gut möglich, dass Böhmer sich von ihm abwenden würde, wenn er tatsächlich mit Menkhoff eine Detektei gründen würde. Davon abgesehen, dass bei seinem Expartner der Ruhestand ebenfalls kurz bevorstand. Ganz im Gegenteil zu ihm selbst. Mit gerade einmal dreiunddreißig Jahren hatte er den Großteil seines Berufslebens noch vor sich. Wie immer das aussehen mochte.

»Und? Was sagst du?«

»Ich sage erst einmal: Danke für dein Vertrauen, das ehrt mich wirklich. Allerdings muss ich darüber in Ruhe nachdenken und kann mich jetzt noch nicht festlegen. Ich hätte aber einen Vorschlag: Lass uns abwarten, wie diese Geschichte hier ausgeht, dann sehen wir weiter, okay? Wenn wir diesen Fall nicht geknackt kriegen, brauchen wir, glaube ich, nicht weiter darüber nachzudenken, oder?«

»Wenn wir diesen Fall nicht lösen«, antwortete Menkhoff grimmig, »müssen sie mich mit vier Mann aus dem Präsidium tragen, denn dann werde ich nicht freiwillig in den Ruhestand gehen. Und jetzt fahren wir zum Haus der Reinhards. Ich würde gern wissen, ob Hannah zufälligerweise Kontakt zu jemandem hat, den sie im Internet kennengelernt hat und der Karl heißt.«

Als sie zehn Minuten später in die Straße einbogen, in der das Haus der Reinhards stand, rief Alexander Bohrens bei Max an und sagte außer Atem: »Dieser Mistkerl. Er hat Alina mitgenommen.«

»Was? Welcher Kerl? Wovon sprechen Sie?«

»Ein Typ mit einer klapprigen Kiste, ich glaube, es war ein alter Opel Kadett. Das muss der Kerl sein, von dem Sie mir erzählt haben. Ich habe gerade noch gesehen, wie Alina eine Tasche hinten reingeworfen hat und eingestiegen ist, dann sind sie losgefahren.«

»Haben Sie sie verfolgt?«

»Ja, natürlich, aber ich habe sie an einer Ampel verloren, die gerade auf Rot umsprang, da musste ich bremsen.«

»Wir kümmern uns darum.« Max atmete tief durch und steckte das Telefon weg. »Olschewski hat offenbar Alina mitgenommen. Sie hatte eine Tasche dabei. Bohrens hat gesehen, wie sie in sein Auto gestiegen ist. Er hat sie verfolgt, aber leider verloren.«

»So ein Sesselfurzer. Wenn er denkt, damit ist die Sache mit seiner Vögel-Freundin vergessen, hat er sich in den Finger geschnitten. Ich gebe eine Fahndung nach Olschewskis Wagen raus.«

Wenige Minuten später öffnete Hannahs Mutter die Tür. Nachdem sie Max kurz zugenickt hatte, erkannte sie Menkhoff, woraufhin ihr hageres Gesicht noch mehr einzufallen schien.

»Sie? Was wollen Sie hier?«

»Guten Tag, Frau Reinhard«, sagte Menkhoff, unbeeindruckt von dieser offen gezeigten Ablehnung. »Wir würden gern Ihre Tochter Hannah sprechen.«

»Sie ist nicht da.«

»Wo ist sie denn?«

»Ich weiß es nicht. Sie ist ja kein kleines Kind mehr, das man ständig überwachen muss. Außerdem würde ich sowieso nicht zulassen, dass Sie mit ihr reden.«

»Als ob Sie das beeinflussen könnten.«

Max wusste nicht, worauf Menkhoff anspielte, aber es schien seine Wirkung nicht zu verfehlen, denn die Gesichtszüge der Frau verhärteten sich, während sie die Zähne so fest zusammenbiss, dass die Wangenknochen noch deutlicher hervortraten. Nach einem kurzen Moment hatte sie sich wieder gefangen.

»Kann ich sonst noch etwas für Sie tun?«

»Dann würde ich gern mit Ihrem Mann sprechen.«

»Der ist im Büro.«

»Im Büro?«, hakte Max nach. »Obwohl sein Partner gerade ermordet wurde?«

»Ja. Das Geschäft muss ja trotzdem weitergehen.«

»Hat Hannah Ihnen gegenüber mal den Namen Karl erwähnt?«, versuchte es Max weiter.

»Karl? Nein. Wer ist das?«

»Eine Internetbekanntschaft von Alina Bohrens. Ich dachte, vielleicht kennt Hannah …«

»Nein, Hannah kennt sicherlich niemanden, der sich mit diesem Früchtchen herumtreibt.«

Nach einem Blick zu Menkhoff, den dieser mit einem Schulterzucken beantwortete, wandte Max sich wieder an Hannahs Mutter. »Das klingt so, als würden Sie Alina nicht besonders mögen. War sie nicht eine Freundin von Hannah und Leni?«

»Sie durfte ein paarmal mit ihnen spielen, ja. Das haben wir aber beendet, als sie anfing, unakzeptabel frech zu werden.«

»Frech? Wie hat sich das geäußert?«

»Tut mir leid, ich kann Ihnen nicht weiterhelfen. Guten Tag.«

Damit wandte sie sich um und schlug Max und Menkhoff die Tür vor der Nase zu.

»Weißt du irgendwas davon?«, fragte Max, während sie zum Auto gingen.

»Dass Alina und Hannah sich nicht ausstehen können, liegt auf der Hand. Was Frau Reinhard damit zu tun hat, weiß ich allerdings nicht.«

»Dann schlage ich vor, wir statten Herrn Reinhard mal einen Besuch in seinem Büro ab. Vielleicht kann er uns ja weiterhelfen.«

»Ich bin gespannt.«

Nachdem sie ins Auto eingestiegen waren, rief Menkhoff

im Präsidium an und erkundigte sich, ob es etwas Neues im Fall der vermissten Klara gab. Als er das Telefon kurz darauf in die Mittelkonsole legte, sagte er mit ernster Miene: »Noch immer nichts. Weder von Klara noch von Lea.«

»Ich darf gar nicht darüber nachdenken, was …«

Max wurde vom Klingeln von Menkhoffs Handy unterbrochen.

Der Hauptkommissar nahm das Gespräch an, hielt sich den Hörer ans Ohr und sagte gleich darauf: »Alina! Gut, dass du anrufst.«

Dann hörte er eine ganze Weile nur zu.

51

»Sie sagt, wir sollen nicht nach ihr suchen und dass sie in Sicherheit ist«, erklärte Menkhoff, als das Gespräch beendet war. »Sie wäre freiwillig mit Karl weggefahren. Er würde sie beschützen, und sie käme zurück, wenn sie keine Angst mehr haben müsse.«

»Angst? Vor wem?«

»Das sagte sie nicht.«

»Verdammt. Wenn sie etwas weiß …«

»Ja, aber es nutzt nichts, wenn sie nicht reden will.«

»Das wird immer verrückter und verworrener«, stellte Max fest. »Und wir haben noch immer keine Spur von Lea und Klara.«

»Von Benz' Mörder gar nicht zu reden«, fügte Menkhoff hinzu.

Max nickte. »Oder von seiner Mörderin. Woher hat Alina eigentlich deine Handynummer?«

»Keine Ahnung, ich schätze mal, von der Visitenkarte, die ich ihrem Vater vor sechs Jahren gegeben habe.«

Das Büro der *Benz & Reinhard Versicherungsmakler* lag im Erdgeschoss eines vierstöckigen Gebäudes und hatte zur Straße hin zwei Schaufenster, auf denen jeweils in großen Lettern der Firmenname stand.

Sie sahen bereits von außen, dass es geschlossen war.

»Seltsam«, sagte Max, »haben die keine Angestellten, die sich um den Laden kümmern, wenn sie bei Kunden sind?«

»Offensichtlich nicht.«

»Hast du eine Handynummer von Reinhard?«

»Nein.«

»Verdammt!« Max schlug mit der flachen Hand gegen die Schaufensterscheibe, so dass sie vibrierte.

»Alina weg, Hannah weg, Reinhard weg. Laufen die alle vor uns davon? Benz ist tot, Bohrens belügt uns nach Strich und Faden, und seine Frau ist eine narzisstische Egomanin, die von ihrer eigenen Tochter nicht das Geringste mitbekommt. Was, zum Teufel, ist hier los?«

»Willkommen zurück in der Welt der Ermittler«, sagte Menkhoff zynisch. »Aber mal ehrlich – im Grunde sind es doch genau diese verzwickten Geschichten, die unseren Ehrgeiz anstacheln, das Rätsel zu knacken, oder etwa nicht?«

Max zuckte mit den Schultern. »Wenn es dabei nicht um Menschenleben gehen würde, und dazu noch um das von kleinen Kindern, würde ich dir wahrscheinlich recht geben, aber in diesem Fall ist es einfach die Hoffnung, die Mädchen vielleicht doch noch retten zu können, die mich antreibt.«

Er dachte kurz nach. »So kommen wir jedenfalls nicht weiter. Tust du mir den Gefallen und setzt mich am Präsidium ab? Ich werde nach Hause fahren und mich für ein paar Stunden dort einigeln. Vielleicht komme ich dann auf einen grünen Zweig. Meist gibt es ja irgendeine Kleinigkeit, die man übersehen hat und die einem auffällt, wenn man sich Zeit nimmt und in Ruhe noch einmal alles überprüft.

Übrigens, hast du schon was wegen der Festplatte in Benz' Haus gehört?«

»Nein, aber gut, dass du es sagst, ich frage gleich mal nach.«

Menkhoff wählte eine Nummer und stellte dann auf Bluetooth, so dass Max über die Autolautsprecher mithören konnte, als sich ein Mann namens Becker meldete.

»Bernd noch mal. Hast du schon was von den Kollegen der KTU erfahren, die in Benz' Haus nach der Festplatte suchen?«

»Ja, ich wollte dich gerade anrufen.«

»Und?«

»Nolte ist vor kurzem zurückgekommen. Am besten redest du selbst mit ihr. Moment!«

Sekunden später meldete sich eine Frau. »Nolte.«

»Bernd hier. Was war denn los? Was habt ihr gefunden?«

»Als wir im Haus fertig waren, dachten wir, wir schauen mal in dem Holzschuppen draußen nach. Da war auch nichts, aber nicht weit davon ist einem Kollegen eine Stelle aufgefallen, die aussah, als hätte dort jemand gegraben und sich anschließend bemüht, die Spuren zu verwischen. Wir haben mal nachgesehen und sind auf die Reste eines Tierskeletts gestoßen. Wahrscheinlich ein Hund. Muss schon ein paar Jahre tot sein.«

»Ja, dabei müsste es sich um ein Hundeskelett handeln. Hat nicht Benz dir erzählt, dass der nächtliche Besucher die Knochen des Familienhundes wieder ausgegraben und im Wohnzimmer drapiert hatte, Max?«

»Ja, genau, deshalb war Benz sich so sicher, dass es sich um Leni handelt«, entgegnete Max.

»Hm«, brummte Menkhoff. »Und sonst lag da nichts, Nolte?«

»Wir sind noch ein Stück tiefer gegangen, aber Fehlanzeige.«

»Trotzdem … Ich möchte, dass …«

»Ist schon in die Wege geleitet. Wir haben bereits einen Trupp dort und werden den Garten umgraben. Ich fahre auch gleich wieder rüber. Wenn es etwas zu finden gibt, dann werden wir das auch finden.«

»Gut. Und von der Festplatte keine Spur?«

»So ist es. Leider. Es gibt einfach zu viele Möglichkeiten, so einen kleinen Gegenstand zu verstecken. Aber im Rahmen des Machbaren haben wir nichts gefunden.«

»Okay, danke für eure Arbeit.«

»Keine Ursache«, antwortete sie. »Ist unser Job.« Dann legte sie auf.

»Wäre es okay, wenn ich noch mal zu Benz' Haus fahre?«

»Klar, warum?«

»Vielleicht verbringe ich erst mal eine Stunde dort, bevor ich nach Hause fahre.«

»Gut, ich sage den Kollegen Bescheid, dass du kommst.«

Als Max wenig später am Rand des Parkplatzes vor dem Präsidium aus Menkhoffs Auto ausstieg, beugte er sich noch einmal ins Wageninnere und sagte: »Wenn es Neuigkeiten gibt, ruf mich bitte an, okay?«

»Klar, mache ich. Und viel Erfolg bei was auch immer du gleich in Benz' Haus machst.«

Max lächelte, schlug die Tür zu und ging zu seinem eigenen Wagen, mit dem er sich kurz darauf in den Verkehr einfädelte.

Menkhoff hatte es binnen weniger Tage geschafft, das Bild, das Max von ihm hatte und das zum größten Teil auf Hörensagen beruhte, geradezurücken. Er hatte sich als zwar meist nicht sehr feinfühliger, aber dennoch umgänglicher und scharfsinniger Ermittler erwiesen und Max damit wieder einmal gezeigt, dass er am besten damit fuhr, wenn er sich auf seine Erfahrung und seinen Instinkt verließ.

Er dachte an Böhmer, dessen unversöhnlich scheinender Groll gegen Menkhoff ebenfalls nur auf dem basierte, was jemand anderes ihm erzählt hatte. In seinem Fall Verena Hilger.

Und ausgerechnet dieser Mann bot ihm an, mit ihm gemeinsam als privater Ermittler Fälle anzunehmen und die Polizei auf vielleicht etwas unkonventionellere Art zu unterstützen.

Etwas, das Max sich zu diesem Zeitpunkt noch nicht vorstellen konnte oder wollte. Aber er nahm sich vor, später darüber in Ruhe nachzudenken.

Nun galt es allerdings, den Kopf frei zu machen für die Zeit, die er in Robert Benz' Haus verbringen würde.

Als er dort ankam, standen drei Einsatzfahrzeuge vor der Tür, davon ein Transporter, mit dem die Gerätschaften hergebracht worden waren, die Menkhoffs Kollegen im Garten benötigten. Max war sehr gespannt, ob sie etwas finden würden.

Die junge Beamtin in Uniform, die vor dem Eingang auf ihn wartete, nickte ihm zu. »Herr Bischoff?«

»Ja, der bin ich.«

»Herr Menkhoff hat uns schon informiert, dass Sie kommen werden.« Sie deutete zur Haustür. »Bitte, es ist offen.«

Max war gerade an ihr vorbeigegangen, als sie ihm nachrief: »Herr Bischoff?«

Er wandte sich wieder zu ihr um. »Ja?«

»Schön, dass Sie an Bord sind. Mein Ausbilder hat Sie immer erwähnt, wenn es um moderne Ermittlungsmethoden ging.«

»Danke, das freut mich, aber ob ich wirklich helfen kann, muss sich erst herausstellen. Davon abgesehen leitet den Fall mit Hauptkommissar Menkhoff ein hervorragender Ermittler.«

»Erster Kriminalhauptkommissar«, korrigierte sie ihn und wandte sich lächelnd ab.

Max betrat das Haus, blieb einen Moment im Flur stehen und betrachtete die Stelle, wo Robert Benz den Schulrucksack seiner Tochter gefunden hatte. Doch um diesen würde er sich später kümmern.

Der Hauptgrund für seinen Besuch war die Festplatte, und er war davon überzeugt, wenn sie die fanden und sie tatsächlich das enthielt, was sie vermuteten, dann würden sie ein gutes Stück weiter sein. Vielleicht war darauf sogar der Schlüssel zur Lösung des Falles zu finden.

In der Küche setzte er sich an den Tisch, sah sich um und schloss dann für eine Weile die Augen. Als er sie wieder öffnete, ließ er seinen Gedanken freien Lauf.

Ich wohne seit vielen Jahren in diesem Haus, und ich habe eine Festplatte voller Sexvideos, die ich mir wieder und wieder anschaue, die aber nicht in andere Hände gelangen darf. Ich brauche ein Versteck …

52

Nachdem Max eine Weile am Küchentisch gesessen hatte, stand er auf und warf einen Blick nach draußen auf die Männer und Frauen, die dabei waren, den Garten umzugraben. Sie taten das ohne schweres Gerät, nur mit Hacken und Schaufeln, was eine schweißtreibende Arbeit war und einige Zeit in Anspruch nehmen würde.

Er wandte sich ab, verließ die Küche und ging ins Wohnzimmer.

Mein Versteck soll im Haus sein und so liegen, dass ich es jederzeit unkompliziert erreichen und die Festplatte ohne großen Aufwand herausnehmen kann, wenn ich das Bedürfnis danach habe.

Einige der Türen und Schubladen des Wohnzimmerschranks standen ganz oder teilweise offen. Die Durchsuchung hatte deutliche Spuren hinterlassen, der Raum sah anders aus als bei seinem letzten Besuch. Max kannte das. Die meisten Beamten gaben sich zwar Mühe, das Chaos bei der Durchsuchung halbwegs in Grenzen zu halten, hatten aber einfach nicht die Zeit, alles wieder ordentlich an seinen Platz zu legen.

Max machte sich nicht die Mühe, den Raum näher zu untersuchen, das konnte er immer noch tun, wenn alles andere erfolglos geblieben war.

Nein, das Wohnzimmer ist der Ort, an dem ich Besuch empfange. Falls überhaupt jemand zu Besuch kommt, werde ich mich mit ihm mit hoher Wahrscheinlichkeit die meiste Zeit in diesem Zimmer aufhalten. Das ist kein guter Ort für mein Versteck.

Max verließ den Raum, wandte sich nach links und öffnete die Tür zu einer kleinen Kammer, in der Getränkekisten und einzelne Flaschen auf dem Boden standen. An der Wand hing der Sicherungskasten sowie die Telefonanlage.

Max schob eher nachlässig das eine oder andere zur Seite. Hier hatten die Polizisten mit Sicherheit bereits gründlich nachgesehen.

Er schloss die Tür, ging zur Treppe und dann in die erste Etage, in der Lenis Zimmer lag.

In der Mitte des Kinderzimmers blieb er stehen und drehte sich langsam um die eigene Achse, wobei seine Augen den Raum akribisch scannten. Insgesamt dreimal drehte er sich um sich selbst, bis er gezielt zu ausgewählten Stellen ging, Schubladen aufzog und den Boden von unten abtastete, Bilder an den Wänden anhob und einen Teppich zurückschlug.

Anschließend sah er sich die Decke an, die mit Raufaser tapeziert und weiß gestrichen war, ging dann zum Fenster und warf einen Blick hinaus auf die Straße, wo mittlerweile noch ein viertes Einsatzfahrzeug dazugekommen war.

Er wandte sich ab, machte einen Schritt, hielt inne …

Irgendetwas stimmte nicht mit diesem Bild, das er gerade gesehen hatte, als er aus dem Fenster blickte, doch er wusste nicht, was es war. Erneut ging er zum Fenster, schaute hinaus. Da war nichts Ungewöhnliches, und dennoch spürte er diese nicht eindeutig zu beschreibende Unruhe, die ihn auf etwas aufmerksam machen wollte. Etwas, das zum Greifen nah war. Das wichtig war.

Bevor Max sich näher damit befassen konnte, hörte er von unten laute Stimmen und aufgeregte Rufe.

Sie hatten etwas gefunden.

Mit schnellen Schritten verließ er Lenis Zimmer, rannte die Treppe hinunter und ins Wohnzimmer, wo er durch die Terrassentür nach draußen gelangte.

Alle Beamten hatten sich um eine Stelle gruppiert, schauten nach unten und redeten aufgeregt miteinander.

»Was gibt's?«, fragte Max einen der Beamten, als er näher kam.

»Knochen«, berichtete der knapp. »Menschlich.«

Max schob sich zwischen zwei Männern hindurch und konnte einen ersten Blick auf die etwa einen Meter fünfzig tiefe Grabungsstelle werfen, in der eine Beamtin in die Hocke gegangen war und vorsichtig mit einem kleinen Metallstab am Boden hantierte.

»Schädel, Becken …« Sie sah nach oben und blickte der Reihe nach ihre Kolleginnen und Kollegen an. »Zweifelsfrei das Skelett eines Kindes.«

53

Eine halbe Stunde später traf Menkhoff fast zeitgleich mit der Rechtsmedizinerin ein, die sich als Vertretung von Dr. Dres vorstellte, der Tage zuvor in Benz' Haus gewesen war, um dessen Leiche einer ersten Untersuchung zu unterziehen.

»Und?« Menkhoff wandte sich an die Leiterin des Suchtrupps. »Habt ihr noch was gefunden?«

»Nein, bisher nicht.«

»Okay, Kurzbericht.«

»Die Knochen liegen direkt neben der Stelle, an der wir zuvor die Überreste des Hundes entdeckt haben, etwa einen Meter fünfzig tief. Wer immer da zuvor die Hundeknochen ausgegraben hat, hat den Spaten nur wenige Zentimeter neben und einen halben Meter über der Leiche in den Boden gerammt.«

»Gut möglich, dass ihr noch weitere Leichen findet.«

»Ja, das kann gut sein, schließlich sind damals ja drei Mädchen verschwunden«, entgegnete Nolte. »Um den ganzen Garten so tief umzugraben, brauchen wir allerdings einen Kleinbagger. Den habe ich schon geordert, aber es wird wohl noch eine Weile dauern, bis der hier ist.«

Menkhoff bedankte sich und wandte sich an Max.

»Es gibt noch weitere spannende Neuigkeiten. Wir haben eben einen Anruf aus Spanien erhalten. Von Benz' Exfrau.«

»Sie lebt also doch noch?«

»Ja. Sie hat wohl in den Medien davon gehört, dass Benz ermordet worden ist. Sie hat eine Weile herumgedruckst, bis sie damit rausrückte, dass sie Benz damals verlassen hat, weil sie glaubte, dass er etwas mit Lenis Verschwinden zu tun hatte.«

»Na super.« Max schüttelte den Kopf. »Und damit kommt sie jetzt an? Warum, zum Teufel, hat sie euch nicht schon vor sechs Jahren davon erzählt?«

»Das habe ich sie auch gefragt. Sie sagt, weil sie sich nicht sicher war. Sie wollte nur noch weg von ihm.«

»Es ist doch immer der gleiche Mist«, sagte Max wütend. »Na ja, jetzt wissen wir zumindest, dass Benz seine Frau nicht umgebracht hat. Und? Sonst noch was?«

»Nein, aber ich habe ihre Nummer für alle Fälle.«

Nachdem sie eine Weile schweigend den Beamten bei ihrer Arbeit zugesehen hatten, sagte Menkhoff: »Ich hätte dem Scheißkerl damals schon das Haus und den Garten auf links gedreht, wenn ich einen entsprechenden Beschluss bekommen hätte. Habe ich aber nicht, weil die Verdachtsmomente nicht ausreichten. Wer weiß, was alles hätte verhindert werden können. Das ist doch gequirlte Kacke!«

Er sah sich im Garten um. »Komm mal mit ins Haus.«

Im Wohnzimmer angekommen, betrachtete Menkhoff die teilweise offenstehenden Schranktüren und Schubladen. »Und? Wie sieht es aus mit der Festplatte?«

»Ich bin dran«, versicherte Max und dachte wieder an

diesen Eindruck, den er in Lenis Zimmer gehabt hatte. »Ich habe da so ein Gefühl …«

»Und? Was ist das für ein Gefühl?«

»Schwer zu beschreiben. Gut möglich, dass ich die Lösung bereits gesehen habe, aber ich weiß nicht mehr, wo.«

»Okay. Dann hoffe ich, es fällt dir wieder ein. Etwas anderes: Ich habe auf dem Weg hierher einen sehr interessanten Anruf erhalten.«

»Von wem?«

»Von einem Peter Josten.«

Der Name sagte Max nichts. »Peter Josten … Wer ist das?«

Menkhoffs Mund verzog sich zu etwas, das nur entfernt an ein Grinsen erinnerte. »Du kennst ihn.«

»Ach ja? Dem Namen nach aber nicht.«

»Unser Besuch in der Kanzlei …«

Plötzlich war der Name wieder da. Max hatte ihn auf einem Schildchen auf dem Empfangstresen der Anwaltskanzlei gesehen.

»Stimmt, jetzt fällt es mir wieder ein. Der junge Kerl am Empfang.«

»Ganz genau. Und jetzt halt dich gut fest. Herr Josten hat mir verraten, wer Bohrens' Verhältnis ist.«

Max wartete einen Moment, den Menkhoff sichtlich auskostete, bevor er drängte: »Nun sag schon, wer?«

»Er selbst.«

»Er … was?«

»Josten selbst. Sie treffen sich wohl immer in Jostens Wohnung.«

»Das erklärt auch, warum Bohrens sich so dagegen gewehrt hat, uns den Namen zu sagen. Wenn seine Frau davon erfahren würde …«

»Ich glaube, das betrifft nicht nur seine Frau«, gab Menkhoff zu bedenken. »Je nachdem, wie seine Kollegen in der Kanzlei so ticken …«

Wieder einmal war Max von Menkhoff überrascht. Er hätte sich nicht gewundert, wenn der Hauptkommissar ein paar abfällige Bemerkungen über Bohrens' geheime Homosexualität gemacht hätte. Aber das tat er nicht. Stattdessen warf Menkhoff einen Blick zur Terrassentür, als erwartete er jeden Moment den Fund weiterer menschlicher Knochen. »Jetzt ist also klar, warum er uns angelogen hat, allerdings ist er als potenziell Verdächtiger noch nicht raus. Er hätte ein Motiv und hat kein handfestes Alibi.«

Max sah das anders. »Ich weiß nicht … Dass er Benz nicht mochte, bedeutet ja nicht gleich, dass er ihn umbringen würde. Und was sein Alibi betrifft – er hat zu Hause geschlafen, so wie das jeder um diese Zeit tut. Wenn du das nicht als Alibi gelten lässt, haben wir sehr viele Verdächtige.«

»Wir werden sehen. Ich schätze, du möchtest hier drin allein sein?«

»Ja.«

»Gut. Ich gehe raus zu den Kollegen. Wenn du was findest, melde dich.«

Nachdem Menkhoff das Haus verlassen hatte, ging Max wieder nach oben und stellte sich an dieselbe Stelle vor dem Fenster in Lenis Zimmer, an der er zuvor gestanden hatte.

Dieses Gefühl war entstanden, als er aus dem Fenster geschaut und die Einsatzfahrzeuge gesehen hatte. Also versuchte er es erneut. Mittlerweile waren noch mehr uniformierte Polizisten eingetroffen. Sie hatten die Straße vor dem Haus ein Stück weit mit Polizeiband abgesperrt und unterhielten sich hier und da mit Passanten.

Max wandte sich ab, horchte in sich hinein. Dieses Gefühl war noch immer da, aber er bekam es einfach nicht zu fassen.

Nach einem letzten Rundumblick verließ er schließlich Lenis Zimmer und betrat Benz' Schlafzimmer. Einen Raum, der gern als Versteck für Wertsachen diente. Offensichtlich wähnten die Menschen Dinge eher in Sicherheit, wenn sie sie an ihrem intimsten Rückzugsort verbargen.

Im Gegensatz zum Wohnzimmer, das Benz ein wenig moderner gestaltet hatte, war die Schlafzimmereinrichtung in die Jahre gekommen. Das altmodische Bett aus heller Eiche und der passende Schrank dazu erschienen Max wie ein Relikt aus den Siebzigern. Der braune, grobgemusterte Teppichboden tat ein Übriges, dem Raum eine spießige, altbackene Atmosphäre zu verleihen.

Auch dieses Zimmer verließ Max nach etwa zwanzig Minuten wieder, ohne etwas gefunden zu haben.

Mit einem Blick zur offenstehenden Kinderzimmertür stieß er einen leisen Fluch aus. Er war sicher, er hatte etwas gesehen, das irgendwie nicht ins Bild passte. Er musste sich nur daran erinnern, was es war. Aber sosehr er sich auch den Kopf zermarterte, es gelang ihm nicht.

Es nutzte nichts, er musste alles, was er tat, nachdem er das Haus betreten hatte, wiederholen. Vielleicht würde ihm dann wieder einfallen, was nicht gepasst hatte.

Er begann also an der Haustür, wo er sich umwandte

und genau den gleichen Weg ging wie zuvor. In der Küche setzte er sich an den Tisch, sah sich im Raum um. Nichts. Er überlegte, was er als Nächstes gemacht hatte. Er hatte aus dem Fenster geschaut. Also stand er auf, wandte sich um, beobachtete das Treiben im Garten und … dann fiel es ihm ein.

Er wirbelte herum und sah nach oben.

Lenis Zimmer! Von dort aus hatte er die Straße gesehen, das Küchenfenster zeigte hingegen zum Garten. Das Kinderzimmer lag demnach auf der anderen Seite des Hauses.

Als Max bei seinem Besuch mit Benz in der Küche gewesen war, hatte dieser immer wieder nervös nach oben geblickt, und auf Max' Nachfrage erklärt: *Gleich über der Küche ist Lenis Zimmer.*

So sehr konnte er sich in seinem eigenen Haus nicht irren. Das bedeutete, Benz musste einen anderen Grund gehabt haben, immer wieder nervös nach oben zu schauen.

Max ließ seinen Blick über die weißen Holzpaneelen wandern und überlegte, dass er bei dem Gespräch neben dem Tisch gestanden hatte, Benz ihm gegenüber. Er hatte an eine Stelle über Max' Kopf geschaut … Max zog einen Stuhl dorthin und stieg darauf. Dann begann er vorsichtig damit, die Paneelen über sich abzutasten. Bei der dritten hatte er Erfolg. Als er leicht dagegendrückte, gab sie nach, und es entstand eine Lücke. Max schob die Paneele ein wenig zur Seite, was problemlos gelang. Als der Spalt breit genug war, steckte er eine Hand hindurch und tastete die direkte Umgebung ab. Nach wenigen Zentimetern berührte er einen harten, kalten Gegenstand. Schon als er ihn vorsichtig umfasste, ahnte er, was er da in der Hand hielt, Sekunden später sah er es und – er konnte nichts dagegen tun – stieß einen Triumphschrei aus.

Das, was er in der Hand hielt, war eine externe Festplatte.

54

Max legte die Festplatte auf dem Küchentisch ab und eilte durch das Wohnzimmer zur Terrasse. Menkhoff unterhielt sich gerade wieder mit Nolte. Als er Max bemerkte, sagte er noch etwas zu ihr und kam dann auf ihn zu. »Du hast was gefunden, stimmt's?«, fragte er erwartungsvoll, noch ehe er Max erreicht hatte. »Ich sehe es dir an.«

Max nickte. »Ich habe die Festplatte.«

Für einen kurzen Moment schloss Menkhoff die Augen. »Na endlich. Wo war sie?«

Max sagte es ihm, woraufhin Menkhoff sich mit der Hand gegen die Stirn schlug. »Da drehen die das ganze Haus auf links und schauen nicht unter den Deckenpaneelen nach? Ein Versteck, das in jedem zweiten Fernsehkrimi eine Rolle spielt!«

»Das Problem dabei ist, genau die richtige Stelle zu finden«, verteidigte Max die Beamten. »Ich habe sie nur entdeckt, weil Benz, als ich bei ihm war, immer wieder dort hinaufgeschaut hat. Das war mein Vorteil.«

»Wir brauchen sofort einen Computer.« Menkhoff drehte sich um und rief den Beamten im Garten zu: »Ich brauche einen Computer. Ihr habt doch sicher welche dabei. Los, bringt mir einen.«

Sie mussten nicht lange warten. Nach ein paar Minuten brachte einer von Menkhoffs jungen Kollegen ihm ein Notebook.

In der Küche schloss Max die Festplatte am USB-Port an, wartete einen Moment, bis das System das Speichermedium erkannt hatte, klickte auf den neu erschienenen Laufwerkbuchstaben und wartete gebannt darauf, dass der Inhalt der Festplatte angezeigt wurde. Doch er wurde enttäuscht. Statt einer Reihe von Dateinamen erschien ein kleines Fenster mit dem Hinweis: *Bitte geben Sie das Passwort ein.*

»Scheiße«, entfuhr es Max, obwohl er eigentlich schon damit gerechnet hatte. Wenn diese Festplatte tatsächlich das enthielt, was sie glaubten, wäre es eine geradezu idiotische Fahrlässigkeit gewesen, wenn Benz die Dateien unverschlüsselt darauf gespeichert hätte.

»Wir brauchen einen IT-Experten«, stellte Menkhoff fest, stand auf und verließ die Küche. Kurz darauf hörte Max ihn in den Garten rufen: »Ich brauche jemanden, der ein Passwort knacken kann.«

Max überlegte, ob die Passwort-Eingabe auf drei Versuche limitiert oder offen war. Es gab nur einen Weg, das herauszufinden. Er tippte das Wort *Leni* ein und bestätigte mit der Entertaste, woraufhin er lediglich den Hinweis erhielt, dass das eingegebene Passwort nicht korrekt war. So wie es aussah, war die Anzahl der Versuche also nicht limitiert, was es einfacher machte, es zu knacken.

»Von denen da draußen kann uns keiner weiterhelfen«, brummelte Menkhoff, als er zurück in die Küche kam. »Los, wir nehmen das Ding mit aufs Präsidium.«

Minuten später saß Max in seinem Wagen und fuhr hinter Menkhoff her, der die Festplatte eingesteckt hatte.

Während sie sich durch den Verkehr schlängelten, drehten sich Max' Gedanken darum, was sie vorfinden würden, wenn das Passwort entschlüsselt und die abgespeicherten Daten zugänglich waren.

Er gestand sich selbst ein, Angst vor diesem Moment zu haben. Natürlich hatte er im Laufe seiner Karriere bereits einiges gesehen, und es waren auch kinderpornographische Fotos dabei gewesen. Doch er fragte sich, wie er reagieren würde, falls er dabei zusehen musste, wie Robert Benz, sein ursprünglicher Auftraggeber, eine Hauptrolle in Filmen wie *Leni3* spielte.

Er konnte es nicht mal annähernd abschätzen.

Im Präsidium warteten zwei Männer auf sie, von denen Menkhoff offensichtlich nur den älteren kannte. Der jüngere wurde ihnen als neuer Mitarbeiter vorgestellt, der sich auf den Bereich der IT-Forensik spezialisiert hatte. Menkhoff nickte dem jungen Mann kurz zu, wandte sich dann aber wieder an seinen älteren Kollegen, was Max daran erinnerte, wie Böhmer sich ihm gegenüber verhalten hatte, als er ihm als neuer Partner zugeteilt worden war.

Menkhoff drückte dem Älteren die Festplatte in die Hand. »Das Passwort muss geknackt werden, und zwar so schnell es geht.«

Der Jüngere ließ sich davon nicht irritieren und nickte Menkhoff lächelnd zu. »Kein Problem, das kriegen wir hin. Wir benutzen die *Brute-Force-Methode*. Wenn das Passwort nicht zu lang ist, geht das recht fix. Falls allerdings zehn oder mehr Zeichen verwendet wurden, kann es etwas länger dauern, aber keine Sorge, wir knacken es auf jeden Fall.«

Menkhoff wartete, bis die Erklärung beendet war, und sagte dann ruhig: »Verschwinden Sie und kommen Sie erst zurück, wenn wir die Daten auf dem verdammten Ding öffnen können.«

Als die beiden mit der Festplatte in einen anderen Raum gegangen waren, sagte er: »Hast du schon mal mit so was zu tun gehabt?«

»So direkt noch nicht.«

»Dann überlege dir gut, ob du wirklich dabei sein möchtest. Im Gegensatz zu mir hast du die Wahl und musst dir diesen Dreck nicht antun.«

»Ich bleibe dabei«, entschied Max. »Ich möchte wissen, mit welchem Täter wir es bei Lea und Klara zu tun haben, und ich habe die Hoffnung, dass auf der Platte Hinweise auf diesen zu finden sind.«

»Ich kann dir auch später sagen, was …«

»Vier Augen sehen mehr als zwei«, unterbrach Max den Hauptkommissar, der daraufhin entschuldigend die Hand hob.

»Schon gut, ich wollte es nur ansprechen. Aber mach dich darauf gefasst, dass das, was du wahrscheinlich gleich zu sehen bekommst, dich innerlich zerreißen wird.«

Max antwortete nicht und versuchte, sich selbst einzureden, dass er es verkraften würde, weil er ja wusste, was auf ihn zukam.

Als etwa fünfzehn Minuten später der ältere der beiden IT-Spezialisten zurückkam, war er weiß wie eine Wand.

»Und? Habt ihr es geknackt?«, drängte Menkhoff den Mann, doch der sah ihn völlig verstört an. Erst nach einer Weile nickte er. »Ja. Das, was da … Was da drauf ist, das …«

»Schon gut.« Menkhoff deutete zu der Tür, durch die der Mann gerade gekommen war. »Können wir?«

Als sie den Raum betraten, in dem auf einer langen Arbeitsplatte nebeneinander vier Monitore standen, blickte Menkhoff sich erstaunt um.

»Wo ist dein neuer Kollege?«

»Der ist auf dem Klo und kotzt sich die Seele aus dem Leib.«

Menkhoff murmelte etwas und fragte dann: »Wo ist das Ding angeschlossen?«

»Da vorn.«

Ohne weiteren Kommentar setzte Menkhoff sich auf den Stuhl vor den Monitor und betätigte eine Taste auf der Tastatur, woraufhin die Oberfläche des Explorers erschien, in dessen rechter Spalte eine lange Liste von Dateinamen zu sehen war.

»Ich wünsche euch gute Nerven«, sagte Menkhoffs Kollege und wandte sich um. »Ich bin raus.«

Als Max die Namen las, krampfte sich sein Magen zusammen.

Die Liste der Dateien war lang, aber es gab drei Hauptbezeichnungen, die jeweils mehrfach vorkamen und sich durch fortlaufende Nummerierungen unterschieden.

Anna1 bis *Anna17*, *Marie1* bis *Marie23* und *Leni1* bis *Leni3*.

Die meisten Dateien beinhalteten Fotos, aber es waren auch einige Filme dabei. Bei den drei Leni-Dateien handelte es sich ausschließlich um Filme.

»Von seiner Tochter gibt es nur drei Filme«, murmelte Menkhoff.

Max sog tief die Luft ein. »Ja, warum auch immer.« Als er

sah, wie Menkhoff den Mauszeiger auf die Datei *Leni1.mov* bewegte, hielt er unwillkürlich den Atem an.

Nach einem Doppelklick öffnete sich ein neues Fenster mit dem Programm zum Abspielen von Videos. In der nächsten Sekunde war ein blondes Mädchen zu sehen, das auf einer Wiese saß und eine Puppe mit dicken gelben Wollhaaren in der Hand hielt, die sie durch das Gras wandern ließ.

Aus dem Off rief ein Mann – es war Benz – ihren Namen und forderte sie auf, doch mal in die Kamera zu schauen, was Leni allerdings entweder nicht hörte oder ignorierte. Gedankenversunken beschäftigte sie sich weiter mit der Puppe, die ihre Oma für sie gemacht hatte.

Angespannt beobachtete Max das Geschehen auf dem Monitor und rechnete damit, dass das Bild und die Stimmung in dem Film jeden Moment umschlagen würden, doch das geschah nicht. Nach etwa vier Minuten, in denen nichts anderes zu sehen war als die spielende Leni, war der Clip zu Ende.

»Seltsam«, sagte Menkhoff leise und klickte die zweite Leni-Datei an. In diesem Clip war das Mädchen noch um einiges jünger, vielleicht vier oder fünf Jahre alt. Sie saß mit einer blonden, attraktiven Frau auf einer altmodischen Couch mit braunem Cordbezug und sah sich ein Buch an, das auf den Oberschenkeln der Frau, vermutlich ihre Mutter, lag. Immer wieder deutete die Frau auf das Buch und erzählte eine Geschichte.

»Das ist wirklich seltsam«, erklärte Max, als auch dieser Film zu Ende war und nichts von dem zu sehen gewesen war, was Max befürchtet hatte.

Menkhoff blickte zu ihm hinüber. »Erinnerst du dich, welches Video Benz sich unter anderem angesehen hat, bevor er umgebracht wurde?«

»Ja. *Leni3*.«

»Na denn …«

Mit einem Doppelklick öffnete sich die Datei und zeigte Leni wieder als etwa Zehnjährige, wie sie mit geschlossenen Augen ruhig in ihrem Bett lag. Max hoffte inständig, dass sie schlief, was sich kurz darauf auch bestätigte, als sie zusammenzuckte und sich zur Seite drehte.

Die Kamera wanderte um das Fußende ihres Bettes herum, verharrte dann auf der anderen Seite in einer Position, von der aus das Gesicht des Mädchens zu sehen war. Minutenlang. Dann war auch dieser Clip zu Ende, und Menkhoff und Max sahen sich an.

»Das sieht ja nicht gerade danach aus, als ob es uns in irgendeiner Weise weiterbringen würde«, stellte Menkhoff enttäuscht fest.

»Warten wir es ab«, entgegnete Max ahnungsvoll. »Klick mal eine der anderen Dateien an.«

Menkhoff entschied sich für *Anna1.mov*, die zuoberst stand. Einen Wimpernschlag später startete der Film.

Schon nach den ersten Sekunden stöhnte Max auf und schloss angeekelt die Augen.

55

Obwohl die Videoqualität nicht besonders gut war, erkannte Max das Mädchen anhand der Fotos, die den Berichten beigefügt gewesen waren, die er online gelesen hatte. Die Aufnahmen schienen bei dämmrigem Licht in einem Holzhaus gemacht worden zu sein.

Und er erkannte den Mann neben dem Kind. Es war Robert Benz.

Beide waren nackt.

»Diese Drecksau«, stieß Menkhoff knurrend aus. »Man sollte dem, der ihm das Hirn rausgeblasen hat, einen Orden verleihen.«

Selbst wenn Max es gewollt hätte, er war nicht in der Lage, etwas zu sagen. Sein Blick hing wie gebannt an den unerträglichen Szenen, die sich vor seinen Augen abspielten, während ihm das Atmen immer schwerer fiel. Erst nach einigen weiteren Minuten schaffte er es, sich abzuwenden.

»Geht's?«, fragte Menkhoff.

Max schüttelte den Kopf. »Nein. Ich brauche einen Moment, tut mir leid.«

»Alles gut. Geh raus, wenn du möchtest, und atme tief durch. Ich sichte die Videos und Fotos und rufe dich, wenn ich etwas Auffälliges entdecke.«

»Nein, wie schon gesagt: Vier Augen sehen mehr als zwei. Es geht gleich wieder. Ich wusste zwar, was uns da erwartet, aber es dann zu sehen … zwei Minuten, okay?«

Menkhoff nickte und wandte sich wieder dem Bildschirm zu.

Als die Geräusche aus dem Video urplötzlich verstummten, wusste Max, dass es zu Ende war. Die beiden folgenden Videos und Fotos ähnelten dem, das sie gerade gesehen hatten, und erzeugten in Max neben Abscheu und Ekel eine ungeheure Wut auf Robert Benz. Er schaffte es nur, sich das Material anzusehen, weil er sich darauf konzentrierte, seinen Blick stur auf Benz und die Umgebung zu richten und das Mädchen nicht direkt anzusehen.

Dann öffnete Menkhoff die Videodatei mit dem Namen *Marie1*, die sich von den bisherigen – abgesehen von der Hauptdarstellerin – in einem markanten Punkt unterschied: Neben Benz und dem Mädchen namens Marie war ein weiterer Mann zu sehen.

Wie Benz war er nackt, hatte allerdings eine lederne Gesichtsmaske auf, die bis auf zwei Löcher an den Augen und ein größeres am Mund seinen ganzen Kopf umschloss.

»Scheiße, der war das nicht allein«, stieß Menkhoff aus und schlug mit der geballten Faust so heftig auf die Arbeitsplatte, dass der Monitor vibrierte.

Max beugte sich weiter nach vorn und versuchte, irgendetwas an dem Mann zu erkennen, das auf seine Identität schließen ließ. »Das könnte unser Ansatzpunkt sein.« Er hörte selbst, wie aufgeregt er klang.

»Wenn die damals zu zweit waren, wäre es durchaus möglich, dass der andere immer noch weitermacht.«

»Also gut. Wollen wir mal sehen, ob das zweite Schwein uns irgendwann auch seine hässliche Fratze zeigt.«

Das tat er erst, als sie das letzte Video auf der Festplatte öffneten, das sich bereits durch die Namensgebung von den anderen unterschied. Die Datei hieß: *hrxxx.mov*

Schon von der ersten Sekunde an war klar, dass dieser Film anders war als alle anderen: Er war nicht in der Holzhütte gemacht worden, sondern draußen im Wald. Zudem waren die Aufnahmen sehr verwackelt, weil sie vermutlich mit einem Smartphone gemacht worden waren, und zwar von demjenigen, der halb über einem sich verzweifelt wehrenden, weinenden Mädchen lag, das er mit der freien Hand auf den Boden drückte. Das Gesicht seines Opfers war nicht zu erkennen, weil ihre langen Haare es bedeckten und sie den Kopf verzweifelt hin und her drehte.

Keuchender Atem war zu hören, ein fieses Lachen. Dann war das Mädchengesicht für einen kurzen Moment zu erkennen, während ihr Peiniger sagte: »Los, hilf mir mal, das Kätzchen zu zähmen«, und das Smartphone so drehte, dass der Angesprochene zu sehen war.

Als Max erst das Mädchen und dann den zweiten Mann erkannte, hatte er das Gefühl, das Blut gefriere ihm in den Adern.

56

»Das … kann doch nicht sein!« Max' Stimme klang so heiser, als hätte er eine Halsentzündung.

Mit einem Satz sprang Menkhoff auf. »Wir müssen herausfinden, wo diese Hütte steht. Ich werde sofort alle Infos über den Kerl zusammentragen und ihn zur Fahndung ausschreiben lassen.«

Auch Max stand auf. Er fühlte sich wie betäubt und hatte Mühe, seine Gedanken zusammenzuhalten. Zu sehr setzte ihm das Grauen zu, das die Erkenntnis mit sich gebracht hatte, wer der zweite Täter neben Benz war. Und wer das Opfer im letzten Video.

»Ich rufe Böhmer in Düsseldorf an«, sagte er. »Er soll dort auch alle Hebel in Bewegung setzen.«

»Ja, ist gut. Wenn ich mich nicht irre, kommt es jetzt wirklich auf jede Minute an.«

Als Menkhoff den Raum verlassen hatte, griff Max nach seinem Handy und rief seinen Expartner an.

»Mist«, kommentierte der, nachdem Max ihn in kurzen Sätzen über den Stand der Dinge in Kenntnis gesetzt hatte.

»Ich werde hier jeden aktivieren, der im Dienst ist, und mich selbst über den Dreckskerl schlaumachen. Ich melde mich bei dir, sobald ich etwas weiß.«

»Danke!« Max legte auf, ließ sich auf den Stuhl sinken, auf dem kurz zuvor noch Menkhoff gesessen hatte.

Alles in ihm wehrte sich dagegen, diese unfassbaren Bilder, die er eben gesehen hatte, als real zu akzeptieren. Er dachte an das Mädchen und wagte es nicht, sich vorzustellen, was sie alles erleiden und erdulden musste und was das mit ihrer Kinderseele gemacht hatte.

Obwohl er sich noch in einer Art Schockstarre befand, begann sein Verstand, einzelne Puzzleteile zusammenzusetzen und ihm ein immer klareres Bild dessen zu zeigen, was damals geschehen war und was aktuell geschah. Und je deutlicher dieses Bild und je klarer die Erkenntnis darüber wurde, wie die Zusammenhänge waren, umso größer wurde Max' Abscheu diesen Unmenschen gegenüber. Er konnte nicht mehr ruhig sitzen bleiben. Mit einem Satz sprang er auf und verließ den Raum in Richtung Menkhoffs Büro. Es musste so vieles getan werden, dass er gar nicht wusste, wo er anfangen sollte.

Menkhoff legte in dem Moment den Telefonhörer auf, als Max hereinkam. »Ich habe gerade mit seiner Frau geredet. Sie hat natürlich keine Ahnung, wo er sein könnte.«

Etwas anderes hatte Max auch nicht erwartet. »Kannst du mir die Nummer geben, von der aus Alina dich angerufen hat? Ich versuche mal, sie zu erreichen.«

»Schon geschehen. Sie geht nicht ran.«

»Verdammt! Das habe ich befürchtet. Wir müssen irgendwie herausfinden, wo die Hütte aus den Videos ist. Sag mal … wie weit hat die Hundertschaft den Wald von der Stelle aus abgesucht, an der Sofia gefunden worden ist?«

»Weit. Von einer Hütte ist keine Rede gewesen. Aber ich

schicke trotzdem noch mal Leute da raus, die sollen die Gegend großräumig nach einer Holzhütte absuchen.«

»Okay. Sind schon Leute zu seinem Haus unterwegs?«

Menkhoff schüttelte den Kopf. »Ich warte noch auf den Beschluss.«

»Klar, immer dieser formelle Mist. Uns läuft die Zeit davon.«

»Du hast recht.« Menkhoff stand auf und ging um seinen Schreibtisch herum. »Los, wir fahren jetzt dahin.«

»Ohne Durchsuchungsbeschluss?«

»Der muss ja bald kommen. Zudem ist Gefahr im Verzug. Also los.«

Eine Weile saßen sie schweigend im Wagen und hingen ihren Gedanken nach, während Menkhoff mit dem Blaulicht auf dem Dach und der eingeschalteten Sirene durch den Kölner Verkehr pflügte.

In Max' Kopf wirbelten alle Fakten zu dem Fall durcheinander. Bei dem Versuch, sie in eine halbwegs logische Ordnung zu bringen, fiel ihm plötzlich etwas ein, das Menkhoff ihm erzählt hatte.

»Hast du eigentlich schon die Ex von Benz angerufen? Vielleicht weiß die etwas über diese Hütte.«

»Nein, noch nicht, aber du hast recht.«

»Gib mir ihre Nummer, ich versuche es.«

Max musste eine Weile warten, in der er ungeduldig mit den Fingern auf seinem Oberschenkel herumtrommelte, bis Stephanie Benz das Gespräch endlich annahm.

Als sie sich schließlich meldete, erklärte Max ihr, wer er war und in welcher Situation sie sich befanden, woraufhin sie zusagte zu helfen, so gut sie konnte. Den Kerl, der sich mit Benz gemeinsam an den Mädchen vergangen hatte, erwähnte er nicht.

»Ich habe eine Frage an Sie, die sehr wichtig ist«, sagte Max. »Hat ihr Exmann irgendwann mal eine Holzhütte irgendwo im Wald erwähnt?«

»Meinen Sie etwa diesen alten Bretterverschlag, den er seinem Kunden abgekauft hatte?«

Sofort erhöhte sich Max' Pulsfrequenz. »Ja, kann sein, erzählen Sie davon. Wo steht sie?«

Menkhoffs Kopf flog herum.

»Die steht im Königsforst. Ich weiß gar nicht, ob die legal gebaut worden ist. Ich war nur einmal dort und habe ihn für verrückt erklärt, dass er für die Bude auch noch Geld bezahlt hat.«

»Im Königsforst?«, wiederholte Max aufgeregt. »Können Sie mir beschreiben, wo dort?«

»Ja, ich denke, das kann ich.«

57

Sie folgt ihm schon seit geraumer Zeit.

Nachdem sie über eine Stunde fast regungslos auf einer hüfthohen Mauer gesessen und das Gebäude mit starrem Blick beobachtet hat, ist er herausgekommen und in sein Auto gestiegen. Er hat ausgesehen, als hätte er gute Laune.

Sie ist ihm nachgefahren und hat dabei darauf geachtet, stets genügend Abstand zu halten, so dass er sie nicht entdeckt.

Die blonden Haare hat sie zu einem Zopf gebunden, der hinten unter dem Helm herausragt. Ihre Kopfhaut juckt.

Sie hat Schmerzen. Überall. Ihr ganzer Körper scheint in Flammen zu stehen. Ihr Herz ebenso.

Ihre Seele verbrennt.

Wenn sie jahrelang geglaubt hat, man könnte ihr nichts mehr antun, das schlimmer ist als das, was sie schon erlebt hat, dann ist sie eines Besseren belehrt worden.

Sie erreichen ein Waldstück. Sie vergrößert den Abstand. Als er auf einem schmalen Weg in den Wald abbiegt, hält sie kurz an und wartet, bis die tiefhängenden Zweige seinen Wagen verschluckt haben, bevor sie ihm folgt.

Minutenlang rollen sie langsam über den Weg, der immer weiter in das Waldstück hineinführt.

Plötzlich hält er an. Sie tut es ihm gleich, wartet und beobachtet, wie er aussteigt.

Sie schiebt die 125er vom Weg herunter zwischen zwei Bäume und lehnt sie an einen der Stämme, dann geht sie gebückt auf die Stelle zu, an der sein Auto steht. Noch immer ist ihr Kopf vollkommen leer, sie handelt wie eine seelenlose Maschine.

Als sie den Wagen fast erreicht hat, erkennt sie die Hütte im Hintergrund.

Nach ein paar Schritten sieht sie, wie er am Schloss hantiert, dann zieht er die Tür auf und ist gleich darauf in der Hütte verschwunden.

Langsam pirscht sie sich an die Hütte heran. Sie schlägt einen Bogen, nähert sich von der Seite. Durch das Fenster wird er sie nicht sehen können, der schiefhängende Laden ist zugeklappt.

Vor der Terrasse hält sie inne, lauscht mit angehaltenem Atem, aber von drinnen ist nichts zu hören. Sie setzt einen Fuß auf die Holzstufe, wartet auf ein Knarren, doch es bleibt still. Dann steht sie vor der Tür. Mit einer langsamen, mechanischen Bewegung gleitet ihre Hand unter ihre Jacke und kommt mit der Waffe wieder zum Vorschein. Sie schiebt den Sicherungshebel zur Seite, dann öffnet sie die Tür.

58

Menkhoff raste in halsbrecherischem Tempo in Richtung Königsforst durch Köln, während Max mit dem Handy des Kommissars mit dem Präsidium telefonierte und Unterstützung anforderte.

»Die sollen bloß nicht mit Festbeleuchtung und Sirenentamtam da aufkreuzen«, knurrte Menkhoff, während er den Wagen vor einer roten Ampel zwischen zwei Autos hindurchmanövrierte.

»Kein Blaulicht und kein Martinshorn auf dem letzten Kilometer«, übersetzte Max, »damit der Täter nicht gewarnt wird und den Mädchen vielleicht etwas antut.«

»Wenn er das nicht schon getan hat.«

Max sah zu Menkhoff hinüber. »Hoffen wir das Beste.«

Als sie sich dem Gebiet des Königsforsts näherten, schaltete Menkhoff Martinshorn und Blaulicht aus. Die plötzliche Stille wirkte wohltuend.

»Da vorn.« Menkhoff zeigte auf einen Weg, der von der Straße abzweigte und in den Wald führte. »Das muss die Stelle sein, die Benz' Exfrau beschrieben hat.«

Er lenkte den Wagen auf den schmalen Pfad und folgte ihm im Schritttempo.

»Ich habe keine Waffe«, erklärte Max.

»Ich weiß.« Menkhoff nickte. »Das werden wir ändern

müssen, wenn wir zukünftig zusammenarbeiten. Sobald wir bei der Hütte ankommen, hältst du dich hinter mir.«

Zwei Minuten später sahen sie in etwa hundert Metern Entfernung ein Auto stehen. Als Menkhoff abbremste, entdeckte Max das 125er-Motorrad, das an einen Baumstamm gelehnt war, und hatte sofort ein Bild vor Augen.

»So ein Mist«, stieß er aus, woraufhin Menkhoff ihm einen fragenden Blick zuwarf.

»Das ist ihr Motorrad. Ich habe es an dem Abend gesehen, als mein Auto zerkratzt wurde. Es stand hinter einer Litfaßsäule.«

Menkhoff schaltete den Motor ab. »Das passt zusammen.«

Sie stiegen aus und drückten die Türen vorsichtig ins Schloss, um keine unnötigen Geräusche zu verursachen.

Menkhoff zog seine Waffe, den Lauf zu Boden gerichtet, während sie auf die Hütte zugingen.

Das Geländer der kleinen Veranda war dermaßen morsch, dass einzelne Latten abgefault waren. Auch das Dach machte nicht den Eindruck, als wäre es noch dicht. Alles in allem sah es so aus, als wäre seit vielen Jahren nichts mehr daran gemacht worden. Man hätte viel Arbeit investieren müssen, um die Hütte wieder halbwegs herzurichten. Aber wenn sie mit ihrer Vermutung richtiglagen, war es Benz wohl ziemlich egal gewesen, wie die Hütte aussah.

»Psst«, zischte Menkhoff, der schon ein paar Schritte weiter war, und deutete zur Tür.

»Ich gehe zuerst rein und sichere«, flüsterte er. »Du kommst erst nach, wenn ich dich rufe, klar?«

»Ja.«

Hintereinander stiegen sie vorsichtig die Holzstufen hoch, dann legte Menkhoff seine Hand auf die verrostete Klinke.

59

Der Raum ist staubig und riecht modrig. Sie hat die Tür vorsichtig und geräuschlos hinter sich geschlossen und steht nun reglos da. Im dämmrigen Licht sieht sie Spinnweben, die alles zu überziehen scheinen. Sie kleben in Ecken, an der Decke und sogar an einem steinernen Krug, der auf einem Regal steht.

In der Mitte des Raumes gähnt vor einer geöffneten Holzklappe ein Loch, das knapp groß genug für einen erwachsenen Menschen ist. Von ihrem Platz aus erkennt sie die oberste Sprosse einer Leiter, die hinabführt. Von unten hört sie gedämpfte Geräusche, sie klingen wie das Winseln eines kleinen Hundes. Dann seine *Stimme, die sie unter Tausenden heraushören würde.*

»Nun kommt schon, meine Süßen, zeigt dem Onkel, dass ihr ihn gernhabt.«

Sie weiß genau, was dort unten gerade vor sich geht. Sie hat es am eigenen Leib erlebt. Mit ihm.

Mit ihm! *Diese Erkenntnis, die viele Jahre irgendwo in ihrem Kopf verborgen gewesen war, treibt sie voran. Sie weiß, was sie jetzt tun wird, und das einzige Gefühl, das sie dabei verspürt, ist die Freude darauf, ihn verrecken zu sehen.*

Vorsichtig macht sie einen Schritt, dann einen weiteren. Die Geräusche von unten werden deutlicher, das Jammern, das Weinen. Als sie ihn wieder hört, bleibt sie stehen. »Na los«, fordert er mit einschmeichelnder Stimme. »Nun macht schon, so wie ich es euch gezeigt habe. Wenn ihr lieb zu mir seid, könnt ihr bald wieder zurück zu Mama und Papa. Ja, ich werde euch gehen lassen, das verspreche ich euch. Und ihr bekommt beide noch ein tolles Geschenk von mir …

Ja, na siehst du, das ist doch gar nicht so schwer …«

Sie macht die letzten beiden Schritte, setzt einen Fuß auf die oberste Leitersprosse, zieht den zweiten Fuß nach, stößt sich ab und landet geschmeidig auf dem lehmigen Boden.

Im Bruchteil einer Sekunde hat sie die Waffe erhoben.

Er steht mit heruntergelassener Hose drei Meter von ihr entfernt, die beiden Mädchen kauern vor ihm auf dem Boden, klammern sich aneinander fest und sehen sie mit weit aufgerissenen, geröteten Augen in einer Mischung aus Angst und Hoffnung an, die Gesichter tränennass.

Er starrt erschrocken erst auf die Mündung der Waffe und dann auf sie. Ein, zwei Atemzüge vergehen, dann verzieht sich sein Mund zu einem zuckersüßen Lächeln, während er sich ihr zuwendet.

»Du? Du bist mir gefolgt?« Das Lächeln wird noch breiter, er streckt ihr eine Hand entgegen, die Handfläche nach oben gerichtet. »Komm, meine Süße, komm zu uns. Wir machen es uns zusammen gemütlich. Du weißt doch noch, wie es geht, nicht wahr? Komm, mein Schatz.«

Sie senkt den Blick, betrachtet das ekelhafte Ding zwischen seinen Beinen, das langsam kleiner wird. Sie hält den Atem an. Dann drückt sie ab.

Er reißt die Augen auf und wird nach hinten geschleudert, als hätte jemand ihm einen kraftvollen Stoß gegen den Brustkorb gegeben. Die beiden Mädchen beginnen zu schreien, als er auf dem Boden aufschlägt und das Gesicht schmerzhaft verzerrt. Ein langgezogenes Stöhnen quält sich aus seinem Mund. Zwei, drei Sekunden lang, dann hebt er noch im Liegen die rechte Hand und presst sie auf die blutende linke Schulter.

Sie steht da und erlebt das alles wie in Zeitlupe. Jedes kleinste Detail erscheint ihr dabei ins Groteske vergrößert, deutlich und klar erkennbar, sei es auch noch so unwichtig. Jede kleine Falte seines Gesichts, die Sommersprossen des links sitzenden Mädchens, das Ding zwischen seinen Beinen, das zu einem ekligen, schrumpeligen Wurm geworden ist …

Sie löst den Blick von ihm, geht auf die Mädchen zu und legt dem einen die Hand auf den Kopf. »Alles ist gut«, sagt sie mit leiser, monotoner Stimme. »Alles ist gut.«

»Schatz!«, stöhnt er, neben ihr auf dem Boden liegend. »Was hast du getan?«

Sie wendet sich ihm zu, hebt die Waffe und zielt auf sein Gesicht.

»Nein, bitte, Schatz, warte. Ich … ich bin doch dein Vater. Das kannst du nicht tun. Du liebst mich doch, ich weiß das. Und ich liebe dich. Mehr als alles andere auf dieser Welt. Du bist mein Ein und Alles.

Ich weiß, du willst das nicht wirklich tun. Du … du bist krank, mein Schatz, das haben wir dir nie gesagt, aber du tust manchmal Dinge, von denen du überzeugt bist, dass sie richtig sind, weil dir Unrecht getan wurde. Aber das stimmt nicht, das gaukelt dir diese Krankheit vor. So wie jetzt. Bitte, Schatz, tu das nicht, du wirst es bitter bereuen, wenn du wieder normal denken kannst.«

Sie bewegt den Lauf der Waffe ein Stück weit zur Seite, so dass er nun auf sein Ding gerichtet ist.

»Nein, warte … warte bitte«, jammert er. »Bitte, bevor du schießt, möchte ich dir noch ein Geheimnis verraten. Bitte.«

Er wartet vier, fünf Sekunden, dann sagt er beschwörend: »Das darfst nur du erfahren« und deutet mit den Augen zu den beiden Mädchen hinüber. »Bitte, komm näher, damit ich es dir leise sagen kann. Es betrifft etwas ganz Wichtiges aus deiner Kindheit. Danach kannst du mich erschießen, wenn du möchtest.«

Sie zögert, doch dann macht sie einen Schritt auf ihn zu, dann noch einen. »Komm«, flüstert er, »noch ein Stückchen näher.«

Als sie sich nach unten beugt, bemerkt sie ein Zucken seines Körpers, dann den Schmerz an ihrer Hand. Bevor ihr richtig bewusst wird, was geschieht, hat er ihr die Waffe schon entrissen und richtet sie auf sie.

»Du dumme, kleine Nuss. Jetzt wirst du sterben. Hast du wirklich geglaubt, du könntest mich umbringen? Du hast es bei Robert, dem Schlappschwanz, schon nicht gekonnt, das musste ich übernehmen. Und jetzt dachtest du, du kannst deinen Vater erschießen? Das kannst du nicht. Aber ich kann dich …«

Weiter kommt er nicht, dann bricht das Chaos los.

60

Langsam drückte Menkhoff die Klinke herunter und öffnete, nach vorn gebeugt, die Tür. Der Raum, in den Max über die Schulter des Hauptkommissars blicken konnte, schien seit ewigen Zeiten nicht genutzt worden zu sein, doch das registrierte er nur am Rande. Seine Aufmerksamkeit richtete sich ebenso wie Menkhoffs sofort auf die offenstehende Luke in der Raummitte.

Vorsichtig einen Fuß vor den anderen setzend, betraten sie hintereinander die Hütte. Während der Hauptkommissar den Blick auf die Luke gerichtet hatte, sah Max sich um, doch außer ihnen befand sich niemand im Raum.

Menkhoff war noch drei, vier Schritte von dem Loch im Boden entfernt, als sie von unten erst ein Poltern hörten und dann eine Männerstimme, die zischte: »Du dumme, kleine Nuss. Jetzt wirst du sterben.«

Max sah, wie ein Ruck durch Menkhoffs Körper ging, dann schnellte der Hauptkommissar mit einer Geschwindigkeit nach vorn, die Max ihm nie zugetraut hätte. Als er die Öffnung erreichte, gab der Mann unten zu, Benz getötet zu haben.

Gleich darauf war Menkhoff so schnell in der Öffnung verschwunden, dass Max befürchtete, er wäre nach unten gestürzt.

Er hastete sofort hinterher, erreichte die Luke und setzte den Fuß auf die zweite Sprosse, während unten bereits der Tumult losbrach. Er hörte noch, wie Menkhoff schrie »Waffe weg«, dann fiel ein Schuss, gleich darauf ein zweiter.

Max stieß sich ab und landete auf festem Erdreich. Noch während er sich aufrichtete, scannte sein Blick die Situation. Direkt neben seinen Füßen lag Menkhoff mit dem Gesicht nach unten auf dem Boden, ein paar Meter weiter saßen engumschlungen zwei Mädchen, daneben lag Reinhard und regte sich nicht mehr.

Vor den dreien stand Hannah, die Max erst erkannte, als sie sich bückte und ihrem Vater eine Waffe aus der Hand nahm. Sie trug eine blonde Perücke, die verrutscht war, so dass ein Teil ihrer dunklen Haare an der Seite herausquoll.

Max ging neben Menkhoff in die Hocke, fasste ihn an der Schulter und drehte ihn vorsichtig ein wenig zur Seite, woraufhin der Hauptkommissar aufstöhnte und sich eine Hand auf eine stark blutende Wunde in der Brust presste.

»Ich bin sofort bei dir«, sagte Max leise, dann wandte er sich Hannah zu, die die Waffe auf ihren Vater gerichtet hatte.

»Nicht, Hannah«, sagte Max eindringlich, »das ist er nicht wert.«

Das Mädchen rührte sich nicht und ließ nicht erkennen, dass sie ihn verstanden hatte. Max trat einen Schritt auf sie zu, während er Menkhoffs laut rasselnden Atem hörte.

»Hannah, bitte, gib mir die Waffe.«

»Ist er tot?« Ihre Stimme klang so eisig, dass es Max kalt über den Rücken lief. »Hannah, bitte gi…«

»Ist er tot?«, wiederholte sie.

Max hob eine Hand. »Warte, bitte, nimm die Waffe runter, ich schaue nach.«

Er ging neben Reinhard in die Hocke, ertastete seine Halsschlagader und legte zwei Finger darauf, obwohl das Loch, das in der Stirn des Mannes klaffte, für sich sprach. Nach einigen Sekunden sah er zu Hannah hoch. »Er ist tot. Du kannst mir die Pistole geben.«

Zögernd ließ sie den Arm sinken und legte die Waffe auf Max' ausgestreckte Hand.

»Danke«, sagte er, sicherte die Pistole und steckte sie ein. Nach einem kurzen Blick zu den beiden Mädchen auf dem Boden, die das Geschehen starr vor Schreck, aber offensichtlich unverletzt verfolgten, richtete er sich wieder auf.

Von irgendwoher waren Motorengeräusche zu hören.

Menkhoffs Kollegen rückten an.

Max ging zu ihm und sank neben ihm auf die Knie.

Der Hauptkommissar hatte die Augen geschlossen und regte sich nicht mehr. Nur der Brustkorb hob und senkte sich kaum merklich und erzeugte dabei schaurig rasselnde Geräusche.

»Bernd«, sagte Max und legte ihm eine Hand auf die Stirn. »Bernd, du musst durchhalten. Deine Kollegen sind schon da.«

Langsam und sichtlich unter Aufbietung aller Kräfte öffnete Menkhoff die Augen.

»Einen Scheißdreck muss ich«, sagte er mit brüchiger Stimme. »Jetzt musst du allein die kniffligen Fälle lösen.« Entsetzt registrierte Max die blutigen Bläschen, die sich beim Sprechen in Menkhoffs Mundwinkel bildeten. »Quatsch, das wird wieder«, entgegnete er gegen seine Überzeugung.

Menkhoffs freie Hand tastete nach der von Max. »Lenk nicht vom Thema ab, Jungspund. Leg diesen verdammten Drecksäcken gefälligst das Handwerk, verstanden?«

»Bernd, ich bin sicher …«

»Du bist wie ich. Du musst für mich weitermachen. Gib mir dein Wort. Los. Und wehe, du brichst es.«

»Ja. Ich gebe dir mein Wort.«

»Wenn es schwierige Fälle gibt, die …« Er krümmte sich zusammen, versuchte zu husten, was misslang, krümmte sich erneut … dann entspannten sich alle Muskeln, und sein Kopf kippte zur Seite.

Der Erste Kriminalhauptkommissar Bernd Menkhoff war tot.

61

Die Sonne brannte heiß vom wolkenlosen Himmel, als Bernd Menkhoff zu seiner letzten Ruhestätte getragen und mit allen Ehren bestattet wurde. Auch wenn viele seiner ehemaligen Kolleginnen und Kollegen nicht gern mit ihm zu tun gehabt hatten, gab es wohl niemanden, der seine Fähigkeiten als brillanter Ermittler in Frage gestellt hätte.

Nachdem die Zeremonie beendet war, ging Max neben Böhmer her zurück zu seinem Auto.

»Manchmal, wenn ich über das alles nachdenke, habe ich das Gefühl, er hat es darauf angelegt«, sagte Max, während er seine Füße betrachtete, die abwechselnd unter ihm auftauchten. »So, wie er da reingehechtet ist …«

Böhmer zuckte mit den Schultern. »Wer weiß. Ich dachte immer, ich kenne ihn nur als Arsch. Aber nach allem, was du mir erzählt hast, stelle ich fest, ich kannte ihn kein bisschen.«

»Nein, du kanntest ihn wirklich nicht. Ich habe ihn gemocht.«

»Und? Kannst du mir jetzt endlich erzählen, wie in dieser verworrenen Sache alles zusammenhängt?«

Max nickte müde lächelnd. »Ja, ich denke, das kann ich.« Er warf einen Blick auf seine Armbanduhr. »Lass uns ein Bier trinken gehen.«

»Um halb vier?«

»Ja«, erwiderte Max.

»Also gut. Fahren wir zurück und gehen ein Bier trinken.«

»Nein, lass uns noch ein wenig hier in Köln bleiben.«

»Okay«, stimmte Böhmer zu.

Zwanzig Minuten später saßen sie in einer urigen Kölsch-Kneipe in Nippes, in der Max schon einmal mit einem Dozenten-Kollegen gewesen war, und stießen mit dem ersten Kölsch an.

»Trinken wir auf Bernd Menkhoff«, sagte Max.

»Auf Menkhoff«, sagte auch Böhmer, trank einen Schluck und fügte dann hinzu: »Den Arsch.«

Beide mussten lachen, und Max stellte wieder einmal fest, dass es guttat, sich mit seinem Exkollegen zu unterhalten.

»Also, dann schieß mal los.«

Max überlegte kurz, wie er beginnen sollte, dann klärte er Böhmer auf.

»Was wir mittlerweile wissen, ist das Resultat der Aussagen von Reinhards Frau, von Alina und ihren Eltern und von Benz' ehemaliger Frau. Hauptsächlich aber stammt es aus langen Gesprächen, die Hannah mit einer Psychiaterin geführt hat. Teilweise unter Hypnose.«

Nachdem Max einen großen Schluck Kölsch genommen hatte, setzte er das Glas ab, wischte sich den Schaum vom Mund und fuhr fort: »Zuerst einmal, was jetzt kommt, ist starker Tobak, sei gewarnt. Und ich muss gestehen, dass es mich zutiefst befriedigt, zu wissen, dass diese beiden Dreckschweine tot sind.

Also: Wie es aussieht, waren Benz und Reinhard nicht

nur Partner in ihrem Versicherungsbüro, sondern sie haben auch gemeinsam Kinder missbraucht. Angefangen haben sie mit ihren Töchtern, die sie sich entweder gegenseitig ausliehen oder wahlweise gemeinsam misshandelten. Ganz besonders scheinen Hannah zwei Gelegenheiten in Erinnerung geblieben zu sein. Einmal, als alles anfing, saß sie in Lenis Zimmer im Kleiderschrank und hat mit angesehen, was Benz mit Leni tat. Benz hat sie offensichtlich bemerkt und Hannahs Vater angerufen, der sie später dann auf seine Art bestrafte.

Ein anderes Mal vergingen sich Benz und Reinhard zusammen im Wald an Hannah. Das Verrückte ist, dass ihr Verstand kurz darauf wohl völlig ausgeblendet hat, dass ihr eigener Vater daran beteiligt war. Die Psychiaterin meinte, das sei ein natürlicher Schutzmechanismus des menschlichen Gehirns.

Auf jeden Fall haben die beiden Schweine es geschafft, dass die Kinder sie nicht verraten haben. Laut der Psychiaterin ist das bei Kindern in dem Alter recht einfach, sofern man weiß, welche Knöpfe man drücken muss. Wenn man an ihr Schamgefühl appelliert, zum Beispiel, und ihnen suggeriert, dass sie schuld sind an dem, was passiert, weil sie schmutzig sind, und so weiter und so weiter. Ich komme aus dem Kotzen gar nicht mehr raus, wenn ich darüber nachdenke.

Ihre Töchter haben den Mistkerlen aber anscheinend irgendwann nicht mehr genügt, also begannen sie, fremde Mädchen zu entführen. Einige Kostproben dessen, was da abgegangen ist, konnte ich auf Fotos und Videos sehen. Ich kann dir sagen, dass ich dabei ernsthaft Mordlust verspürt habe.

Offensichtlich hat Leni etwas von dem zweiten Mädchen mitbekommen, das entführt und in die Hütte im Wald gebracht worden war. Sie hat zwar wie Hannah eisern über das geschwiegen, was ihr angetan wurde, aber Hannah erzählte unter Hypnose, Leni habe ihr damals gesagt, dass sie verraten wollte, dass ihre Väter etwas mit dem Verschwinden der beiden Mädchen zu tun hatten. So wollte sie verhindern, dass ihre Väter diese schlimme Sache, wie sie sich ausdrückte, noch mit anderen Kindern machten. Ob sie ihrem Vater das direkt gesagt oder sich verplappert hat – keine Ahnung. Jedenfalls muss Benz etwas davon gewusst haben, denn als Leni morgens aus dem Haus ging, ist er ihr nachgefahren, hat sie ins Auto geladen und zu Reinhard nach Hause gebracht, dessen Frau für drei Tage bei ihrer Mutter war. Was beide nicht wussten: Hannah hatte die Gelegenheit genutzt und die Schule geschwänzt. Sie war zu Hause, als Reinhard und Benz mit Leni ankamen, und hat sich versteckt.« Max machte eine Pause und bedeutete der Bedienung, noch zwei Kölsch zu bringen. Nachdem er eine Weile vor sich auf die Tischplatte gestarrt hatte, sagte Böhmer: »Sollen wir abbrechen?«

»Nein, es geht schon. Hannah hat damals von ihrem Versteck aus gesehen, wie Benz seine eigene Tochter erwürgte.« Erneut machte Max eine Pause und wischte sich die Tränen aus den Augen, ehe er Böhmer ansah. »Kannst du dir das vorstellen, Horst? Kannst du dir ausmalen, was es mit einer Kinderseele macht, immer wieder missbraucht zu werden und dann mit anzusehen, wie die Freundin und Leidensgenossin von ihrem eigenen Vater umgebracht wird?«

»Nein.« Böhmers Stimme klang so heiser, dass er fast nicht zu verstehen war.

Max atmete mehrmals tief durch, bevor er weitersprach.

»Gleich darauf ist Benz verschwunden und hat es seinem Kumpel überlassen, die Leiche seines Kindes zu entsorgen. Worauf der aber nicht geachtet hatte, waren Lenis Sachen. Der Schulrucksack, die Strickjacke, die Puppe …

Nachdem Reinhard mit dem toten Kind das Haus verlassen hatte, ist Hannah aus ihrem Versteck gekommen und hat alles an sich genommen. Dass die Sachen nicht mit Leni verschwunden sind, aber trotzdem nicht mehr da waren, ist niemandem aufgefallen.

Als es jetzt vor kurzem wieder mit den Kindesentführungen losging, wusste Hannah sofort, dass erneut Benz dahinterstecken musste.«

Böhmer zog die Brauen hoch. »Warum nur Benz? Ihr Vater war doch damals wie heute ebenfalls beteiligt.«

»Das ist eine komplizierte, aber hochinteressante Sache, die mir wieder einmal gezeigt hat, dass es kaum ein interessanteres Thema gibt als das menschliche Gehirn und das, wozu es fähig ist.«

»Jetzt bin ich gespannt.«

»Ich hatte ja schon erwähnt, dass Hannahs Verstand zum eigenen Schutz in ihrer Erinnerung ihren Vater ausgeblendet hat. Deshalb dachte sie, nur Benz wäre für die neuen Fälle verantwortlich. Was sie aber noch wusste, war, dass Benz seine tote Tochter nicht selbst hat verschwinden lassen. Das musst du dir mal vorstellen, was da im Gehirn abläuft. Also hat sie die Sachen von Leni aus ihrem Versteck genommen und sie in Benz' Haus platziert, weil sie dachte, das würde ihm so viel Angst machen, dass er damit aufhört.«

»Aber wie ist sie ins Haus gekommen?«, wollte Böhmer wissen.

»Mit Lenis Schlüssel, der in ihrem Rucksack war. Benz hat das Schloss nie austauschen lassen. Das Verrückte ist aber, dass es so aussieht, als hätte Benz mit den aktuellen Fällen gar nichts zu tun gehabt, denn Hannah hat ein Telefonat ihres Vaters mit Benz belauscht, in dem der ihm irgendwie gedroht hat, denn Reinhard muss etwas in der Art gesagt haben wie: *Wenn du vor sechs Jahren zum letzten Mal einen hochgekriegt hast, heißt das nicht, dass ich auch verzichten muss. Wenn ich auffliege, dann nicht allein.* Auch daran konnte sich Hannah nur unter Hypnose erinnern, aus ihrem Bewusstsein war es verdrängt.

Bevor sie so weit war, dass sie Benz mit einem Messer und einer Pistole einen Besuch abstattete, hat sie sich so sehr mit der angeblich zurückgekehrten Leni identifiziert, dass sie sich sogar eine blonde Perücke besorgt und getragen hat und zeitweise dachte, wirklich Leni zu sein. Das war zum Beispiel an dem Abend der Fall, als sie mein Auto zerkratzt hat.«

»Das ist ja wirklich abgedreht. Aber warum hat Hannah Benz nicht einfach bei der Polizei verpfiffen, wenn sie nicht befürchten musste, dass sie ihren Papa mit ans Messer liefert, weil der ja ihrer Meinung nach nichts mit der Sache zu tun hatte?«

Max schaffte ein kleines Lächeln. »Schon verrückt, wie ähnlich wir manchmal denken. Genau diese Frage habe ich der Psychiaterin auch gestellt. Es ist wohl so, dass das Wissen über die Mittäterschaft ihres Vaters die ganze Zeit in Hannahs Unterbewusstsein verankert war. Und das hat dafür gesorgt, dass Hannah die Option, Benz an die Polizei zu verraten, nie in Betracht gezogen hat. Aber ohne zu wissen, warum.«

Sie bekamen ihr Kölsch und prosteten sich stumm zu.

»Da denkt man, man hat schon alles erlebt …«, sinnierte Böhmer.

»Ja. Irgendwann hat Hannah wohl entschieden, dass es an der Zeit ist, dass Leni ihren Vater dazu bringt, sich zu stellen. Sie hat nachts die Perücke angezogen, ist zu seinem Haus gefahren, hat ihm eine Pistole vor den Kopf gehalten und mit einem Messer sein Geschlechtsteil bearbeitet. Dann hat sie von ihm verlangt, sich zu stellen, was er ihr natürlich in der Situation versprochen hat. Sie hat es ihm geglaubt und ist wieder abgerauscht. Als sie mitten in der Nacht nach Hause kam, ging sie zu ihrem Vater und erzählte ihm, sie habe Leni im Garten gesehen. Offenbar wollte sie ihrer Inszenierung als Leni mehr Glaubwürdigkeit verleihen. Was jetzt kommt, ist Spekulation.

Reinhard wusste ja, dass Leni nicht zurückgekommen sein konnte, also gehen wir davon aus, dass er sich seine Waffe geschnappt hat, die Hannah kurz zuvor wieder an ihren Platz gelegt hatte, und damit zu Benz gefahren ist. Der hat ihm dann wohl erzählt, was er gerade mit Hannah erlebt hatte, und Reinhard wieder gedroht. Dass er ihn daraufhin erschossen hat, hat Reinhard ja selbst zugegeben, als ich mit Menkhoff in die Hütte gekommen bin.«

»Puh! Dabei kann man ja wirklich irre werden.«

»Allerdings. Ich habe mich aber auch die ganze Zeit gefragt, welche Rolle Hannahs Mutter eigentlich in diesem scheußlichen Szenario gespielt hat. Angeblich wusste sie von alldem nichts.«

Böhmer schürzte die Lippen. »Schwer vorstellbar. Ihr Mann vergeht sich an ihrer gemeinsamen Tochter, und sie hat nichts davon bemerkt? Und ist es nicht so, dass diese Typen mit erwachsenen Frauen im Bett überhaupt nicht klarkommen? Das muss ihr doch aufgefallen sein.«

»So abwegig, wie man vielleicht glaubt, ist das gar nicht. Auch da spielt die Psyche eine Rolle. Vielleicht gab es hier und da Anzeichen, die sie aber – vielleicht unbewusst, vielleicht bewusst – übersehen hat. Weil nicht sein kann, was nicht sein darf.«

Böhmer trank sein Glas aus und schüttelte den Kopf. »Das eigene Kind … Ich will gar nicht darüber nachdenken.«

»Die Einzige, die glimpflich davonkam, war Alina. Sie hat damals erste Annäherungsversuche von Benz erlebt und sich daraufhin vollkommen von der Familie zurückgezogen. Sonst wäre es ihr wohl so ergangen wie den anderen Mädchen.«

»Aber ist sie jetzt nicht auch verschwunden? Mit irgendeinem Kerl, der ebenfalls auf junge Mädchen steht?«

»Ja, Olschewski. Er ist aber verhältnismäßig harmlos und steht einfach nur darauf, für Mädchen, die Zoff mit ihren Eltern haben, den Seelentröster zu spielen. Hängt wahrscheinlich damit zusammen, dass er nie eine Frau oder Freundin hatte und irgendwann bemerkt hat, dass er bei jungen Frauen der tolle Typ sein kann. Wie es aussieht, reicht ihm das. Er hat nie versucht, eines der Mädchen unangemessen zu berühren oder es zu fotografieren oder zu filmen. Er hat Alina auch brav wieder nach Hause gebracht. Trotzdem bekommt er ein allgemeines Kontaktverbot zu Minderjährigen aufgebrummt und wird wohl eine Therapie machen müssen.«

»Kommen wir zu der Frage, die mich die ganze Zeit über beschäftigt: Warum hat Benz dich engagiert, obwohl er damit rechnen musste, dass du ihm auf die Schliche kommst?«

»Ehrlich gesagt, ich weiß es nicht. Ich kann es mir nur so erklären, dass Benz nicht mehr klar denken konnte, als er plötzlich Lenis Sachen im Haus fand. Vielleicht wollte er unbewusst auch, dass alles rauskommt, konnte mit seiner Schuld nicht mehr leben.« Max hielt einen Moment inne, bevor er fortfuhr: »Die Täterpsyche kann manchmal genauso unergründlich sein wie die der Opfer.«

Böhmer nickte.

»Da hast du wohl recht. Aber weiß man denn, warum Benz nur eines der Mädchen in seinem Garten vergraben hat und die anderen unter der Hütte im Wald liegen?«

»Nein, auch da können wir nur spekulieren. Was wir von Hannah wissen, ist, dass er, als er Lenis Hund umbrachte, dafür gesorgt hat, dass sie es mitbekam, um sie weiterhin gefügig zu machen. Deshalb hat Hannah den Hund in ihrer Rolle als Leni auch ausgegraben und die Knochen in seinem Wohnzimmer ausgelegt.«

»Unfassbar.« Böhmer rieb mit der Hand über die Stoppeln seines Dreitagebartes. »Und wie geht es jetzt mit Hannah weiter?«

»Sie hat eine ganze Menge Narben und frische Verletzungen, sowohl psychischer als auch physischer Art.

Die Ärztin, die sie untersucht hat, sagt, sie hat sich über Jahre selbst schlimme Verletzungen zugefügt. Ihre Oberschenkel sind so vernarbt, dass es bis zu ihrem Lebensende zu sehen sein wird. Auch ihr Rücken muss recht schlimm zugerichtet sein.«

Böhmer machte eine wegwerfende Handbewegung. »Das ist doch zum Kotzen. Ich verstehe einfach nicht, dass das niemandem aufgefallen ist.«

Max nickte. »Da gebe ich dir recht. Und was ihre Psyche angeht … Man kann ihr nur wünschen, dass sie eines Tages so weit ist, ein wenigstens halbwegs normales Leben zu führen. Aber bis dahin ist es noch ein weiter Weg.«

Böhmer betrachtete Max mit einem schwer zu deutenden Blick.

»Und was ist mit deinem Weg? Machst du weiter und übernimmst privat Fälle?«

Max ließ sich mit der Antwort Zeit.

Schließlich zuckte er mit den Schultern. »Was will ich machen, ich habe es dem Ersten Kriminalhauptkommissar schließlich versprochen.«

WICHTIGES UPDATE

Der neue große Thriller von Arno Strobel
erscheint im **Herbst 2021**.

Wenn Sie über den genauen Erscheinungstermin
informiert werden möchten, dann senden Sie
eine E-Mail mit Ihrem Namen an
info@arno-strobel.de

Sobald es Neuigkeiten gibt, werden Sie
umgehend benachrichtigt.

Arno Strobel
Im Kopf des Mörders – Tiefe Narbe
Thriller
Band 29616

»Arno Strobel gehört zu den besten deutschen Thrillerautoren.«
Für Sie

Max Bischoff ist der Neue bei der Mordkommission in Düsseldorf, und sein erster Fall hat es in sich. Auf dem Präsidium taucht ein verwirrter Mann auf, von oben bis unten mit Blut besudelt. Er kann sich an die letzte Nacht nicht erinnern. Wie sich herausstellt, stammt das Blut von einer Frau, die spurlos verschwand und für tot gehalten wird. Ist der Mann ihr Mörder? Ist er Täter oder Opfer?

Der Auftakt der neuen spannenden Thriller-Trilogie und der erste Fall für Oberkommissar Max Bischoff

Das gesamte Programm gibt es unter www.fischerverlage.de

fi 29616 / 1

Arno Strobel

Im Kopf des Mörders –
TOTER SCHREI

Thriller

Als Oberkommissar Max Bischoff den Brief liest, traut er seinen Augen nicht. Der Absender schreibt, dass er Max' Schwester in seiner Gewalt hat. Keine Polizei sonst stirbt sie. Max ahnt, wer dahinter steckt. Alexander Neumann – Exkollege und psychopathischer Mörder. Entgegen den Anweisungen bittet Max seinen Partner Horst Böhmer um Hilfe. Doch der Entführer hat seine Augen und Ohren überall. Er bestraft Kirsten und lockt Max in eine Falle. Danach ist Max auf der Flucht, gejagt von den eigenen Kollegen. Wen soll er retten: sich selbst oder seine Schwester?

Der dritte Fall für Oberkommissar Max Bischoff

352 Seiten, broschiert

Weitere Informationen finden Sie auf
www.fischerverlage.de

AZ 596-70206/1

Arno Strobel

OFFLINE – Du wolltest nicht erreichbar sein.
Jetzt sitzt du in der Falle.

Psychothriller

Fünf Tage ohne Handy. Ohne Internet. Raus aus dem digitalen Stress, einfach nicht erreichbar sein. So das Vorhaben einer Gruppe junger Leute, die dazu in ein ehemaliges Bergsteigerhotel auf 2000 Metern Höhe reist.

Aber am zweiten Tag verschwindet einer von ihnen und wird kurz darauf schwer misshandelt gefunden. Jetzt beginnt für alle ein Horrortrip ohne Ausweg. Denn sie sind offline, und niemand wird kommen, um ihnen zu helfen …

368 Seiten, Klappenbroschur

ARNO STROBEL
Die APP
FISCHER